新媒体时代营销理论与技巧探究

李黎萍　著

全国百佳图书出版单位　吉林出版集团股份有限公司

图书在版编目（CIP）数据

新媒体时代营销理论与技巧探究 / 李黎萍著. -- 长春 : 吉林出版集团股份有限公司, 2023.6
ISBN 978-7-5731-3465-3

Ⅰ.①新… Ⅱ.①李… Ⅲ.①网络营销 Ⅳ.①F713.365.2

中国国家版本馆 CIP 数据核字（2023）第 099241 号

XINMEITI SHIDAI YINGXIAO LILUN YU JIQIAO TANJIU

新媒体时代营销理论与技巧探究

著：李黎萍
责任编辑：朱　玲
封面设计：冯冯翼
开　　本：720mm×1000mm　1/16
字　　数：340 千字
印　　张：14
版　　次：2023 年 6 月第 1 版
印　　次：2023 年 6 月第 1 次印刷

出　　版：吉林出版集团股份有限公司
发　　行：吉林出版集团外语教育有限公司
地　　址：长春市福祉大路 5788 号龙腾国际大厦 B 座 7 层
电　　话：总编办：0431-81629929
印　　刷：吉林省创美堂印刷有限公司

ISBN 978-7-5731-3465-3　　定　　价：84.00 元

前　言

从营销角度来说，这是一个营销多元的时代，市场上出现了多样的营销模式与方法，这让经营者们眼花缭乱。即便如此，我们也能清晰地看到，营销技巧不再具有单一性，其形式丰富，甚至已经成为企业发展的重要创新性战略。新媒体时代，营销的主体发生了明显的位移，其开始从家庭移动到户外，人们随时都能接收各种营销信息，新的营销机遇已经体现在了微博、微信、短视频等平台上。此外，营销市场也发生了变化，消费者对产品的需求呈现多元化趋势，要求营销技巧与策略必须考虑消费者的实际情况。可见，在消费者与市场发生明显变化的今天，营销已经出现了翻天覆地的变化，甚至其已经进入一个大变革时期，这一变革体现在多个方面，营销技巧就是重要的一个方面。

所谓新媒体，主要是指基于互联网或电信技术基础上的数字化媒体，比如说宽带的互联网、手机上的WAP网站、交互电视、户外的液晶屏等。新媒体给营销带来了极大的变革，它分流了营销目标群的目光，改变了营销目标群的沟通方式、工作方式，甚至是生活方式。

新媒体时代下，营销信息的传播更加多元化。传统营销是一种聚焦式的营销，产品的优势通常是在一个核心点上集中，最后会通过广告词的形式传播开来。新媒体营销则是一种多元化的“碎片营销”，产品的优势可以通过不同的界面展示出来，而这一特点其实是与消费者当前碎片化的生活方式相符合的。

新媒体时代下，营销信息发布的主体更加多种多样。传统营销时代，主流媒体是主要的营销信息发布者。而在新媒体时代，每个人都能成为营销信息的发布者，他们利用微信、微博等平台发布自己喜欢的产品的各种信息，而且，在与广大粉丝的互动中，他们甚至能成为舆论领袖，引导新的消费。

新媒体营销有其适应新媒体时代特有的营销技巧，充分运用合理的营销技巧必能帮助企业在激烈的市场竞争中脱颖而出。当然，营销技巧的探索与应用必然是需要营销理论的支持的，因此，在总结营销经验、归纳营销技巧的同时，还应该关注对营销理论的探究。

基于新媒体营销的重要性，作者在总结前人优秀研究成果以及自身丰富教学经验的基础上，对新媒体时代营销理论与技巧问题进行了探究。本书共分为十章，第一章介绍了新媒体与新媒体营销的基础知识，主要包括新媒体的概念，新媒体传播学价值，新媒体营销的内涵、优势、功能、原则与体系。第二章总结了新媒体促进传统行业转型的表现，表现为数字电视新媒体营销、户外新媒体营销与出版物数字化营销。第三章论述了新媒体时代的消费行为问题，主要包括新媒体时代的消费者行为、新媒体时代的消费者决策与基于各种情境下的消费者行为。第四章构建了新媒体营销方法体系，概括了新媒体营销运营策略。第五章到第九章具体探讨了新媒体时代营销理论与技巧问题，分别从搜索引擎营销、微博营销、微信营销、短视频营销、直播营销几个方面展开。第十章阐述了新媒体整合营销问题，构建了整合营销理论体系与方法体系，揭示了新媒体时代的整合营销传播价值、模式与策略。

本书结构清晰，内容丰富，梳理了新媒体时代营销理论与技巧问题，为新媒体营销的发展提供了可行性建议。不过，由于时间仓促以及作者水平有限，书中不少观点可能存在不当之处，恳请各位读者批评指正。

目　录

第一章　新媒体与新媒体营销

伴随新媒体的迅速发展，依托新媒体的营销方式也应运而生，多样的营销方式，能够基本满足人们的需求。如今多样化的营销方式能够针对不同的情况展开不同的营销策略，并且还可以根据消费者的实际需要来随时调整具体策略，更能够吸引消费者购买产品，同时，企业在逐渐减少营销的时间，节约成本。信息时代中的营销方式比传统的营销方式更加重视互联网的作用。传统营销需要占据有利的资源才能够提高销售额，而新媒体时代的营销更重视流量的利用方式。如今，人人都有移动互联网智能终端设备，能够随时掌握最新的信息，消费者可以充分了解产品信息，获取需要的、喜欢的产品。本章对新媒体与新媒体营销基础问题进行了分析与解读。

第一节　新媒体概述

一、“新媒体”概念的提出

“新媒体”这一概念普遍认为是1967年由美国哥伦比亚广播公司技术研究所所长P·戈尔德马克（P·Goldmark）提出的，他在1967年撰写的开发电子录像（EVR）商品的计划书中将“电子录像”称作“New Media”（新媒体）。1969年时任美国传播政策总统特别委员会主席的罗斯托（E·Rostow）在给尼克松总统的报告书中多次提到“New Media”，自此新媒体一词便普及开来。

1998年，联合国新闻委员会年会中正式提出将互联网看作“第四媒体”，随着网络技术的快速发展，新媒体应运而生并持续演进，如今，它体现在生活的方方面面。起初，人们对新媒体的理解只是望文生义地将其当作“新”+“媒体”，将一切新兴的承载信息的物体，或者为信息传递服务的实体视为新媒体。

二、界定新媒体

蒋宏、徐剑提出，新媒体是指“20世纪后期在世界科学技术发生巨大进步的背景下，在社会信息传播领域都出现的建立在数字技术基础上的能使传播信息大大扩展、传播速度大大加快、传播方式大大丰富的，与传统媒体迥然相异的新型媒体”。①

清华大学熊澄宇教授提出，“新传媒，或称数字媒体、网络媒体，是建立在计算机信息处理技术和互联网基础之上，发挥传播功能的媒介总和，全方位、立体化地融合了大众传播、组织传播和人际传播，以有别于传统媒体的功能影响我们的社会生活”。②

从上述对新媒体的定义中，可以总结出以下几个概念。

（1）“新媒体”是一个相对的概念。相对于传统媒体而言，新媒体是指在报刊、广播、电视等传统媒体以后发展起来的各种新型的媒体形态，包括网络媒体，手机媒体、数字电视等。

（2）“新媒体”也是一个时间概念。在不同的时间段，新媒体有着不同的内涵。在互联网普及的初期，新媒体主要以互联网为媒介，网络新媒体为主流，而现在，随着大数据、云计算、人工智能、VR/AR、物联网、移动终端等新技术、新手段的不断更新和演变，我们处于“万物皆媒”的新环境阶段。当前，新媒体涵盖了所有数字化的媒体形式，包括所有数字化的传统媒体、网络媒体、移动端媒体等。

（3）“新媒体”还是一个发展的概念。科学技术在不断进步，人们的需求也在不断更新，新媒体不会停留在任何一个现存的平台上。当前，新媒体主要是指利用数字技术、网络技术，通过互联网、宽带局域网、无线通信网、卫星等渠道，以及电脑、手机、数字电视机等终端，向用户提供信息和娱乐服务的传播形态。

总之，新媒体是指建立在数字技术和互联网基础之上的媒体形式，较以往的媒体具有全新的传受关系性质和全新的技术手段。③

三、新媒体的特征

简单来说，当在传统媒体前加上“数字”时，它们就成为“新媒体”，如数字电视、数字广播、数字报纸、数字杂志等。随着新媒体的发展，特别是近年来手机网络的兴起，人们花在网络和手机上的时间越来越多，因此，新媒体的传播有着与传统媒体传播不同的新特征。

（一）数字化

新媒体最大的特点就是依托信息技术，即数字化的传播方式，信息技术的发展使得互联网的存储空间不断扩大。尼古拉斯·尼葛洛庞帝（N. Negroponte）在《数字化生存》一书中提出：“现代信息技术的突飞猛进必然改变人类的工作、学习、娱乐方式，即人类的生存方式。”④ 新媒体通过编码将传统的文字数字化，大量的文字、图片、影像等被编辑成一个个超链接，这些超链接构成整体网络环境。基于数字化的传播手段，人们可以随时随地获取所需信息。同时基于信息技术的发展，互联网的存储空间不断扩大，使新媒体蕴含大量信息。

---

① 蒋宏，徐剑．新媒体导论［M］．上海：上海交通大学出版社，2006：14.

② 熊澄宇，廖毅文．新媒体——伊拉克战争中的达摩克利斯之剑［J］．中国记者，2003（5）：52-53.

③ 毛利，唐淑芬，侯银莉．新媒体营销［M］．成都：电子科技大学出版社，2020：2.

④ 林颖．电子商务实战基础——新媒体营销实战［M］．北京：北京理工大学出版社，2018：3.

当前，在这个信息技术发展的时代，数字化技术更新频繁，随着新的数字化技术的发展，新媒体传播媒介数字化的特点将成为未来新媒体发展的重要助推器。

（二）交互性

一提到新媒体，人们立刻想到的就是其交互性。传统媒体是单向传播，而新媒体则打破了原有的传播方式成为双向传播，受众不再仅仅是受众，同时也是信息的传播者。以微信的传播模式为例，使用者在朋友圈里扮演着受众的角色，接收来自不同朋友的信息分享，而同时也在朋友圈里将自己的想法和信息分享给朋友，在这种双向交流的过程中，传播者和受众的角色变得模糊。

这种交互性是基于数字化的特性发展起来的，使用者能根据自己的个性化需求进行信息筛选，获得所需信息，然后再对信息加工进行再传播。

（三）实时性

报纸、广播、电视反馈渠道单一，与之相比，新媒体反馈系统健全，只有新媒体才真正具备可以随时发布的可能。同时，传统媒体有明确的发布时段，定时定量，而新媒体没有发布的时间限制，可以实现 24 小时滚动发布，只要在线就能实时发布和接收各种信息，信息发布和接收的过程缩小到极短，甚至是实时的。

（四）个性化

以互联网为基础，新媒体实现了个性化的需求。新媒体可以根据不同用户的不同使用习惯、偏好和特点向用户提供满足其各种个性化需求的服务。同时，基于新媒体交互性的特点，受众也能成为传播者，受众可以选择自己喜欢的信息，并且可以定制信息。所以，新媒体时代是一个“受众个性化”时代，用户由传统媒体中“被动接收信息”的受众转变为主动寻找和制作信息的用户，这是一个基于用户个人建立起来的双向交流的系统。

第二节　新媒体传播学价值解读

一、新媒体的传播学价值详细解读

（一）广播到窄播，促进新媒体传播的分众传播模式的形成

新媒体的传播状态从原来一点对多点变为多点对多点的“窄播”模式，这就意味着议程设置的权力被泛化到多对多的每一个发布者。在新媒体传播中，“窄播”的传播对象是某些特定的时间和环境下特定人群的某种特定需求，是特定人群的特定需求的针对性

传播，这种传播在新媒体中被称为分众传播。[①] 如今，分众传播已被广泛运用到商务领域，比如写字楼的电梯上、机场大道航班到达通知系统、社区的安全警示系统、学校的教务通知系统、交通管理部门的路况告示系统等，这些都是成熟的传播系统。

从分众传媒的地域概念来看，新媒体传播可以消解传统媒体之间的边界，消解国家与国家之间的边界，消解信息发送者与接收者之间的边界。受众可以通过网上各种社群组织进行交流和传播。

新媒体的分众化形成了一种真正意义上的“个体化公共媒体”，提供了异质化的全球传播，为一直被文化与传播精英压制的平民文化或草根文化提供了释放的空间。

（二）两级传播到全员性传播，促进了用户创造内容的微内容模式的形成

传统大众传媒赋予受众的只有接受的权利，没有发言和创作的权力，受众被界定为“读者”“听众”“观众”。新媒体全球共享和全面互动技术的强大动力，消解了传统媒体作为信息内容的唯一发布者的地位，无情地将传统媒体的“读者”“听众”“观众”解构为“seeker”（搜寻人）、“consultant”（咨询人）、“browser”（浏览人）、“responder”（反馈人）、“interlocutor”（对话人）、“conversationalist”（交谈人）。[②]

在网络传播普及的时代，人们都可以主动传播信息，不再被动地接受信息，所以以往的“传者”和“受者”等词汇也已经被淘汰，无法贴切地形容新媒体时代的网民。网民在网络中浏览信息、发表言论、转载信息的时候，承担的是信息节点的角色，不仅要传播和发布信息，也要接收信息，再将信息传递出去，扩大信息的传播氛围，增强信息对人们的影响力。

当所有的人都成为传播主体时，新媒体传播中便出现了“用户创造内容”模式。网络为人们建构了比较自由的平台，使人们可以在其中畅所欲言，交换思想。网民可以按照自己的学识、思维方式和经验来理解网络中的各种信息，并且还可以在网络中发布自己对信息的见解，在享有自主发言权力的同时，言论被数字技术处理为内容数据库，客观上成为内容制造者，形成了“用户创造内容”的模式。

（三）线性传播到多种传播交融，促进了新的复合传播模式的形成

1. 无边界的传播

在新媒体时代中存在更多的是无边界的传播。以往传统媒体会在特定的区域内进行传播，而电波媒体传播信息需要通过电波，平面媒体传播信息需要通过运输，都会耗费财力、物力、人力。但是新媒体并不需要运输成本，只需要网络就可以传播信息，并且信息可供所有网民浏览、下载。新媒体传播为媒体融合提供了解决方案。同时，由于新媒体受众的分众化，同一个信源的多次生产和多次销售行为，为各种信息源的新媒体经营提供了多赢的机会。

2. 时间固化的传播

从储存方式上看，传统大众媒体可以分为平面媒体和电波媒体。电波媒体的信息通常是

---

① 石本秀．新媒体经营管理［M］．北京：中国传媒大学出版社，2012：5.

② ［英］丹尼斯·麦奎尔．受众分析［M］．刘燕南等，译．北京：中国人民大学出版社，2009：158.

呈现时间性分布特征，而信息接收者在一个时间点上只能接收一个媒体传递出去的一个信息，这就使信息接收者无法按照自己的需求选择接收信息，只能被动地接收媒体发送的固定信息。平面媒体的信息呈现出空间性分布特点，这就意味着在同一时间，信息接收者只能接收一个媒体传递出来的全部的信息。平面媒体不仅有信息空间性分布特点，还有信息时间性分布的特点，即当信息接收者阅读报纸时，只能够接收一个规定时间的信息。不管是日报、年报还是周报，只是将一个固定时间内的信息空间化，当信息接收者想要接收固定信息以外的信息或其他时间段的信息时，就无法通过报纸得到信息。新媒体能够突破时间和空间的限制，还能够为信息接收者提供多元化的信息，使信息接收者可以根据自己的时间安排有选择地阅读信息。新媒体传播方式不仅能够有效传承传统媒体的优势还可以挖掘信息价值，为信息的延时销售开辟了一片新天地。

3. 复合型的传播

从传播形态上看，新传播技术的明显优势是能够在新的平台上把各种传统大众媒体综合起来，实现报刊、广播、电视等的全面数字化，形成报刊网站、手机报、数字电视、手机电视等新媒体，以便信息接收者根据自己的时间安排阅读信息。新媒体能够将多样的传播方式复合起来，从此，新媒体时代不再受大众媒体的限制，也不用区分不同的媒体类型，媒体融合的产业链得以实现。

二、新媒体传播的介质分析

（一）自然语言

以往传播信息主要是通过人类语言和表情来传播信息，依赖这种自然的语言，通过分布散乱的形式实现信息传播，在信息接收者和信息传播者之间形成一种点对点的信息传播结构，从而使信息接收者和信息传播者之间产生活动。在这一信息交流过程中，信息会受到区域和距离的限制，整个传播范围比较受限制，导致只有小部分人可以接收信息。人类是信息发布者、传播者以及传播对象，会通过交流活动来达到与其他人互动的目的，这样的交流互动是散点分布的，能够使人们直接交流，虽然只能小范围的传播信息，但是不需要通过某种介质来交流，因此这种传播方式不会扭曲信息，能够使交流双方直接获取信息，避免产生误解。但是面对面直接交流的信息传播方式也有缺点，容易被地域、距离等因素限制住，还会因为人与人之间的各种关系被限制住，因此，面对面的信息传播方式能够承载并传播一定量的信息，但是会因为各种因素的限制导致信息只能在特定的范围内传播，无法实现信息的大范围传播。人们为了打破空间等因素的限制，发明了新媒体技术，使信息能够借助新媒体广泛传播。①

（二）技术载体

技术的进步能够带动传播方式的进步。只有将技术看作传播信息的重要载体，才能够促进信息进行多样的传播，打破时间和空间位置的限制，扩大信息传播范围，增强信

① 秦丽丽．新媒体时代茶文化的网络舆情传播融合策略［J］．福建茶叶，2022（3）：210-212.

息对社会的影响力。将技术作为信息的载体，可以用来传播文字、音频和视频等内容，信息通过网络传播至非常广的范围。信息接收者和信息传播者之间的信息交流是呈现金字塔结构的信息传播模式：金字塔的顶端主要是传播一些社会主流思想，传播方式是自上而下的单向传播方式，能够将金字塔顶端的思想传播到金字塔下层较广的范围内，实现整个社会系统的信息交流，而这种交流是能够联系社会所有阶层的交流，能够扩大信息的传播范围，增强信息的影响力。①

自然语言需要人类面对面交流才能发挥作用，而技术载体就不需要双方进行面对面交流，只需要通过网络来传播信息，相较于其他的传播方式来说，门槛更低，方便人们根据需要获取信息。但技术载体也有弊端，因为不是每一个人都有移动智能终端设备，这就导致没有手机、电脑的人无法通过这一传播方式获取信息。人们普遍无法完全表达自己的思想，传播出去的信息是一种单向的传播模式，这一传播模式很容易受到社会环境等因素的影响。目前，许多组织和媒体机构发展比较迅速，能够对信息进行筛选，将筛选好的信息发布出去，这种就是等级化点到面的信息传播模式。组织和媒体机构能够将特定的信息传播给大众，使大众能够获取信息，了解最近的社会价值思想知识，这样就可以增强大众对社会主流思想的认同感，维持社会稳定，推动社会发展。因此，传播也具有思想政治方面的功能。②

（三）网络

新媒体技术在信息时代得到了巨大发展，使信息传播不再受自然语言和技术载体所受的限制，并且新媒体重点依靠网络来实现信息的交流与互动，建构了新的信息传播方式。新媒体信息传播不仅具备自然语言信息传播和技术载体信息传播的优点，还具备新的信息传播优势，使人们可以在网络平台进行跨时间和空间的信息交流，并且这种信息传播是多样的，不仅有单向的传播方式，还有双向的传播方式。

新媒体时代下，每个人或组织都是传播的参与者，没有绝对的传播客体。如今，人们拥有信息传播自由的权利，能够平等地与其他人实现信息交流，并且互联网具有明显的开放性，能够在新媒体环境中加速运作，方便人们在网络中实现信息的发布、传播和互动。在新媒体时代，信息传播不再是单一的由点到面的传播模式，人们也不再只能被动地接收金字塔顶端的信息，而是发展出了一种新的信息传播模式，使人们可以平等地生产信息、发布信息、接收信息，与其他人产生平等的互动，因此信息能够被传播到更广的范围，使世界上所有的人都可以互相交流信息，实现信息的多向交流。在传统的信息传播模式中，信息传播客体的数量比信息传播主体的数量多，并且传播客体是被动的。而新媒体环境中，所有人都是信息传播的主体，所有人都可以生产信息、传播信息，这样的信息传播模式能够放大每个人的声音，加强人与人之间的联系，推动信息快速传播，提升信息影响力。人类会根据自己的实际需求和喜好来整合信息，与其他人进行交流互动，将信息传播出去，这种传播方式的信息内容和传播时间就比较灵活，而人们之间的现实互动和网络互动也会影响实际的社会关系，因为信息内容能够吸引喜好相同的人，

---

① 刘婷．新媒体时代新闻采编工作创新研究［J］．文化产业，2022（8）：7-9.

② 杨磊．新媒体背景下视觉传达设计的创新研究［J］．包装工程，2022（6）：345-347，358.

所以会分化社会关系。在网络中，网民的信息传播活动能够影响现实中的社会关系，所以线上的信息传播与现实社会关系的联系十分密切。①

三、新媒体时代传播新趋势解读

（一）可视化传播为人们所喜爱

信息技术为人们带来了许多乐趣，使得网民的喜好也发生了变化，如今网民更喜欢视频形式的信息。抖音和快手等软件的视频是短视频形式，其中的信息内容包罗万象，不仅有生活日常信息还有技术科技信息等，而丰富的信息以短视频为载体，这就使得人们能够通过短视频获得大量信息，而且获得信息的过程是有趣味性的。虽然短视频的质量有好有差，但是网民可以根据自己的喜好来选择性观看并吸收信息。

信息可视化就是如今信息传播的一个重要趋势。如果传统媒体想要跟上时代步伐不被淘汰，就要重视信息的可视化，大力发展信息可视化。例如报纸和杂志等纸媒，不仅需要在纸张上印刷信息内容，还要建设短视频客户平台，使客户能够在网络中观看视频，获取信息。如今，越来越多的人会选择观看视频获取信息，很少有人会阅读纸质报纸和期刊上的文字来获取信息。

因此，纸媒应当学习新的信息传播方法，拓展信息传播形式，吸引更多受众接收信息。同时，媒体需要重视流量，要不断提升视频质量水平，确保视频具有高质量特点，将其中的信息进行加工，使信息内容充满趣味，使人们在轻松的环境中获取知识。

（二）移动直播发展迅速

信息的可视化不仅有短视频这一种形式，而是有着多样的形态，并且信息可视化还在不断发展中，其中，移动直播发展迅猛，备受瞩目。近几年，许多年轻人养成了看网络直播的习惯，这是年轻人的一种娱乐方式。目前网民大多是年轻人，如果媒体掌握了年轻人的喜好和上网习惯，就可以占据市场有利位置，促进信息传播。如今，移动技术还在发展，越来越多的人拥有了移动设备，这有利于移动直播的发展，能够使网民看到许多有才能、有才艺的主播，从而获取更多信息，并且主播也可以通过自己的才艺赚取流量，获得赞赏。但是仍旧存在一些思想保守的媒体人，他们不看好移动直播，因此，应当转变媒体人的观念，使媒体人体验移动直播，这样就可以使媒体人看到移动直播的价值，从而主动投身于移动直播，促进媒体的发展。

（三）视频质量显著提高

网民的受教育水平提高了，对视频的审美能力也提高了，因此那些质量较差的视频无法吸引网民观看，更不能满足网民的精神需求。部分充满低级趣味的视频更应该被淘汰，这些视频不仅无法吸引网民，还会危害青少年的思想。因此，媒体首先要想办法提高视频质量。

---

① 李继川．新媒体时代广播电视技术的发展与应用［J］．采写编，2022（3）：60-61.

媒体需要做到以下几点来提高视频质量。第一，网民的知识水平有所提高，艺术鉴赏水平也有所提高，需要观看质量更好的视频，因此，媒体需要提供内容更高级、更有知识价值的视频，从而吸引网民观看视频，获取更多知识。第二，视频中的信息要新，能够反映社会时事。如果视频中的信息不具备时效性，就无法吸引网民观看。第三，媒体要树立正确的价值观，弘扬社会主流思想。①

（四）沉浸式体验满足用户需求

传统媒体会受到许多限制，不能刺激用户的感官，无法吸引大量用户。因此，媒体要突破传统模式的限制，为用户提供沉浸式信息传播体验，吸引更多用户。

用户虽然可以通过纸媒获取信息，得到身心的愉悦，但是毕竟只能接触文字，这样的体验是缺乏五官共鸣的，不具有强烈的体验感。而如今大部分用户想要获得强烈的体验感，因此，许多用户都在网络中获取信息。媒体需要掌握用户的需求信息，提供能够满足用户需求的沉浸式体验。

（五）万物皆媒体成为现实

信息技术仍在发展中，会加快媒体融合的速度，因此媒体融合是未来的一个大趋势，将来会出现越来越多的信息交互的载体，并且载体会出现在各个区域，方便人们发布和接收信息。

四、新媒体环境下信息传播的优化策略

新媒体具有承载并传播信息的功能，能够传播和弘扬社会主流思想。新媒体一方面能够推动社会的发展，另一方面也加剧了一些社会矛盾，如网民的言论会加剧一些社会冲突，甚至会对另外一些网民造成伤害等。为了正确利用新媒体传播主流社会思想，增强信息传播影响力，本书将运用“把关人”理论和议程设置理论重点研究信息传播时存在的问题，探索信息传播的正确道路。

（一）借助把关人理论，传播社会价值正能量

“把关人”是由美国社会心理学家、传播学的奠基人库尔特·卢因（K. Lewin）在1947年首先提出的，他认为，在传播过程中，信息是经过筛选的。此外，卢因在《群体生活的渠道》这本书中提到，信息只有通过传播通道中一些把关人的挑选才能进入传播通道，最后到达受众的眼前②。20世纪中叶，“把关人”理论被运用到信息的传播过程中，信息从传播者到最终接受者的过程中并不是将全部信息呈现给受众，其呈现给受众的只是众多信息中的一小部分而已，同样存在“把关”过程。

传统的信息传播技术不够发达，并且人们往往只能被动地接收社会价值信息，这样的传播方式不能满足人们的需求。新媒体的发展使得信息不再只是单向传播，而是变成了多向传播，并且人们也可以使用多样化的信息传播技术来传播信息。当有一个群体对

---

① 朱鹏．新媒体时代传播新趋势探析［J］．记者摇篮，2021（6）：101-102.

② 郭庆光．传播学教程［M］．北京：中国人民大学出版社，2003：125.

同一件事有同一种看法时，就可以互相交流信息，实现信息的传播，这样的群体就是“新媒体传播群体”。人们大多会利用新媒体传播群体来实现信息的传播，这样有利于维持社会稳定、促进社会的发展。新媒体传播群体有明显的特点，具有交互性和虚拟性，能够快速将信息传播到其他时空中，但是新媒体传播群体也有一些缺点，存在群体暗示等问题。因此，我们应当利用把关人理论，从以下三个方面监视新媒体传播群体，使得新媒体传播群体能够传播社会主流思想。

第一，控制新媒体传播的信息内容。大众传播媒介能够在人们没有察觉的情况下默默影响受众的世界观。社会中的人类必须认同统一的价值观，并用这一价值观指导人们的行为，有利于社会维持稳定和谐。我国是中国特色社会主义国家，需要传承和发扬社会主义核心价值观。我国年轻人已经受到西方国家思想的影响，开始出现一些错误的思想观念，因此，我们应当严格把控新媒体从业者的职业素养，要求他们自觉遵守职业道德，树立社会主义核心价值观，不发表违背社会主流思想的言论，多发布有利于社会和谐安宁的信息。另外，还要严格把控新闻内容，确保新闻内容没有不利于社会和谐的因素。

第二，提高社会中公民的素质。人们接收媒体信息时并不是完全被动的，而是有选择地进行接收，具有一定的选择性和主观性。尤其是在新媒体时代，各种信息层出不穷，受众能够根据自己的需求和喜好选择性接收信息，而不是被动地全部接收，这样能够确保每个人都能获取自己想要的信息。因此，受众自己也可以成为把关信息的人。我们应当提高公民的素养，培养公民树立社会主义核心价值观，使公民能够判断哪些信息是自己需要的，哪些信息暗含错误的思想价值观，从而不被西方负面的价值观影响。除此之外，所有人在新媒体时代中都是信息的发布者、传播者和接收者，所以公民在传播信息时，需要把控自己的行为，不传播负面信息。

第三，建设氛围良好的社会文化环境。当人们处于一个好的社会文化环境中，就可以受到正面的影响，培养正确的价值观和行为习惯。我国的社会主义核心价值观是社会主流思想，在新媒体环境下，应当利用这一主流思想营造好的社会文化环境。一方面，要运用新媒体传播社会主义核心价值观，增强人们的认同感，提高自身素养。另一方面，要大力宣传社会正面人物和正面事迹，不发布负面信息，使受众少接触负面信息，长期处于好的社会文化环境中。

（二）借助议程设置理论，营造良好的舆论氛围

“议程设置理论”指出，传播媒介在对信息进行传播的过程中具有议程设置的功能，在传播中，传播媒介对某个信息报道得越多，强调得越多，受众对于该信息的关注度就越高，对其重视程度也越高。

“议程设置理论”虽然是在对传统媒介进行分析的基础上提出的，但是，在快速发展的新媒体时代，“议程设置理论”也同样适用。为了营造良好的社会氛围，我们应充分利用新媒体传播的特点，营造公共议题，或将其作为新媒体的头条，或制作专栏，抑或进行专题宣传，让受众每时每刻都能感受到正能量信息，从而不自觉地参与进来，并不断地形成累积效应，扩大影响。另外，在对公共议题进行宣传的同时，微信、微博等自媒

体也进行同步宣传，并加强意见领袖的正确引领①，从而营造良好的舆论氛围。

第三节 新媒体营销的内涵解读与优势分析

一、新媒体营销的内涵

（一）新媒体营销的概念

新媒体营销（New media marketing）是指利用新媒体平台进行营销的方式。在Web2.0带来巨大革新的时代，营销方式也带来变革，互联网已经进入新媒体传播时代。

新媒体营销能够根据产品的特点和设计理念来分析营销问题，分析消费者心理来吸引消费者购买。新媒体营销就是企业对消费者软性渗透的策略在新媒体营销方面的实现，一般会利用新媒体宣传产品的设计理念，使消费者看到该产品，认可该产品的理念，并认同企业发展的理念，从而提高销售量，成功宣传企业品牌。

新媒体营销的平台渠道有很多，主要有搜索引擎、微博和其他软件等，多种渠道使新媒体营销能够最大限度地接触受众，增加潜在消费者数量。新媒体营销在实际操作中并不是只使用一种渠道或平台来进行营销活动，而是将许多渠道和平台整合在一起进行营销活动，甚至资金较多的时候，还可以整合传统媒体进行营销活动，实现全方位的营销。

（二）新媒体营销的特点

新媒体营销有以下几个特点。

（1）时效性强

报纸、杂志的广告内容时效期较短，除了发行当时一段时间，之后这些广告将成为历史，也无人会关注。而新媒体广告用户的主动性、互联网引擎本身的时间优先性，再经过大数据分析使得新媒体给用户的信息都是最近的。

（2）转化率高

转化率就是从广告成交的概率，和传统媒体相比，新媒体广告连接的是强大的电商平台，迅捷的成交过程、方便的物流过程，还没等兴奋衰减，已经支付完成了。之后该受众会进行更兴奋的自我修复过程，例如分享到朋友圈等。

（3）交互性强

与传统媒体单向发送等鱼上钩这种模式相比，大数据新媒体使用的是按需要推送，受众可以通过各种渠道来主动获取所需的广告信息，比如，通过引擎搜索来搜寻，通过手机软件来检索。

---

① 牛梦笛．后博客时代的媒介参与：“微博”现象初探［J］．新闻界，2010（3）：41-43.

（4）具备便利性且广告模式灵活

互联网广告无处不在，可以在你的手机里、电脑上、街头的 LED 大屏幕、地铁里，只需要打开你手头上的屏幕，如手机、平板电脑等，就可以通过点击付费，关注付费，而不是人海战术这种粗犷的方式。

（5）具有精准性

当用户自己需要某些广告的时候，大数据下的新媒体会过滤掉许多与搜索内容无关的广告内容，从而达到由需求带入广告的精准性。

（三）新媒体营销与传统媒体营销的区别

新媒体营销与传统媒体营销的区别在于新媒体营销成本要低于传统媒体营销成本，同时，新媒体营销传播方式灵活，传播的方式多样化，更加注重传播的精准度，注重与用户的互动体验。

1. 更低的成本实现可持续传播

在网络中，经常会形成一股没有组织的群体力量。因此，企业应当重视网络组织的力量，用较少的资金来运营网络营销平台，吸引大量的受众形成企业的粉丝群体，如果粉丝量很多，就可以给企业带来非常大的价值。例如，有的企业在微博或微信中创立营销活动，活动奖品是小礼品，就可以受到粉丝的欢迎，如果营销活动要求粉丝在微博进行转发，就可以驱使粉丝在网络中扩散这一营销活动的信息，帮企业做免费宣传，这样的营销成本很低，能够为企业节省资金。此外，负责新媒体营销的管理者也可以通过网络营销活动积累经验。

新媒体营销比起传统营销有着更多的优点，新媒体营销能够利用网络来实现低成本营销，带动线下营销，并且还能吸引广泛的受众，能够监测消费者的消费行为，能够使企业通过消费者的消费行为推导消费者的心理。新媒体营销模式可以整合产品研发、发布、信息传播各个环节，使消费者能够及时了解产品信息，认同企业的理念，通过更长的关系链条来吸引更多受众，提高产品销量。

2. 传播方式灵活，传播的方式多样化

对于“新媒体营销”而言，枯燥的企业介绍和产品介绍吸引不了用户的注意力，而与生活息息相关等信息的分享更能吸引眼球，其内容是“新媒体营销”成功的关键因素，要在丰富的内容中营销，而不在于为了营销产品编写无意义的内容。微信和微博是如今网民青睐的互动工具，人们会利用网络工具来交流。企业可以利用微博等软件为消费者提供丰富的信息，但是不能仅限于此，还要鼓励消费者反馈信息，使企业能够及时了解消费者的需求，还能够使消费者感到自己被尊重，从而更加认可并信赖企业品牌，自发扩散企业品牌信息。

3. 注重传播的精准度

网络互动工具已经发展到比较完善的水平，例如微博和微信等社交平台可以支持企业进行微营销，使企业能够精准挖掘目标客户，掌握目标客户的消费信息，根据客户的喜好和需求进行产品信息的精准推送。企业可以通过分析客户年龄信息、职业信息等来推测客户的工作需求和日常需求，还可以通过分析客户的微博内容了解客户的爱好和消费水平，从而精准向客户推送营销信息。此外，企业还可以通过客户的位置信息推测客户的日常需求，例如，企业可以将加湿器营销信息推送给在北方城市的客户，将除湿器营销信息推送给在南方城市的客户，这样能够有效提高产品销售量。新媒体营销方法比起传统营销可以更加精准地推测客户需求。

4. 注重与用户的互动体验

传统的营销过程中让消费者对产品的好坏做出评价是件很难的事情，有时甚至需要用奖品来激励消费者。但 Facebook、Twitter、微博、微信以及企业的应用软件正在改变这一切。虽然个人电脑上的数据量很多，但是移动互联网中的数据具有更多信息，能够生动地演示各个网民的上网习惯和生活习惯。例如，个人电脑可以收集用户的信息，记录用户的上网习惯和浏览记录，而移动互联网可以知道更多用户日常生活习惯等信息。新媒体营销不仅可以帮助企业获取消费者信息，实现精准营销，提高销售量，还可以帮助企业建立企业与消费者之间的关系网，加强企业与消费者的联系，保证产品的基本销量，提高客户黏性和品牌认知度。

（四）中国新媒体营销的价值分析

1. 中国新媒体营销主要价值

（1）95 后、00 后成为营销推广主力军，新媒体营销价值凸显

在 1995 年后出生的群体也叫作 Z 时代群体，他们具有与众不同的消费观念。企业开始注意到这一消费群体的消费能力，针对这一群体制定营销计划。Z 时代消费群体的消费意愿较强，原因有以下几点。第一，他们生活的年代物资不匮乏，且接受了良好的教育，具有更高的知识水平，有能力进行消费，喜欢购买新产品，满足自己的需求。第二，互联网发展得更快速了，使得 Z 时代消费群体能够通过网络接触更多产品，了解更多产品信息，通过网络购买产品，而他们生性活泼，喜欢与人互动，容易受新媒体影响。第三，他们的交流意愿较强，喜欢与同伴一起健身、旅游、探索世界，同时具有个性化特点，能够有选择地接收新媒体营销的信息。①

（2）新媒体营销与快消行业融合发展价值

在互联网时代，新媒体用户数量逐年增加，用户比较喜欢浏览将文字、图片、视频、音频整合在一起的营销信息。因此，企业需要重视用户的上网习惯，调整新媒体营销策略，整合线上线下资源，完善新媒体营销体系，与专业的新媒体合作，运用新媒体传播产品信息，运用新媒体进行与用户之间的互动，使用户可以加深对产品信息的印象，提高销售量，同时，与快消行业融合发展，扩大用户范围，从而更快获得收益。

（3）新媒体营销与其他领域的融合发展价值

目前，新媒体已经实现了与游戏和电商等方面的融合，极大地拓展了市场营销的方式，帮助企业通过多方渠道优化资源配置，利用新媒体营销的手段来吸引消费者的注意，提高产品的销售量。例如，游戏产业可以利用新媒体营销方式制作短视频并发布出去，播放能够吸引用户的游戏竞技视频，利用快手等平台向喜欢游戏的用户推送短视频，从而使用户愿意下载游戏，购买游戏中的装备，提高游戏销售量，带动游戏产业的发展。目前，我国有许多职业游戏主播，他们可以利用直播平台展示自己超高的游戏技术，吸

① 刘秀．中国新媒体营销价值趋势分析［J］．商业经济研究，2020（13）：63-66.

引用户观看，在直播的优势下吸引更多人下载游戏，使观看直播的人感受到极强的体验感，提高人们对游戏的关注度。又如，微商与新媒体融合可以增加企业产品信息的浏览量，方便人们直接在微信小程序购买产品，因此成为新媒体营销主要方式之一。增加微信平台用户的黏合度可以使更多用户了解到产品信息，从而有效延伸新媒体营销价值链，帮助企业获得更多收益。

2. 中国新媒体营销价值趋势

（1）营销价值比重持续上涨

相比于传统的营销方式，新媒体营销具有更强的互动性，能够第一时间得到用户的反馈信息，使用网络平台拓展营销模式，加强与用户之间的联系，增强用户对企业的认可度，从而使用户更愿意购买产品。另外，评价互动也可以在一定程度上鼓励消费者购买产品，吸引更多人成为产品消费者。将来，我国的新媒体营销比重必然会持续上涨。

（2）在更多领域应用新媒体营销手段

互联网技术不断发展，促进了新媒体技术的提高，更促进了新媒体资源的输出，使得新媒体营销具有更强的可行性，并且新媒体将文字、图片和视频等资源融合在一起，提高了交互性，增强了新媒体营销内容的感染力，更能够吸引用户，发挥营销的作用，从而提高交易量。因此，新媒体营销是人们普遍喜爱的营销方式，更受到企业重用。

（3）营销数据朝着透明化方向发展

如今，网络环境存在不和谐、不稳定的问题，会直接影响消费者对新媒体营销产品的认识程度和看法。在信息技术不断发展的时代，所有人都可以看到营销数据，因此能够有效解决刷流量和虚假宣传等问题，使得新媒体营销能够为大众检验产品的品质。如今市场制度也已经得到完善，可以推动新媒体营销的持续发展。

（4）界定分类不断丰富

新媒体指的是用信息技术来承载信息，并对信息进行处理的模式，根据营销方式可将其分成内容营销和事件营销；根据营销主体可将其分成主播营销和自媒体营销等；根据营销形式可将其分成社交平台、短视频平台和直播平台等。营销主体通常是各个领域的拔尖人才，能够吸引一定数量的粉丝。有些视频中会直接插入广告，这样的营销方式不够吸引人，而在视频中进行软植入更容易使用户接受。KOL 营销是近年来发展较快的一种模式，能够在社交平台、短视频平台和直播平台进行，能够精准挖掘目标用户，方便企业针对目标用户推送营销内容，增加用户的购买意愿，提高产品交易量。

二、新媒体营销的优势

（一）先进的技术性

新媒体营销可以充分利用先进的技术实现营销策略。企业要想推动新媒体的营销就要引进先进的技术，并培养营销人员的技术素养，使营销人员可以熟练使用先进技术，从而优化营销组织结构，优化信息管理功能，还要聘请专业人士前来指导营销人员，使营销人员能够利用先进技术促成交易量。

在营销的实践中，信息的搜索、资源的整合、商机的寻找、市场的开拓都要运用一定的网络信息技术或商务软件。这些网络运营工具不仅具有提升能量、提升效率的作用，而且具有保护我们的商业秘密，进行安全网上支付的重要作用。

（二）市场的跨时空性

对于企业来说，营销的目的就是占有更多的市场份额。新媒体能够突破时间和空间的局限，实现信息的广泛传播，方便人们根据自己需求随时上网购买产品或服务。企业利用新媒体可以实现全天式营销，并且可以通过新媒体将产品信息推广到全球。传统的营销模式是局限在一个确切的范围内的，需要营销人员在固定的时间进行营销活动。而新媒体营销使得营销人员可以在全球这个大范围内寻找消费者，可以在全天进行营销活动。中小企业的数量比大企业还多，他们借助新媒体就可以花费很低的成本，扩大品牌影响范围，构建企业品牌的贸易网，将产品信息传播到全球，增强品牌竞争力，使全球的用户都可以看到产品信息，大大提高了交易量。从这个角度看，新媒体营销能够促进大小企业之间的平等竞争，为中小企业提供可以与大企业抗衡的工具，推动了中小企业的进步。新媒体营销可以使消费者拥有更多的选择权利。消费者可以按照自己的需求在极大的范围内随时找寻产品，并将产品与其他品牌比对，方便消费者获得更合适的产品或服务。

（三）资源的整合性

在新媒体营销的过程中，将对多种资源进行整合，将对多种营销手段和营销方法进行整合；将对有形资产和无形资产的交叉运作和交叉延伸进行整合。还可以对营销人才和管理人才进行跨国的调度、管理、交流、引进和吸纳，这就给予了营销人才以更大的活动舞台和创造空间。

新媒体营销的整个过程十分快捷，能够提供给用户方便快捷的消费体验，使用户得到更高质量的产品售后服务，因此这种营销方式也是比较完善的营销方式之一。另外，企业也可以利用新媒体营销来统一规划营销方案，用完整简明的信息吸引消费者注意，使得消费者能够接收统一的信息，避免因为出现信息的混乱而降低消费欲望现象的出现。

数字化信息技术在多领域资源的整合中发挥了极大的作用，承担着重要角色。无形资产也是营销活动中的重要资产，能够增加在营销中的增值效应，因此，各个企业也应该树立新的营销观念，重视无形资产的使用。

（四）极强的实践性

新媒体营销是数字经济时代的一种崭新的营销理念和营销模式，是近年来众多营销理念的进展、凝练和升华。新媒体营销是一门实践性很强的学问。它的理论根底深深扎在营销实践的沃土中。新媒体营销的每一步发展，都呼唤着新媒体经济理论研究的深入。新媒体营销的实践性还突出表现在：它对以往营销理念的审视性和对新论断广泛的检验性。而这一切都需要经常的、大量的、丰富的网络营销实战去体验和锻炼，去把握和运用新媒体营销技术，去进行数字化信息价值的开发。

（五）良好的交互性

新媒体营销不仅是由消费者主导的、主观的、自由的营销方式，还是一种低成本的营销方式，减轻了企业的营销资金方面的负担。新媒体营销能够帮助消费者避免线下推销员推销的尴尬场面，可以使消费者直接线上浏览产品信息，增强消费者与企业的黏合度，提高消费者对企业的好感度。

新媒体营销可以帮助企业与消费者实现一对一交流，便于企业掌握消费者的个性化需求，为消费者提供个性化服务。如今，各个企业都开始重视新媒体的运用，使用新媒体来营销，增加消费者与企业的沟通次数，使企业可以及时获得反馈。由于新媒体营销具有无边界性，使得企业网站的传播范围可以跨越国界。传播范围越广，企业的市场份额就越多。企业要好好设计品牌网站，使用多国语言，吸引全球消费者，与全球消费者进行沟通，提高产品销量。消费者通过企业的网站，可以很直观地了解企业的管理水平、个性、文化和品牌内涵。企业应该从品牌管理的角度，根据新媒体传播的规律和网民的特点，把网站设计好、管理好，使企业网站成为自身品牌与消费者接触的第一窗口。

第四节　新媒体营销的功能、原则与体系

一、新媒体营销的功能

新媒体营销的功能包括信息发布、销售促进、顾客服务、网上调研和品牌推广等五个方面。

（一）信息发布功能

信息发布是市场营销的基本环节。[①] 对于新媒体营销而言，信息发布就是运用新媒体平台，将企业产品信息、营销信息向目标用户、合作伙伴和公众群体的传播过程。与传统市场营销相比，新媒体信息传递渠道多样、信息表达形式丰富，特别是可以实现信息直达用户，同时还可进行线上线下联合发布，因而优势明显。

（二）销售促进与顾客服务功能

新媒体是信息传播平台，其信息传播的快捷性、互动性、丰富性和多样性都可为企业销售提供支持。同时，以新媒体作为在线客服手段，则有效解决了过去客户服务成本高、效率低的缺陷，通过在线交流互动，还可以大大提高客户服务质量，对于和客户建立长期关系、保持客户的满意度和忠诚度也有明显效果。

① 毕伟．互联网时代的新媒体［M］．兰州：甘肃科学技术出版社，2017：108.

（三）网上调研功能

网上调研是市场调研的重要方式。与线下市场调研相比，网上调研具有覆盖率高、反馈及时、成本低、数据准确度高的特点，网上调研可以直接面向终端用户，还可以了解用户的个性化需要，这就为确定营销策略提供了准确的第一手资料。

（四）品牌推广功能

品牌推广是企业提升品牌形象、获取消费者广泛认同的系列活动过程。品牌推广的核心就是将品牌的核心价值以准确一致的方式面向公众进行传播，并获得公众的认可。以新媒体进行品牌推广，不仅渠道多样，反馈及时，同时用户的积极参与也会为企业创造广泛的传播效果。

二、新媒体营销的原则

（一）利益原则

利益原则指的是营销活动必须为目标受众提供其所需要的利益。企业需要设身处地地站在目标受众的立场，思考企业自身能够为目标受众带来的好处有哪些。

当然，“利益”不仅仅是指实际的物质利益，还包括了更有利的资讯信息、更强大的功能或更优质的服务、超过心理预期的满足感、更高的荣誉。

（二）实时原则

在互联网还未兴起的时候，传统媒体发布信息的时段往往是固定的，这就导致用户对信息的关注带有阶段性特征。随着新媒体的兴起，情况得到了很大的变化，新媒体除了可以像传统媒体那样，在特定的时间发布信息外，还可以全天候紧跟时事热点，并根据用户的需求和反馈做到实时响应。这就保证了营销者在短时间内获得更高的用户关注度，进而取得更好的营销推广效果。

（三）互动原则

互动原则指的是充分挖掘网络的交互性特征，充分地利用网络的特性与目标受众开展交流，让新媒体的营销功能发挥到极致。消费者如果切身体验并参与互动，就可以使营销过程更加完善，还可以加深对品牌的印象，这有利于企业品牌的影响力的增强。企业要将消费者当作营销主体，使消费者可以与企业平等交流，提高消费者对企业的认可度，提高企业在市场中的竞争力。将来的品牌势必要接受消费者的监督，因此消费者对品牌的认识和看法会影响品牌的名誉。此外，企业要找到合适的人员来带领品牌持续发展。

（四）趣味原则

趣味原则指的是营销活动必须具有娱乐化、趣味性的属性。当前的网络消费者以年轻人居多，他们在互联网上的活动，除了必要的工作、学习之余，大部分时间是用于娱乐。例如：玩网络游戏、看网络视频、聊八卦等。因此，新媒体营销活动要想打动目标消费者，首先需要做到有趣味性，通过有趣的标题、图片、文字等信息，引起目标受众的关注，才能进一步达成利益合作的关系。

（五）个性原则

个性原则指的是利用网络的数字特征，采用“一对一”的个性化营销手段，使得目标受众产生“焦点关注”的满足感。个性化原则使新媒体营销手段能投目标受众所好，更容易引发目标受众的互动与购买行动。因为个性，所以精准；因为个性，所以诱人。

（六）精准原则

随着信息技术的发展，市场竞争的加剧，大众市场分裂成众多的分众市场，大批量生产被定制化生产所取代，大量分众媒体、移动媒体涌现，分散着消费者的注意力，消解着大众媒体的影响力。品牌广告主和消费者之间的沟通效果降低。与之相对应的是，以 Web2.0 技术为支持的新媒体迅速崛起，以其开放的、互动的参与方式和丰富的信息量吸引受众并且如病毒般的自发传播，成为新一代强势媒体。市场营销行为由“传播”变成了更加对等活跃的“对话”，消费者的态度可以在“对话”的进程中被塑造和改善、被强化和被监测。同时，新媒体揭示出消费者个体间的内在社会联系，广告主可在用户之间攀附的各种“关系”和“聚合”的道路上寻找合适的营销空间，通过“对话”的方式影响消费者的态度，并奖励消费者的“态度忠诚”和“行为忠诚”。在新媒体环境下，面对消费者聚集形态的变化、媒介使用习惯的变化和消费观念的变化，要积极调整营销传播方式由大众营销向精准营销变化。

新媒体营销的精准是根据传播策略判断的，这要求企业在策划新媒体营销活动前先分析企业自身的资产、实力和针对的目标客户，从而实现对客户的精准定位，然后再与新媒体合作，整合双方资源，并精准把控各个营销节点，使企业可以在该出钱的地方出钱，在该出力的地方出力，提高营销效率。另外，新媒体也要明确自己的受众，例如，对于爱吃的人来说，比较有吸引力的媒体就是推动美食信息的媒体，因此媒体面向的受众范围是比较固定的。

精准营销的重点就是“精确”，需要企业围绕客户策划营销方案，利用多样的营销方式来为目标客户推送产品信息，使客户恰好在合适的时间点看到自己所需的产品，从而提高交易量。企业需要收集尽可能多的客户信息，使企业提供的价值能够匹配客户需要的价值，从而使客户愿意从该企业购买产品，实现产品的精准投放。精准营销要考虑目标客户的选择性，因此，企业需要准确选择目标客户，与目标客户一对一沟通。精准营销要考虑目标客户的稳定性，要增强与客户之间的联系，使客户养成从该企业购买产品的习惯，保证客户的第一选择是该品牌。精准营销要考虑沟通策略的有效性，要使得策略是有效的策略，使企业可以及时获取客户信息。精准营销要考虑沟通行为的经济性，要用很低的成本获得较多收益，节约成本。精准营销要考虑沟通结果的效益性，要利用沟通的结果产生效益。分众化、精确性、个性化、交互性所造就的实效传播正是新媒体营销传播赖以生存发展、与传统媒体形成竞争并占尽优势的独门绝技。

三、新媒体营销的体系

随着数字技术和通信技术的不断发展，新媒体不仅打破了传媒业和通信业、信息技术的界限，也打破了有线网、无线网、通信网、电视网的界限，所以新媒体兼容、融合各种媒体形态，改变了整个媒体产业结构，也改变了受众的信息接触和传播方式，带来终端革命。作为营销者，必须重新建构其营销体系。

海量数据库和共创共享性的传播平台，是构建新媒体营销体系的两大基石。依据这两大基石，企业应该根据消费者的兴趣与需求建立消费者数据库，依据新媒体属性构建信息平台，结合消费者、新媒体特性及企业发展目标制订营销战略，利用大数据进行效果评估，以提升营销的精准性和营销效率。

（一）围绕消费者建立数据体系

新媒体的数字化，使通过新媒体所开展的营销能轻而易举地获取消费者的大量信息，这些信息对于企业来说正是决定其营销成败的关键性数据信息。在交互性的新媒体世界里，品牌不是被企业单独塑造出来的，品牌地位和能量是被广大网友联合塑造出来的。随着社会化媒体的兴起，互动成为营销关键，企业迫切希望与消费者产生良性互动。互动的过程既包括企业与消费者的互动，也包括消费者与消费者的互动。在信息互动的过程中，企业不仅事半功倍地树立正面品牌形象，还可以根据互动数据信息，了解消费者真正的喜好与内在需求，准确理解消费者，进而洞察消费者，有效引导消费者。因此，在新媒体营销内容体系中，企业要根据营销目标和市场定位，建立以消费者为核心的数据体系。该数据体系以消费者数据库为核心，还包括各级经销商数据库和企业员工数据库，后两者是以服务前者为目的的。因为对用户的洞察是新媒体营销制胜的关键，谁最了解用户，谁就能赢得用户。

在新媒体时代，不创新就不可能提升消费者体验满意度，体验差是留不住消费者的。反观小米的崛起，就在于小米懂得用户，并借助新的营销方式建立起消费者数据库。他们有一套自己的“洞悉”用户的特殊方式和手段，通过社交媒体与用户沟通，让用户参与产品的设计，为中国的手机使用者量身定做，形成一批忠诚的“米粉”，发挥用户的力量进行品牌传播与营销。

（二）建立信息传播生态系统

新媒体的融媒性，决定了数字化信息承载与表达媒体的多样性。新媒体的社交化，造就了“人人都是自媒体、人人都是麦克风”的时代。每个人都是一个营销传播渠道，消费者互相分享信息，传播信息，像“病毒”般扩散。在这种环境下，企业应该关注影响信息传播效果的每一类主体，积极构建全方位的新媒体信息平台，打造企业独有的信息传播生态系统。这一系统除了囊括企业的目标消费者和企业自身的营销人员外，还包含了媒体达人、意见“领袖”、“草根”网民、社交平台等其他环境因素。作为系统的建构者，企业需随时关注本品牌及竞争对手和整个行业的发展动向，关注网上的舆论走向和消费需求趋势，使这一系统能真正实现及时搜集相关信息、快速做出反应、保持与消费者和网民的沟通渠道畅通、维系客户关系等营销目的。

小米有自己的专属社区，在小米社区里，小米用户不仅可以看到产品的最新信息，发表自己对产品的看法，分享消费体验，更为重要的是使用户有种归属感。人是群体性动物，一旦形成归属感，就会与品牌之间建立信任关系，成为品牌的忠实用户和拥护者。

（三）形成良性的全平台内容营销生态闭环

新媒体为营销者提供了完全不同于传统媒体时代的各种营销平台和营销方式。门户网站、搜索引擎、网络游戏、微博、微信、App，均蕴藏着巨大的营销机会；手机、PC、平板电脑，都是营销者可以利用的营销舞台；文字、图片、视频、地图、语音，均成为营销信息传递的工具和介质；网络“大咖”、“草根”网民、企业官网官微，都是营销的重要参与者和影响者。在新媒体时代，企业想成就自己的品牌，就应充分利用各种传播媒体和营销工具，打造全平台内容营销生态闭环。具体来讲，就是以多种手段真正引发消费者的积极性，不断激励消费者，做好内容营销，形成口碑效应，实现企业资源利用的最优化和企业效益的最大化。

曾是青少年牛仔裤的首选品牌“李维斯”，在“优衣库”等快时尚品牌的侵袭下，在中国曾一度陷入销售低迷的状况。为此，李维斯制订营销计划以提高品牌知名度和市场份额。李维斯推出过一个大的营销活动——“Live in Levi’s”。这个营销活动信息是各个国家的各种移动设备都能接收的信息，因此，这种全球范围内的营销活动在当时取得了全球人类的关注。

李维斯深谙视频营销魔力，利用短视频的快速传播特点，在全球范围内拍摄穿着李维斯的消费群体在各个场合活动的情景，展现李维斯的设计理念，再拍摄穿着李维斯的消费者跑步、健身等动作，体现产品的功能性。视频带来的冲击力让消费者看到李维斯的与众不同。

另外，分享故事，发动涵盖歌手、时尚达人、时尚编辑、摄影师、潮人等圈子里的人来讲出自己心目中“活出趣”的故事，进而引导消费者讲出自己的故事。有明星就有话题，全世界范围内的消费者都可以通过李维斯的平台，分享自己眼中的“活出趣”的故事，以及自己和李维斯之间的故事，给消费者的热情不断加温。

由于整个过程注重消费者参与，李维斯充分利用了社交媒体的传播威力，并借助自己所拥有的资源，最后成功地让更多的消费者与品牌进行互动，从而形成一个良性的闭环。

（四）运用基于大数据的效果评价新体系评估营销效果

新媒体时代，企业较以前更容易掌握大量的消费者数据，但同时也面临庞大数据如何运用的困惑以及一些核心数据难于获取等问题。因此，在营销的过程中，企业需要不断收集相关数据，构建基于大数据的效果评价新体系，帮助企业客观评估营销效果，改进营销方法和策略。

具体来讲，企业可以从以下两个方面着手：第一，充分发挥数字媒体特点，利用搜索引擎、口碑营销与舆情监控评估工具，评估品牌广告和营销的效果；第二，合理构建效果评估体系，综合评估，判断绩效。通过基于大数据的效果评估数据，更好地指导企业开展新媒体营销活动，提高企业营销活动的效果与效率。

利用大数据技术进行店铺评级的方式在电商领域得到了广泛运用。用户和店铺之间发生的各种行为，如购物、网页点击、售后服务等数据，都被用作反映店铺管理和营销效果的重要指标。以京东为例，在店铺评级体系上线后，京东在前台页面及后台系统中都展示了店铺评级的体系内容和各项结果，用户和店铺人员能够方便快捷地找到其需要的内容，让双方信息变得更为透明。从消费者角度，消费者可以清晰地了解到各个店铺在服务、商品和时效各方面的表现和水平高低，丰富明确的量化信息为其进店和购物决策提供了高效客观的数据。从商家角度，评级结果可使运营人员找出自身的优势和不足，从而改善运营现状，不断提升运营水平以获得用户更好的评级，而更好的评级成绩又可以用来吸引更多的用户，形成良性循环。

第五节　新媒体营销发展概况及展望

一、新媒体营销发展概况

（一）新媒体营销发展历程

1. 新媒体营销 1.0 阶段

这一阶段起始于 20 世纪 90 年代，基础是 Web1.0 网络。那时发展强盛的新媒体业态主要包括新浪和搜狐等网站，还有谷歌等搜索引擎。这一阶段的用户上网主要是为了浏览信息，搜寻自己想要的信息，没有较多的自由，也没有较大的网络话语权，只能接收信息，处于被动位置。企业在这时的营销活动大多是进行广告发布，在网络上打广告，或是以邮件形式向网络用户发送广告，是一种传统的广告传播营销方式。

2. 新媒体营销 2.0 阶段

此阶段出现在 2000 年前后，以 Web2.0 网络为基础。这时期发展较好的新媒体业态包括人人网和新浪博客等网络信息交流平台，还出现了淘宝、京东等网络商城。

这一时期的网络用户主要是通过网络来与他人进行交流互动，或是尝试线上购买产品。相较于新媒体营销 1.0 阶段，用户的网络话语权得到增强，主体参与性也得到了增强，这时期的用户上网比较自由，能够在网络中发布自己的言论。企业在这一阶段的新媒体营销主要是宣传自己的品牌，利用网络渠道进行品牌营销。这时期的营销手段仍然具有很多传统营销方式的特点。

3. 新媒体营销 3.0 阶段

此阶段从 2010 年前后开始，以 Web3.0 网络为基础。典型的新媒体业态有新浪微博、腾讯微博、微信等，美团网、蘑菇街、微信商城、苏宁易购，以及“米粉”（小米）、“花粉”（华为）在线社区等。此阶段，用户以购物、娱乐、分享为主要目的，网络权力较强，渐渐形成了消费者新媒体社区与生态。企业在这一阶段的新媒体营销活动主要有创立新媒体品牌、实现顾客引流和在线价值变现。企业可以利用微信、微博、直播平台、短视频平台等实现新媒体营销。这一时期的新媒体营销摒弃了传统营销的缺点，开始构建新的营销制度。

4. 新媒体营销 4.0 阶段

这一阶段是从 2016 年前后开始的，技术基础是人工智能、移动智能终端、虚拟现实、区块链、新媒体支付创新等。这一时期出现了无人超市、滴滴打车、共享单车和车联网等。这时期的用户不仅能在网上购买产品，成为一名消费者，还可以为企业提供资源，成为一名生产者。各个企业在这一时期需要整合资源，同时促进线上营销和线下营销发展，利用新媒体与顾客建立和谐的关系。这时期的新媒体营销实现了与传统营销的结合，建立了更加完善的营销模式。

（二）新媒体营销的发展契机

新媒体营销得到快速发展，促使消费者的行为发生了变化，为新媒体营销提供了新的契机。

1. 消费者跨越时空购物

消费者在新媒体营销模式下不需要在固定的时间去线下购买物品。消费者可以利用网络随时搜寻自己需要的产品，通过比对来选择产品，并且可以从全球范围内选择产品进行购买。首先，消费者的线上购物行为不受时空限制，因为网络中的门店没有打烊时间，使得消费者可以在任意时间搜索产品，购买产品，如果买到不喜欢的产品还可以退货，方便快捷。另外，消费者在线下购买时，会遇到销售员的强行推销，降低购买欲望，而线上购物不会遇到此类情况，能够更随意地购物。其次，消费者在购物时不受区域限制。我国消费者可以通过网络看到全世界的产品信息，并且可以在线上购买产于其他国家的产品而不用花费大量邮费。传统的营销方式不能够突破时间和空间的限制，无法为消费者提供满意的产品。

2. 消费者网络购物行为日趋增多

如今，许多消费者越来越喜欢在网络上购物。首先，消费者有比较明确的购买目标，不会轻易被广告影响。当消费者想要购买产品满足需求时，就会利用自己的移动设备搜寻产品信息，通过各种对比来选择合适的产品进行购买。其次，网上的商品价格更低，可以节约开支。线下营销比较耗费资金和人力，厂商需要将产品卖到实体店，实体店需要付房租，为赚取利益需要提高产品价格，因此，实体店的产品更贵。而消费者通过网络购物平台就可以直接与厂商联系，省去中间环节，从而以更低的价格购买产品。因此，理性的消费者会选择线上购物，而传统的营销不能满足消费者进行信息搜索的需求，这为新媒体营销提供了发展契机。

3. 消费者购物支付手段更便捷

消费者在网络购物时可以使用多种方式付款。消费者在网上购物时可以使用支付宝等方式付款，而现代化的付款方式更加安全，提高了消费者网购的意愿。新媒体时代多样的支付手段促进消费者进行线上消费，也促进了新媒体营销的发展。

（三）新媒体营销的发展不足

1. 新媒体营销宣传重形式轻内容

在新媒体营销中，人们对宣传形式的注重程度远远高于对内容的注重程度，导致宣传内容质量不高。首先，新媒体营销的宣传形式太过大胆就会使消费者感到反感。新媒体营销重视媒介数量和投放的广告数量，一般会利用各种平台宣传产品，导致消费者经常在网上看到同一个产品的信息，容易引起消费者对该产品的厌恶情绪。其次，新媒体营销宣传内容质量不高，不能够使消费者提高对产品的兴趣。新媒体营销往往对产品功能和优势介绍不到位。许多商家会利用直播抽奖、转发宣传奖励等形式吸引人们关注品牌，这种新媒体营销策略能够吸引到一部分消费者，但是无法有效加强品牌与消费者的联系，并且越来越多的消费者反感这种营销行为，因此这种新媒体营销形式注定被淘汰。

2. 新媒体营销不利于消费者快速筛选信息

新媒体营销能够在短期内发布大量信息，但许多信息都不具备足够的特色，使消费者无法立刻筛选出自己需要的信息。首先，新媒体营销发布的信息过多，消费者无法短时间内全部看完。许多中小企业没有过多的资金，纷纷使用新媒体营销方式，向消费者推送大量的信息。而消费者面对海量信息，往往不能及时看清信息，导致有些产品的信息被消费者漏看。其次，新媒体营销信息大多具有雷同性，造成信息的重复。许多企业并没有独立的宣传部门，无法将自己的产品信息与其他品牌的产品信息区分开，在宣传产品时，直接模仿其他商家的宣传信息，导致消费者会看到大量雷同的宣传信息。①

3. 新媒体营销服务品质有待改进

企业需要提高新媒体营销的服务品质。首先，企业要提高产品质量。新媒体营销会放大产品的优点，使消费者对产品产生较大期待，而当消费者购买商品后，如果产品品质达不到自己的预期，就会使消费者不满。其次，企业不可以诱导消费者错误消费。个别新媒体营销从业者为了提高业绩，欺骗消费者，诱导消费者购买产品，这是不应该的。

二、新媒体营销展望

（一）移动互联网改变着新媒体的发展态势

在新媒体时代中，传统媒体与移动互联网产生了深度融合，从而形成融合媒体，提升了人们的体验感。移动互联网能够快速传播信息，方便人们线上交流。以前，电视观众只能被动接收信息，而现在，电视观众可以与传播机构互动。并且移动互联网用户还可以将自己的照片上传，为其他人提供新媒体信息。

（二）新媒体发展进入“大数据”时代

如今大部分的企业和个人会将各种信息资料上传至云空间。所以说，新媒体已经进入了大数据时代。企业利用云空间整合资源可以有更多精力提高市场竞争力。例如我国

① 钟娜娜．关于新媒体营销的思考［J］．中国市场，2022（20）：140-142.

引进了微软的公有云，使得双方可以派合作伙伴来运营和交互。

（三）新媒体发展的热点为社会化媒体和分享经济

微信等社会化媒体不仅被人们广泛应用，成为重要的社交工具，而且还被政府和企业重用，有效提高了工作效率，为人们提供更多个性化服务。

许多组织和个人通过社会化媒体来分享自己的资源，实现了社会资源共享，促进分享经济与其他领域的融合，使人们的消费理念发生变化。

（四）对企业与客户的互动性予以强化，重视客户的需求和体验

众多新媒体，如微博、微信公众号等已经改变了以往单一的交流模式，如今客户与企业已成为不可分割的一体，企业要想真正地抓住新媒体的浪潮，必须重视与客户的双向互动，在新媒体领域营销中以吸引、维持顾客群和经营顾客关系为主要目标，积极听取客户的反馈，使客户最终成为企业免费的社会媒体传播者，逐步向“以客户为中心”的理念迈进。

第二章　新媒体促进传统行业转型的表现

新媒体营销是以新媒体平台为传播和购买渠道，把产品的功能、价值等信息传播给目标消费者，以提升受众认知度和美誉度，从而实现产品销售和品牌宣传目的的营销活动。[①] 从根本上来说，新媒体营销是企业利用新媒体对公众进行软性宣传的商业运作手段。当今多媒体技术、互联网信息技术、数字技术等前沿科技的发展，智能化设备成本降低和用户普及，都为新媒体营销奠定了硬件基础。新媒体营销从相对较早的搜索引擎、电子立牌、门户网广告等形式，发展到现在各类社交软件、视频软件等“铺天盖地”的推广，已隐隐有在营销模式中占据主流的势头，并通过新的营销路径对传统行业的优化升级产生了推动作用。本章选取了数字电视新媒体营销、户外新媒体营销、数字化营销三种典型的新媒体营销形式进行论述，以期能够帮助学习者对新媒体营销的基本界定、主要方式、营销策略等形成基本知识体系。

第一节　数字电视新媒体营销

一、数字电视新媒体的界定

数字电视新媒体是指利用数字技术使用数字电视、互联网协议电视、移动电视等电子产品传播信息的新形态，它更多地被用在户外场合的信息获知，因此与户外新媒体有较多关联。

数字电视（Digital TV，DTV）指在电视节目的制作与传播全过程都使用数字技术。从最开始节目的录制环节到节目的后期与处理环节，再到传播到各种网络终端的过程中使用多种数字设备，也不断尝试新的数字技术。数字电视的使用可以让观众观看节目不再受到播出时间限制，可以自由选择想看的节目内容，获得更好的观看体验。随着有线数字电视的普及，当前大多数家庭中的电视终端不再只是传统的接受电视频道的机器，开始成为集公共传播、信息服务、文化娱乐、交流互动等一体的信息终端。互联网协议电视（IPTV），也叫交互式网络电视，其英文全称是 Internet Protocol Television。按照国际

① 宫承波．新媒体概论 第 8 版［M］．北京：中国广播电视出版社，2020：217.

电联的定义，IPTV 是指通过可控、可管理、安全传送并具有质量保证的无线或有线 IP 网络，提供包括视频、音频（包括语音）、文本、图形和数据等业务在内的多媒体业务。[①]它可以通过电视机、平板、手机、移动电视等各种多媒体终端进行业务的展开，我国的 IPTV 目前主要指通过有限 IP 网为电视终端提供多媒体业务。

IPTV 需要利用宽带网实现家庭内的网络连接，运行中需要家用电视机或计算机终端等设备完成多种交互式数字媒体服务。IPTV 技术给人们带来更大的信息量的同时还具备良好的交互性。IPTV 技术当前涉及电视产业、计算机网络产业和电信产业三大产业，是三者优势的集合体，可以利用这一优势发挥更多的信息集成作用，为用户提供海量的数字化信息。IPTV 还让更多的用户拥有了自主选择的权利，用户不再是被动地接受电视中的节目信息，而是可以选择自己感兴趣的节目。IPTV 的普及让传媒模式出现了颠覆，电视传媒不再只是单一的传播者，电视受众也不再只是受众，两者之间的定位开始出现转换。传媒可以向观众展示节目，观众的喜好也可以影响传媒节目，使节目发生改变。两者之间需要相互沟通，才能共同促进电视行业的进步。

移动电视是通过无线数字技术接收电视节目。它主要是利用无线数字信号的稳定性，让用户在移动的状态下也可以清晰地接收到电视节目。公交和电梯中通常会配备移动电视，并可以强迫观众收看。受众在乘车和电梯上短暂的等待时间中，可能会被移动电视中的节目或者广告所吸引，进而达到强制性传播的效果。因此，这对于一些制作精良的节目和广告来说，是非常宝贵的传播机会，可以为相关的节目或者产品带来更多的收益。

户外新媒体是指放在户外，可以让更多人在不同的场合看到的数字电视等新媒体。与传统的广告牌、灯箱、车体广告等户外媒体形式不同，这是一种可以在公交、航空、地铁、轻轨等场所循环播放的渠道媒体。当前各大场所的 LED 彩色显示屏等户外新媒体播放的内容主要是广告，这是产品有效的宣传途径。

二、数字电视媒体的传播特点

数字电视既具有传统电视视频传播的特性，同时又有数字网络技术的特性。家庭和公共场所的数字电视由于使用场合及定位不同，具有不同的传播特性。

（一）家庭数字电视传播特性

与传统模拟电视相比，数字电视具有：高质量图像、高质量音质、节目容量大、可自主选择节目、可互动以及具备丰富的扩展功能等特点。[②]

1. 图像音质质量高

数字电视能够提供更清晰的图像和音质。它具有的时轴处理、制式转换等功能，可以实现模拟电视不易实现的高质量功能，使画面清晰度达到演播室质量的标清或高清的水平。另外，数字化传输避免了模拟电视节目信号多次转接切换和远距离传输带来的干扰和失真的问题，能够保证画面和声音清晰再现。

---

① 杜琳琳. 新媒体时代大学生德育教育研究［M］. 成都：电子科技大学出版社，2017：15.

② 林亚红，王珏. 数字媒体创意应用［M］. 上海：东华大学出版社，2017：137.

2. 自主选择节目

数字电视采用了双向信息传输技术，赋予了电视交互的特性，其最基础的表现就是人们可以按照自己的需求来点播视频节目。视频点播也是目前数字电视提供的最主要的服务。相较于传统电视，用户不是被动地收看节目，而是能够根据自己的喜好来针对性地选择节目。网络交互性的功能还可以使观众在收看高清电视节目的同时，能够登录相关的社交网站，分享与发表节目的感受，带来更多的观赏乐趣。

3. 节目容量大

数字电视通过数字技术进行数据传输，其系统的各方面性能都获得大幅度的提升和保障，频率资源利用率高，能够提供数倍于模拟电视的节目量。另外，数字电视联网后，可以任意点击收看网络上无穷无尽的视频节目。

4. 扩展功能丰富

数字电视随着三网融合的推进，技术的提升，扩展出了很多新的功能。除了基本的节目点播外还可以通过电视购物、上网、游戏以及社交等。电视将在家庭生活娱乐中扮演着越来越多的角色，成为生活娱乐重要平台。总而言之，数字电视既发挥了传统电视的传播特性，将视听感受提高到了极致，同时也结合了网络特性，让观众从以往被动地看电视变为主动地看电视，呈现出双向、多向传播的网络传播特性。

（二）公共场所数字电视传播特性

公共场所的数字电视与家庭数字电视相比，有很大的不同。首先它们的传播目的不同。家庭数字电视主要满足家庭的生活娱乐需求，而公共场所的数字电视主要是为了向一定范围的受众传达特定的信息，达到告知的目的。因此，公共场所设置的数字电视主要功能是播放广告，起到营销推广的作用，追求的是商业目的。再者，接入的网络不同。家庭数字电视连接的广播电视网、互联网这样的覆盖面广的开放性的大网络，拥有海量的资源，用户可以选择频道，还可以参与网络互动。而公共场所的数字电视主要接入的是固定的局域网，资源单一，受众只能被动地接受，无从选择。基于这样两个基本因素的差别，与家庭数字电视相比，公共场所的数字电视具有全然不同的传播特点。

1. 窄众传播

公共场所的数字电视，一般都设置在固定的、相对封闭的场所里，能够接触到媒体的受众是在场所活动的一部分人群。即使被称为移动电视的车载数字电视，虽然客观上始终在移动，但是它固定在车厢里面，只有在这条路线上并且上车的乘客才能看到，这样的接受情境是封闭的，接触媒体的受众面是非常狭窄的。因此，相对于大众媒体的广泛传播来说，它是一种窄众传播，只在一定的范围内起到传播作用。

2. 强制性收看

以车载移动电视为例，从上车开始直至下车，移动电视一直在播放中，乘客没有选择关闭或者换台的权利。楼宇电视也是如此。一旦你选择进入这座商务楼，乘坐电梯，你就被暴露在电梯的显示屏下，无法逃离，也无法选择关闭。所以它是一种强制性收看。尽管人们对这种强制性收看有抵制心理，但是如果无所事事或者广告不算太糟的话，多半会选择注视屏幕。这也使得公共场所的数字电视传播效果在到达率上远远超出了许多其他媒体。

3. 利用碎片时间

从受众接触媒体的时段来看，它基本上都是在受众等候或作短暂停留的时间，如白领等候电梯时、乘客搭载交通工具出行时、卖场顾客排队付钱时等。此时此刻恰恰是受众最关注身边显示屏的时候。公共场所的数字电视将受众这些无所事事的碎片时间利用起来，把他们的注意力转移到了显示屏的信息上，发挥了大众媒体时代被浪费的碎片时间的价值。当然，随着移动网络的发展，人们的碎片时间逐渐被手机媒体占领，随处可见手持手机阅读的等候者们，这无疑对公共场所数字电视的这一优势产生了严重的威胁。如何重拾受众注意力，发挥碎片时间的价值，是数字电视媒体迫切需要解决的问题。

4. 实时传播

公共场所的数字电视作为小范围的传播利器，除了固定播放节目单外，还可以在需要的时候进行实时播放，将信息在最短的时间内有效地传达给身处其中的受众。如目前有很多普通住宅区也安装了电梯显示屏，通过这一显示屏可以实时播放新闻讯息、天气预报或者物业的通知。

三、数字电视新媒体营销的主要形式

数字电视新媒体营销的主要形式是数字电视广告，因此，在研究数字电视新媒体营销过程中需要重点关注其广告的营销模式。数字电视的到来让更多的技术发生变革，影响了整个信息产业。广播电视行业的运营体制管理开始出现新的模式，用户收听、收看的方式也与传统不同，这对整个信息产业的发展都是大的改变。随着行业的改变，企业的营销手段开始出现多样化。数字电视广告开始在多样的场合中发挥其营销作用。

在数字电视广告刚开始兴起的阶段，各大企业纷纷盯住这一市场，肯德基、光明、宝马、奔驰、奥迪、苏宁、国美、美的、康佳、中信银行、招商银行等近千家国内、外的知名品牌在数字电视领域进行广告的投放。这一新形式的电视广告与传统的电视频道广告相辅相成，一起扩大了各大品牌的知名度。新形态的数字电视广告弥补了部分传统电视广告触及不到的区域，补充了宣传盲区，达成了更好的传播效果。

但数字电视广告的发展也受到了部分阻碍：一是部分广告主对于新的广告形式接触不多，需要有一个接触—注意—引起—理解的过程，这一过程耗时较久，错过了对数字电视广告的最佳投放时间。在后期的广告投放过程中可能达不到理想的效果，因此不利于其长期发展。二是数字电视行业目前是以各个地区进行区域划分的，不同的地区对于广告的投放有不同的标准，对于广告的规格有不同规定，因此广告商在投放过程中会受到层层阻碍，不能获得全国性统一的投放。三是在广告运行以及管理期间，没有专业的监测体系。传统的广告发展时期已经形成了相对完善的监测机制，有专业的广告效果评估数据可以得知广告带来的效果。在数字广告发展期，也应该及时引入专业监测体系，建立完善的广告价值评估机制。

四、数字电视广告的主要类型

（一）EPG 系统

EPG（Electronic Program Guide），意为“电子节目导航”。数字电视 EPG 系统的应用

为用户带来了更多的观看便利，它提供了大量节目的预告信息，可以及时锁定用户的注意力；它可以进行检索，让用户更加方便快捷地找到节目信息；它还提供节目的简介以及演员的信息等，让用户从多方面了解相关资讯。EPG 的方便性在市场中得到了印证，成为点击率最高的数字电视业务。EPG 在给用户带来方便的同时也提供给电视节目运营商和网络运营商更多的广告机会，运营商们在 EPG 菜单的界面中插入广告，可以让广告形式更加多样，更有利于在用户心中留下印象，同时丰富数字电视本身的广告播出业务。但各个地方网络的 EPG 系统是有区别的，系统中的界面以及子页面等也都不同，下面根据多方公司的系统应用总结如下：

1. 开机画面广告

开机画面广告是指在机顶盒开机的瞬间在界面上显示的广告，广告可以是静态图片，可以是动图，也可以是 Flash 或一段视频。在最开始的界面插入广告，可以瞬间抓住用户的眼球，给予用户更新的观看体验。这一广告的投放既可以丰富广告的投放形式，也可以通过定期的更换广告，让电视机开机画面不再单调。任何用户在进行电视观看之前都需要开机，在等待系统运行短暂的几秒之内，首先会看到界面由单纯的黑转为饱和度强的广告颜色，这种瞬间惊艳的视觉效果，会给用户留下强烈的印象，更容易对广告中的产品产生好感。

2. 主菜单广告

EPG 系统中有一个主菜单，是用户经常用到的服务，也是整个数字电视平台的门户。在这一界面可以插入不同样式的图片广告，可以将 BMP、JPG、PNG、GIF 等格式图片每隔几秒进行切换，给予用户不同的视觉刺激。主菜单广告的优势主要是随着主菜单功能的多频次使用获得多次曝光，主动性强。

3. 频道导航条广告

用户在使用电视的 DVB 直播模式时，通常需要用到“频道+/频道一”按钮，在进行频道的切换时，在电视机的下方会出现频道的序列号和频道的名称，且它们会停留 3~5 秒钟，然后消失。可以在频道导航条中嵌入广告信息，让广告可以随频道导航条的切换而切换，随频道导航条的消失而消失。尽管这一广告显示的时间短，但出现的频率比较高，用户可以随着功能的使用注意到广告。

4. VOD 视频点播广告

视频点播（Video on Demand）业务，即节目视频可以点击播放。用户在观看节目时可以不被固定时间所困，可以随时随地观看自己想看的节目。可以在用户进入 VOD 界面之后，插播一段广告，这一广告的时长要有限制，要考虑观众的观看体验。这一广告可以是图片、Flash、文字、视频等，并可以根据消费者的群体不同投放针对性的广告。

5. “我喜爱”频道列表广告

“我喜爱”频道列表主要是将用户比较喜欢的节目放在一个统一的地方，就像一个“收藏夹”，可以帮助用户方便快捷地找到相关节目。这一频道列表的构建可以让数字平台了解用户的喜好，并可以根据用户喜好推出相关的广告界面，既可以带来较高的收视率，还可以带来可观的广告收益。

6. 导视频道广告

数字电视接收信号较强，可以播放较多的电视频道，因此在系统中需要用到导视频道来进行相关频道内容的预告以及播出时间的宣传。导视频道可以让观众更快速地了解相关频道的信息，及时做出选择。在这一频道投放广告需要考虑消费者的接受程度，要适当控制广告的时长，避免消费者出现抵触反应。在导视频道的广告需要简洁美观，并可以根据需要增加取消广告的功能。

7. 其他类型的广告模式

EPG 系统已经开发出许多不同的模式，除以上举例的地方可以投放广告，还可以开发弹出式窗口型广告、滚动字幕型广告、音量条广告等。

（二）互动角标广告

互动角标广告是在原先的数字电视平台再叠加一个视频，通过叠加视频的突出来完成宣传的广告形式。这种广告形式并不具备强迫性，只是在正常收看电视节目的同时弹出广告的角标，如果对广告感兴趣就可以点击进去用遥控器进行界面的操作，如果对其不感兴趣就直接忽略。这是在数字电视平台为用户的自主性提供的广告形式，用户可以根据自己的意愿选择广告信息是否展现，这与以往的被动收看电视广告不同，开始具备互联网广告的部分特征。

（三）直达推送式广告

直达推送式广告是将广告直接展现在观众的面前，但不影响观众所看的画面。具体的展现形式主要是：观众在观看电视节目时，会直接接收到广告的信息，它会以文字的形式滚动出现在电视屏幕的上方或下方。另外，还可以通过 ITV 互动技术实现广告的精准投放，可以在某特定节目中，绑定一个 ITV 广告，该广告与节目相关，观众在看到相关节目时可以弹出相关的广告，观众可以直接点击广告来进一步获取广告的信息等。ITV 广告的投放需要相关的技术支持，因此在发展中比较受限。

（四）电视邮箱广告

电视邮箱广告是将相关的广告信息发送到用户电视邮箱中的一种广告形式。电视邮箱在接收到广告后，会出现新的消息提醒，用户可以通过点击链接进入广告界面。电视邮箱的广告大多以附件的形式存在，用户点击进入附件可以看到多种样式的广告。附件支持多层静态页面、图片、文字等多种形式的广告。

电视邮箱广告将用户的注册邮箱与观看 ID 进行精确对应，进而实现广告的直接投递。邮箱成为用户与广告主之间的桥梁，用户可以通过邮箱了解更多产品信息，广告主也可以通过邮箱获得更精准的用户。这种定向式的点对点信息传播既可以让消费者节省寻找的时间，也可以为广告主获得更多的信息曝光，两者在信息传送中可以实现双向的良好互动。数字电视平台可以利用相关邮箱来促进广告主的市场销售推广、客户关系维护以及电视直销等。

（五）植入式广告

数字电视除了可以播放音频和视频外还开发了许多其他新业务，人们可以利用数字电视进行在线游戏、在线支付、电视教育频道定制等。在这些业务的运行中提供了大量的广告空位，可以及时进行植入式广告的宣传。比如，在在线棋牌游戏的界面，可以在其背景处安插部分广告。

（六）专门电视广告频道

数字电视的发展让电视频道逐渐丰富，各大运营平台也开始根据专业偏向不同进行频道的细分。数字电视频道与模拟频道相比更加稳定，且占用频道空间小，一个模拟频道可以容纳 8 个数字频道，因此，数字电视的频道可以有更多的细分。在数字电视发展中，根据不同的受众需求制定不同的专业频道已经成为电视发展的潮流，通过专业化的频道展现可以让更多的受众更精准地找到所需信息，也可以让广告达到较好的展现效果。建立一个专门的电视广告频道也可以将电视销售的受众进行集合，根据销售的情况和用户的观看情况对节目和频道进行调整，实现真正的专门服务。比如，在电视广告频道拿出一个时间段专门做汽车的相关广告介绍栏目，让想购买汽车的消费者可以在电视中享受到在实地看车的体验，并根据电视中广告的展现了解不同品牌、不同车型的优缺点，直到选购到真正适合自己的产品。还可以通过电视进行双向的互动，观众可以对节目的设置、栏目的划分提供建议，并提出自己的需求，电视节目可以根据观众的观看体验进行栏目的调整，让更多的受众可以找到满足自己需求的产品。我国一些城市已经开通了专门的广告栏目，为观众提供产品的推荐。比起多样的其他形式的电视广告，专门的电视广告频道更赢得部分观众的喜爱，他们可以有更多的时间去了解产品，并可以直接与电视中的产品互动。

第二节　户外新媒体营销

一、户外新媒体的界定

（一）户外新媒体的基本概念

户外新媒体是指直接安放在户外公共场所的新型数字电视媒体，它不再是过去单纯的广告牌、灯箱、车体等传统媒体形式，而是可以出现在任何场所的移动数字端媒体。比如，在公交、航空、地铁以及轻轨上的数字电视，以及在人们短暂停留的各个站点中的数字媒体。这些数字媒体通常通过 LED 彩色显示屏展示相关的视频，且视频多是广告。由此可见，数字电视新媒体与户外新媒体多有重叠，数字电视新媒体可以运用到户外成为户外新媒体的一部分，户外新媒体对数字电视的应用也可以视为是数字电视新媒体的一种形式，不需要进行特别的区分。

户外新媒体主要是依托着新型的数字技术发展起来的视频媒体，其形式与电视比较接近，所以户外新媒体的广告结构与电视媒体类似，投放的广告类型也大多是快消品和生活必需品类。传统的户外媒体广告大多是在广告牌上的大型海报，与报纸所吸引的广告结构相似，投放的广告类别大多是房地产等建筑工程行业、商业和服务业、金融投资保险等。

户外媒体根据其特点还可以被称作途中媒体，可以分成三个层次：第一个层次是大众熟知的传统的户外媒体；第二个层次是利用新型的技术所进行的大众传播的新型户外媒体，“新”的特点主要表现在技术的更新上；第三个层次是当前各个分渠道的新媒体，在多样的户外渠道中采取新型信息技术的传播，主要是在公交、地铁、机场、电梯等大家日常生活的区域进行渠道的拓展，“新”表现在多样的传媒渠道上。

（二）户外新媒体与传统户外媒体的差别

户外新媒体的三大特征，即“户外”“视听”“分众”。[①] 户外新媒体的三大特征让其区别于传统的户外广告以及传统电视媒体。中国经济的快速发展，各地、各个国家的经济主体都在不断移动，人们开始离开固定的场所，进行移动办公，因此促进了户外新媒体的繁荣。在家中看电视，越来越多的人不会因为广告停留，而是选择跳过广告，因此广告的吸引力越来越低。而在户外，由于人们手中没有遥控器，液晶广告总会侵入人们视野，这就导致人们开始将注意力转移到液晶显示屏的广告上，增加了户外广告的有效性。

户外新媒体逐渐取代了传统的户外媒体，成为现代主要的广告形式。传统的户外媒体虽然具备一定的优势，但也存在着不足，下方是一些主要的问题：

第一，传统的户外媒体表现形式单一。传统的户外媒体大多是一些简单的图片或文字宣传，手法比较单调，展现的画面也大多是静止的，但电视广告则可以是多样的，可以用图片、视频、音频等更丰富的画面表现某一产品，赋予广告更丰富的故事形式。

第二，传统户外媒体的投放场合比较受限。在户外，传统媒体广告大多需要一定的实体作为载体，需要一定的空间来放置广告，因此它可以出现的场合比较受限。而户外新媒体的投放主要是数字化的资源，可以出现在较多的场合，还可以随时进行切换。

第三，传统户外媒体不能实现精准的广告投放。传统的户外广告大多投放在一些人群比较聚集的地方，这些地方的人群流动量比较大，受众比较分散。对于广告主来说，最重要的是促进广告转化为实体的销售额，但大部分传统广告的受体与产品的定位不符，也就不能促进消费，广告的投放效果也不理想。

与传统户外媒体广告相比，户外新媒体可以出现在办公楼、交通工具、商场等多样的室内环境中，可以针对不同的场合、不同的人群进行广告的精准投放，再加上其大多制作比较精良，可以带给观众更好的视觉体验。因此，户外新媒体可以为广告主带来更多的效益，应该成为未来广告发展的主流。

二、户外新媒体广告的基本特征

户外新媒体广告的发展需要互联网技术的支持，需要数字化技术的精进，与当前流行的其他新媒体产品有许多共同的特点。下面列举其主要的特征：即时性与互动性、分

---

① 李燕．户外新媒体的分众传播探析［D］．武汉：武汉理工大学，2008.

众化和个性化、海量性和共享性。

（一）即时性与互动性

当今时代，信息传播速度不断加快，在数字化技术的加持之下，信息可以实时传递给受众，越来越多的人开始通过一个网络终端就可以了解天下事。传统媒体的信息在传播过程中会受到地域限制，比如报纸等信息端可能只在当市发行，但新媒体却通过数字技术解决了这一弊端。户外新媒体也是新媒体的一种，可以实现全球之内的信息互联互通，发挥其即时性。户外新媒体还实现了受众与媒体之间的双向互动，取代了传统的媒体向受众单向输出的信息传播通道。新媒体时代的发展，让媒体可以实时得到受众的观看体验反馈，并可以根据多样的数据进行广告的调整，受众看到媒体的改变也会选择继续与之互动，双方之间实现有效沟通，进而激发受众的消费欲望。

（二）分众化和个性化

信息传播过程中会实现无差别推送，但每个受众的兴趣点都不同，无差别的传播信息会导致信息失去其有效性。户外新媒体可以充分利用场合聚集人群的不同，分场合、分时间进行精准的内容传播，让广告可以发挥最大的效用。对于传播受众的细分，可以实现广告的精准送达，也可以有效促进消费。比如，在超市或者卖场的广告主要面向的是照顾家庭的人群，大多宣传日用品或者培训班等；在写字楼中的广告就主要针对白领和商务人士，宣传的大多是咖啡、高端电子产品等提高生活精致度的产品；在车载移动电视上大多播放一些精彩的节目片段，可以让每天固定时间乘车的乘客看到不同的节目。在户外新媒体广告的精准投放可以让更多人了解到与自身相关信息，给予受众良好的视听体验。广告主应该在广告投放之前结合目标受众的需求调整广告方案，实现广告效益最大化。户外新媒体结合当下最新技术开始实现跨越式的发展，将 3D 技术运用到广告中，通过震撼的画面、充满节奏感的音乐为受众带来新的体验。成都太古里商场的裸眼 3D 屏幕一经推出，就收到了广泛欢迎，吸引了大批游客驻足观赏，成为城市的重要地标。因此，户外新媒体广告的分众化和个性化，可以让广告产品被更多有需要的人看见，带动消费。

（三）海量性和共享性

新媒体广告运用了更加先进的技术，通过多样的技术将图片与文字，音频和视频结合，在短短的几秒内可以呈现大量的广告信息。在新媒体广告发展中不仅改进了广告的形式，带给受众更直观的视觉、听觉震撼，还让受众了解到更多相关信息。信息技术的发展，让世界开始不断缩小。每一个地方都有可能产生海量的信息，在某一地的信息可以通过互联网迅速传播到全世界，世界上所有的信息开始共享，信息传播的范围不断扩大。户外新媒体广告的发展克服了传统户外广告的单一性和固定性，让广告成为扩大产品知名度，拉动产品消费的主要形式。与传统户外广告相比，新媒体广告的更新速度更快，可以在受众产生审美疲劳之前迅速进行新的广告的推进，也可以在受众对广告提出质疑之后迅速撤掉，避免一些不必要的损失；新媒体广告可以在短时间内迅速占领城市空间，实现广告的全面覆盖，传播渠道更加多样，信息到达率更高。

三、户外新媒体营销的类型

户外新媒体营销的优势在于对户外人群的覆盖传播。主要包括户外 LED 营销、移动车载新媒体广告和户外广告。

（一）户外 LED 营销

户外 LED 屏是具有音视频功能的户外广告展示设备。从 1969 年最早的红光 LED 问世到 20 世纪 70 年代低发光效率的 LED 运用，再到 90 年代 LED 全彩显示屏的广泛运用，LED 屏幕这种结合了微电子和信息处理技术的大面积显示屏幕，已经成为商业广告户外发布的绝佳载体。易观国际在 2013 年发布的相关数据显示，至 2015 年，中国户外 LED 显示屏广告市场规模将超过 27 亿元。与此相伴，平面户外广告的市场份额将进一步被挤压。

户外 LED 大屏幕被广泛应用于公共场所和交通引导（铁路和高速公路等），色彩丰富，广告承载能力强。户外大屏幕具备以下营销传播特点。

1. 视觉效果好

由于户外大屏幕具备画面体量上的视觉冲击力，对受众具有突出的吸引力，其色彩鲜艳且画面信息时时更新，在鳞次栉比的高楼大厦中，能够迅速抓取受众的注意力。

2. 覆盖面广且针对性强

户外大屏幕广告在城市中选择黄金位置，能够覆盖广泛的人群，且那些设立在黄金商圈的大屏幕往往能够将广告投放到高收入受众。对于一些时尚产品而言，这类大屏幕广告是较为理想的选择。像美国时代广场的 LED 大屏广告的投放便意味着品牌的实力和档次。

3. 投放成本低

由于户外大屏幕广告波及的时段和人群广泛，所以其投放成本较低。从广告的实际覆盖效果考虑，低成本显然是其重要优势之一。

近年来，户外 LED 大屏收入增长较快。这其中固然有广告的市场价格整体上扬的原因，但更重要的原因则是其广告优势被持续重视，同时由于国内对 LED 大屏广告有相对严格的管控，LED 大屏资源成为广告稀缺资源，所以价格自然水涨船高。

（二）移动车载新媒体广告

依托移动互联网的便利，移动车载新媒体广告已经成为新媒体营销的重要表现。车载传媒面对的受众流动性强，因而覆盖面广，到达率高，宣传信息传达率好。车载新媒体广告费用低，能够实现全天候的广告发布。以公交车辆的城市覆盖能力而言，其波及范围涉及整个城市，能够全面接触各类人群。车载媒体广告对受众的传播带有强制性，受众一般无法回避其影响，但其缺点在于传播环境存在噪声干扰，如公交、地铁等环境往往难以实现无噪声传播，因而较适合那些以画面取胜而不是通过语音传播广告讯息的内容。

（三）户外广告

2004 年以后，我国的户外广告投放增势明显，至 2011 年，全国户外广告营业额已突破 3 000 亿元人民币，处于世界一线水平。

1. 我国户外广告的发展

第一，户外广告已经从产品展示广告发展成为多种广告并存，兼容了深度形象广告，包容了传统广告和微电影广告等新形式。

第二，伴随着我国广告水准的普遍提高，户外广告体现了创意化的发展趋势，一批画面新颖、创意凸显的广告作品出现。

第三，广告公司竞争日趋激烈。

第四，随着政府对户外广告的管控日益严格，加之政府对高科技、低污染行业的鼓励，户外广告公司开始重视其产品（如 LED 屏幕技术及其应用）的社会效益和社会担当，出现了基于广告内容和广告载体两方面的提升优化。

第五，新的显示屏幕技术和 LED 低碳技术兴起。

2. 我国户外广告现存问题

第一，不少广告牌违规设置，采用的技术老化，不利于低碳减排和城市形象建设。过于注重显示效果的 LED 屏幕造成相当大的能源损耗，会产生光污染，危害城市环境。

第二，新的 LED 翻转屏幕具备节能环保的特性，其对老的平面广告和三面翻广告的契合需要一个过程。如何综合利用现有的户外广告载体，发挥平面广告在白天的展示优势，同时提倡节能型 LED 屏幕的推广应用，需要政府和企业共同的努力。

第三，户外展示与城市形象甚至国家形象密切相关，因而其监管工作也相对责任较重，需要细致严密的管理规制。

3. 户外广告发展趋势

第一，广告营销与城市形象建设的契合。户外广告不仅是商业广告的载体，还是城市景观的重要组成部分，因而其发展建设也关乎城市形象本身。广告业的健康发展是地方经济增长的题中之意，而户外广告也是地方综合实力的良好展示。[①] 户外广告一要有规划，应依托城市形象建设工程而设计，服务于市容市貌提升需要；二要依托周边环境设计屏幕类型和广告展示内容，注重受众视觉效果，作为美化环境和促进经济发展的双重载体。

第二，户外广告的新媒体特性演变。户外广告目前仍以静态展示为主，未来势必提升其互动性，这包括移动终端与户外屏幕的互动，也包括人机互动，还包括人与人之间经由户外屏幕实现的互动。早在 2012 年，凤凰都市传媒就已经利用蓝牙和二维码技术实现人与屏幕的互动和手机终端与大屏幕的互动——尽管还有待于完善，但也是对户外大屏幕更为广阔发展空间的一次有益尝试。

四、户外新媒体营销的现状

当前，户外新媒体大多采用电子设备，利用互联网技术实现广告信息的传播，主要

---

① 张波．新媒体通论［M］．济南：山东人民出版社，2015：138.

的信息载体有户外的彩屏、楼宇电视、车载移动电视等。户外新媒体广告也逐渐成为广告主最主要的广告投放渠道，在市场所占份额可以与电视媒体的份额相当，这也证实了户外新媒体广告的受欢迎程度。户外新媒体凭借其独特的传播方式，多样的传播手段，新颖的传播创意不断成为吸引大多数人群的广告形式，也因此受到了广告主的青睐。

当前科学技术的发展推动着整个社会的进步，也推动着户外媒体产业的发展。户外新媒体产业的发展，科技是重要的影响因素。正是由于科技的不断进步，数字产品的不断更新，越来越多的户外广告也实现了从传统模式到新媒体模式的转变。普通的广告已经不能引起人们的兴趣，户外营销开始焕然一新，对于创意的要求越来越高。科学技术的发展让更多信息技术产品成为户外媒体营销的新载体，多样的大型裸眼 3D 液晶显示器、高铁悬挂彩屏广告开始走进人们的日常生活，成为丰富日常生活场景的重要存在。与此同时，这些产业成为我国户外媒体进行推广与营销的重点方向。① 在新媒体时代，户外媒体的内容不断精进，营销模式也随着内容的转变逐渐丰富。

首先，营销的制作更加复杂，从原先的静态图片制作变成复杂的动态内容制作。

其次，从原先传媒到受众单向的输出变成双向的互动，受众拥有与媒体对话的权利，可以改变媒体信息传播的内容和方式。

最后，媒体营销开始从硬广告转变为软广植入，广告的场合不再局限于某一空间，而是实施多个媒体渠道的立体式营销。

五、户外新媒体营销的问题

目前，户外新媒体的营销方式和营销手段都有了较大改变，开始追求信息传播的多样化，也对信息内容的制作提出更高要求。户外新媒体营销如果想在当前多样化的广告环境下脱颖而出，需要不断进行创新。新媒体广告需要不断创新内容，用创意引起人们的注意力，让广告带有更多的传播内涵；还需要进行营销思路的创新，让营销方式多样化。户外新媒体营销在当下的市场中还存在一些不足：

（一）营销内容创新不够

在科技飞速发展的当下，要将营销内容与信息技术进行充分结合，创造出有新意的广告内容，为受众带来更好的视听效果。一些户外新媒体在发展过程中确实采用了新的媒介，但在内容上没有及时更新，广告形式还是基本的海报式宣传，导致新媒体媒介发挥不出其基本作用。

（二）内容缺乏人文关怀

在新媒体内容创新上需要秉持以人为本的思想，给受众新的情感体验，抚平当下人们疲倦的心灵，让受众感觉到广告中的人文关怀。当今时代已经进入信息社会，海量的信息充斥在人们眼前，受众已经形成了对信息的部分免疫，只有真正好的内容才会被受众看到。所以，在广告中体现出其人性化特点才能吸引更多人为此驻足，创造出好的口碑。

① 彭斌启，芮茂萍，顾华康. 医院营销的新策略［J］. 中国卫生经济，2010（6）：86-87.

（三）影响城市整体美观

户外媒体广告发展期间，部分公司对内容的设计和编排比较重视，因此会在某个地域展开铺天盖地的宣传，这样的广告虽然让受众看到了相关的信息，但也破坏了整个城市的景观设计。在新媒体广告增加的同时还要注意受众的感受，如果过于强调某些产品，往往会忽略广告内容与城市文化的契合度，导致受众产生厌恶心理。这样的新媒体广告不仅不会拉动产品的消费，提高产品的知名度，还会给产品带来不好的影响。

（四）营销表现力不充足

营销表现力是新媒体广告效果的整体呈现，在媒体渠道选择，媒体平台的投放，媒体内容设计与营销思路任何一个环节出现问题都将影响广告的营销表现力。例如，将媒体渠道与媒体平台结合，可以让营销方式实现多样化，在不同的平台实现不同的呈现效果，也让不同的受众感受到产品的多样魅力。但这种好的营销模式并没有发挥出其该有的作用，两者的结合没有充分考虑各自特点，没有对营销的内容进行适当调整，考虑不周，导致营销表现力较差。

六、提升户外媒体的现实创意营销策略

（一）深挖目标客户

在进行户外媒体广告的投入之前，需要对目标人群和目标市场进行研究，在综合考虑多方面因素后，再进行营销策略的制定。可以针对不同场所的聚集人群不同，推出精准化媒体广告，让广告真正送到需要它的人面前；还可以对同一场合内不同时间的人群进行细分，实施定点广告投放。这些策略制定之前需要市场中精确地数据分析做参考，因此要求市场调查人员加强科技运用能力，获得更多数据分析。

（二）增强现实表达

广告设计是艺术性的表达，同时也应该增加现实手法，让更多的受众感受到广告中的产品与自己生活的联系。第一，广告中的虚拟场景与现实生活的联系，可以让更多受众了解产品的用途，产生相关的联想。第二，通过现实场景的演绎，可以增强受众与传媒之间的交流，实现双方情感互通。第三，通过计算机技术实现现实场景的再现，广告可以利用 3D 投影技术实现真实的场景置换，让受众有身临其境的感觉。通过广告信息与科学技术的结合，实现广告的创意展现，促进受众与产品之间的沟通与交流，让广告达到真正的传播效果。

例如，雀巢旗下的 KitKat 巧克力的主打宣传是“have a break”（休息一下），它在具体的广告策略制定中推出了带按摩功能的广告牌，其主题宗旨与休息、放松相关，希望在人们工作一天之后，可以进行彻底的放松。这一广告牌推出之后，产品受到了广泛关注，拉动了消费。

（三）塑造虚实结合

当前时代，多样的媒介开始不断融合，人们对于媒体广告的要求也不断提升，受众不再满足于传统的单方面接受信息，希望可以与媒体实现双向的交流。媒体与受众进行双向交互可以实现虚拟画面与现实的结合，可以让观众在虚拟场景中感受不同的生活。这种户外媒体广告给予受众更多新奇的体验，引发更多受众参与其中，吸引更多的受众消费。通过 VR 技术打造媒体广告可以让更多的受众对信息进行深度浏览，加深受众对广告内容的印象，实现受众对产品的沉浸式体验，增加广告内容的效益。比如，游戏《剑灵》发布时，为增强用户体验直接在上海徐家汇设立 150 米长的宣传栏，受众可以通过 VR 技术实现从现实场景到游戏场景的切换，让观众更好地置身于游戏世界，吸引了大批人群聚集。

（四）呈现动态立体

媒体地向前推进需要借助最新的信息技术，当广告与新型技术结合时，可以为受众带来不一样的体验，有效吸引人群注意力。当 3D 全息投影技术被应用到户外媒体中时，人们容易被其中的景象吸引，进而重点关注广告的内容，达到良好的宣传效果。可以在一些大型的商场、高铁站或者人们短暂停留的地方放置一些现代化科技设备，比如：VR 设备、3D 眼镜、裸眼 3D 或者其他虚拟设备，这些设备既美化了城市环境，又可以在设备中进行户外媒体广告的播放。例如，在韩国的 SM 公司大楼和中国成都太古里的裸眼 3D 屏，每次广告的切换都给予人一定的视觉震撼，不仅可以进行广告的宣传，还吸引了大批游客进行拍照打卡，既带来了经济效益，也带来了社会效益。

在新媒体快速更新换代的当下，户外媒体的发展必须紧跟时代潮流，不断与新型的技术或者媒介融合，打造新颖的广告形式，不断更新广告内容，让内容的价值观与当前人们的价值观相符。只有不断进行自我迭代，才能赢得更多受众的认可。

第三节　出版物数字化营销

一、数字化营销的界定

根据美国市场营销协会（American Marketing Association，AMA）的定义，数字化营销是指使用数字技术来营销产品和服务，包含了很多互联网营销（网络营销）中的技术与实践，但它的范围要更加广泛，还涉及手机及数字展示广告等各种数字媒体如何进行数字媒介。[①]

数字化营销是当今数字化背景下，各类企业和产品推广越来越喜欢的新营销渠道，

① 杜鹏，樊帅．人人学点营销学［M］．北京：机械工业出版社，2020：85.

因为在解决认知问题之后，就要解决路径问题，也就是如何低成本运作，如何用比较低的成本找到目标人群然后连接他们，构建更多的触点。数字化营销是一种非常重要的学问，能够相对低成本地找到更精准的用户，比如抖音、快手、小红书，就是在内容维度与用户建立连接。大家都在摸索，但很多传统品牌商基本不了解这些流量内容的玩法。新品牌成长路径的起点是品类创新，但成长高度依赖于当年的流量红利，这是弘章资本的核心观点。任何成功一定是多因素的，我们不希望一个理论的核心角度是把所有成功因素都归因为“定位”这个因素。一个理性的角度是：一家企业的成功是多因素的，但各因素权重是不同的。我们的观点更注重渠道红利，因为一旦进入某一个渠道的红利期，只要你的产品确实不错，销量的增长速度是非常可观的。

过去营销体系的整体效率在下降，因为媒介发生了很大的变化，消费者获得信息的方式发生了很大的变化，所以我们认为传统营销体系逐步失效以后，更多的是通过运营用户来做品牌。当然我们不认为构建认知效率这件事本身有问题，但从经营的实际效果来看，构建私域流量也是做品牌的一种重要方式。比如宝岛眼镜也是一个会玩新流量的老品牌，它让用户形成流量池，形成体验感，配合它的一整套营销方式，最终把用户拢在手里，构建了自己的私域流量。

消费品有三个长期壁垒：第一是产品力，就是产品好不好，这是起点；第二是流量网络，即通过什么渠道卖这些产品，网络构建成本如何；第三是构建品牌认知，低成本获得消费者的认知体验。①

超级场景的构建是一个相对低成本做品牌的方式。比如很多连锁品牌根本没有做广告的意愿和认知，但是它做得很大，因为门店即场景，门店即广告。有没有可能构建虚拟的场景，用很多内容视频构建虚拟的场景，连接用户的认知？要关注用户喜欢的是什么。有的快消品比较容易打造场景，而且这个场景本身是生意，也就是“我开个店，店本身是带流量的”。品牌商进行消费者教育并且承担费用，这个场景还不亏钱，然后把场景构建的消费者信任感赋予自己的爆款，使之能够在多种渠道里进行分销，这就是一个大生意。

海底捞就是具有场景特质的典型代表，还把自家调味品做成了快消品牌，它用门店、场景教育消费者，形成了心智的构建，同时赋能给自己的火锅底料，上市后增长了十倍市值。这就是做新品牌的一个思路。日本已经开始在线下的地标创设典型的场景，因为一栋楼本身就是品牌，然后用这种品牌认知和社交传播来寻找机会。

如今数字化营销已经渗入到各个行业，很多传统行业也逐渐开始采取数字化营销的策略，如传统医疗行业、出版行业等。我国出版物的数字化营销刚刚起步，在观念、技术和推广上均存在一些有待改进的地方，但不可否认的是，出版物数字化营销的发展将在未来相当长的一段时间内影响我国出版业的发展走向。用数字手段简单复制纸质出版物的内容，仅仅是数字化营销的诸多方式之一。事实上，数字化营销不仅是传统出版物内容在数字媒体上的再次出版销售还包括通过数字媒体对传统出版物或数字出版物进行有效的营销。

---

① 翁怡诺．新品牌的未来［M］．天津：天津科学技术出版社，2020：126.

二、出版物数字化营销的策略

在数字化背景下，出版物营销活动的开展需要综合协调使用网络营销工具，整合诸多营销要素，以实现出版物的销售。

（一）围绕读者，内容营销

所谓内容营销即以文字、图片、音频、视频等介质来传达产品的内容特性及核心价值，给用户以信心，从而达到促进销售的目的。

1. 内容营销的实现途径

电子商务门户网站需要分门别类地为用户提供购买信息。服装时尚类网站坚持将“服装搭配技巧”“护肤品的使用诀窍”“穿衣达人的潮流趋势”等内容作为吸引受众注意、增加用户黏性、进行产品推广的重要手段。图书出版物网站特别是相对较为小众的网上书城、在线书库等应提供读者感兴趣的内容以吸引读者的眼球，如读者关心的各类图书排行榜，炙手可热的作者动态，名人推荐书目及各类书评等。网络中的内容营销表现手段相当丰富，文字、图片、音频、视频等介质都可清晰呈现出来，这些内容要素对目标受众来说具有较大的吸引力，更容易引起读者的兴趣，从而产生营销效果。

2. 内容营销的实现手段

内容营销重点当然在“内容”上，但它的实现手段在数字化营销平台中可谓多种多样，例如社交媒体中微信公众号的推送，公众号的搭载形式很丰富，可以通过文字、图片、小视频、动画、音乐等介质来完成信息的推送，发布图书的选摘、截取图书精彩部分的摘录、作者简介等吸引读者注意，继而产生购买兴趣，甚至对于有特殊需求的读者，可以通过微信公众号的后台私信沟通。同时，可将公众号做成一个和出版物相关的知识库，针对生活服务类的图书推送生活常识的宣传，旅游类图书推送旅行攻略，法律类图书推送法律法规的讲解等。由此包罗进一定数量的读者人群，增加用户黏性。

内容营销还可以通过播客或音频来传播信息，这种形式的好处在于受众可以在一种无拘无束的状态下收听，一边做着其他事情一边收听，但他们感兴趣的内容仍然有可能引起注意，渗透进他们的意识当中。比如利用“喜马拉雅电台”这个开放的音频分享网络平台，分享精彩的小说、有价值的图书资讯、权威的文化类新闻报道等，实现出版物的营销目标。

通过微博进行内容营销。近几年微博的发展势头逐渐被微信盖住，但微博也具有微信所不具备的开放性、多元化、发散性等信息传播特征，出版单位可以在微博上展现自身特点和个性，塑造出独特的品牌形象。比如中信出版社的新浪微博官方头像即为该出版社的 Logo，清晰可见，个性化背景中标注“祝贺中信出版集团股份有限公司登陆新三板”，首页的标签栏、公告栏滚动显示推荐读物，这些内容能使读者对出版单位形成感性认识，而出版单位可以根据读者热议的微博关键词来挖掘读者兴趣，进一步开展选题策划。

（二）合理定价，降低成本

消费者在购买产品或服务时，往往会考虑价值和成本两个方面，以追求最高性价比。

为出版物定价要考虑是否为读者创造了价值，对于读者的成本支出来说，不仅仅包括出版物本身的价格，还包括购买产品所付出的体力、交通、心理上的期待等，定价的关键不能只看到卖方的成本，而应注重买方对产品价值的认知。①

1. 读者参与定价系统

数字化网络时代，出版物印刷成本、管理费用和发行折扣等愈发透明，而传统的以成本为导向的定价法是以出版单位为中心，并未把读者实际付出的成本考虑进去，读者总是期望获取更高的价值。因此在制定价格营销策略时，出版单位除了采用常规的询问定价、差异定价、会员制定价、集体议价、捆绑销售等多种方法之外，还可以让读者参与到定价系统当中，通过网络问卷、网络投票、社群问答等方式多方面征集读者的定价意见。这种策略可以帮助数字出版物争取到目标消费群体，通过大数据获取用户信息，占领先机锁定用户。

2. 降低阅读成本和出版成本

如上文所述，对于读者来说阅读成本不仅包括出版物本身的价格，还包括为购买该产品所付出的体力、交通等附加价值。读者如果对某一本图书感兴趣，又不想马上购买，大可不必为此专程跑一次书店。网络时代读者获取信息非常方便，只需点击鼠标进入搜索引擎便可迅速快捷地获取，这也无形中降低了读者的阅读成本。

出版单位可以利用社交媒体传播速度快、传播范围广的特点，通过文字、图片、音频、视频等组织精炼的营销文本，权当预告片一样给读者先过过瘾，然后采取两段收费定价法将后续内容收费，这样不但网罗住了真正感兴趣的消费人群，而且还通过网络扩大了出版物的影响力，培养固定粉丝，增加了坚实的用户基础。降低读者阅读成本可以通过在社交网站上添加链接来实现，优秀的出版物内容简介、作者生平介绍等内容经由链接让读者点击，如有兴趣的读者还可进一步点击后续的购买链接，完成整个行销过程。

（三）多径分销，便利购买

在进行出版物的营销过程中，尽量为读者购买和阅读提供方便。网络时代的线下实体书店要想开辟一条新的生存道路，就要结合实际考虑转型，为读者提供舒适的购买和阅读体验的场所。

1. 传统线下书店成功转型

在这方面走在前列的有好几家受到舆论好评的书店，如较早出名的日本茑屋书店、中国台湾诚品书店和近几年出现的成都言几又书店、广州的方所书店等。

茑屋书店是位于日本东京代官山“通过提供书、电影、音乐等，对生活方式进行提案”的一家书店，它不仅仅销售书籍，还以书店为中心，创建咖啡馆、餐厅、精品店以及公园等设施的“生活提案型商业机构”，书店所打造的不是以往人们来书店只是购书这一形象，而是倡导将购书糅合进现代的生活方式如消费、购物、休闲等，有别具一格的生活美学情趣。

中国台湾的诚品书店近几年也频繁在内地选址建立分店，它最早为人所知是一家以文化创意为核心的复合型经营模式书店，经常开展讲堂、展览、座谈、出版等文化活动，

---

① 张翠 . IMC 理论在出版物数字化营销中的运用［J］. 出版与印刷，2017（1）：58-63.

还与出版界合作开创具有人文创意的经营活动，被誉为“诚品现象”。书店完全打破传统书店的经营模式，不仅卖书，而且将书店、咖啡馆、花店、餐饮、画廊等现代生活方式的元素包罗进来，特别是先通过社交媒体进行前期的宣传和预告，然后线下举办各类演讲和展览活动。一直为人所津津乐道的是，台北诚品敦南店自 1999 年以来便将营业时间开放为 24 小时，这一创新举措受到了读者的热烈欢迎，尤其是“夜猫”一族都把书店作为新的休闲场所和消闲去处，不仅仅是读者得到了便利，书店也增加了更多与粉丝沟通的机会。

近两年，内地涌现出一大批颇有特色的实体书店，成都的言几又书店、广州的方所书店都是成功典范。言几又的前身是一家叫作“今日阅读”的独立书店，对于更名，其创始人是这样解释的：书店现在的名字来自繁体字“设”的拆分，“言”强调言之有物、观念互通；“几”代表生活；“又”提示创想无界限，代表着多种可能。店如其名，言几又注重书店的空间设计，注重书店作为城市文化空间的形象，注重产品空间、公共空间、活动空间三大立体空间的融合贯通。因此从业态上来看，现在的“言几又”比曾经的“今日阅读”涵盖了更为丰富的内容，除了创意书店之外，还包含咖啡吧、餐厅、家居、创意集市、花艺、儿童美术中心、艺术廊等，倡导新型的阅读体验和文化生活，从便利性上来看，这种复合的业态更能让读者得到多方位的体验。

2. 网络渠道精准营销先行

传统线下书店的成功转型使得消费者又多了一个线下活动的去处，侧重点在于体验，而网络书店的快捷、低成本能为读者提供更多便利。读者可以使用电脑、手机、平板电脑等在任何地点登录图书网站客户端，仔细阅读作者简介、内容提要，甚至部分免费章节，尤其是可以了解网络平台上其他用户对出版物的评价，做到多方位的比较购买。为更好地服务于读者，国内最大的图书网站当当网对系统做了相当多的优化尝试，它的智能搜索比价系统可以做到当对方同类商品价格低于当当网时，系统便会自动调低当当网的商品价格。另一方面，读者在搜索图书商品时，当当网的个性化商品推荐系统便会根据顾客的购物习惯来自动推送相关图书，这样使得顾客黏性大为增加，读者不但可以得到有用的推荐，而且当当网也提高了效率，使双方获益。

微信公众平台也是近来不容小觑的一个分销渠道，很多著名的微信公众号利用自身影响力吸引了众多粉丝，推送的文章也达到了 10 万以上的关注量，可以说社会影响力极大，并且相当部分粉丝读者是公众号的铁杆粉丝，也是重度阅读人群。微信公众号的粉丝群就相当于对读者进行了前期大量的筛选工作，利用这些微信公众号可以针对不同的读者进行精准营销。比如知名的旅游公众号“穷游网”聚集了一群热爱旅行的驴友，针对这些粉丝可以经常发布旅游图书或旅行攻略出版物的销售信息；育儿公众号的重度使用者是妈妈级的读者，针对这部分人群的特点，“妈咪 ok”“憨爸在美国”“常青藤爸爸”等著名育儿公众号就经常发布儿童绘本图书的团购信息，销量非常巨大；专注于烹饪美食公众号的阅读人群是对美食或烘焙等感兴趣的女性，美食类公众号例如“下厨房”“美食工坊”等就可以发布烹饪类图书、菜谱等出版物的购买信息，这样的精准营销使得广告费用真正花到了刀刃上。

（四）积极促销，增强沟通

网络时代信息发达并且容易获取，沟通的方式可以更加多样化。

1. 建立读者数据库，加强对读者的了解

沟通的基础在于了解，出版单位可以通过大数据建立读者数据库。数据库的内容包括读者的性别、职业、收入、教育程度、联系方式等人口统计资料，读者的购买要求、性格特征、期望价值等购买心理特征，以及读者的购买行为、购买习惯、购买态度、购买经验等历史购买经历。这一数据库可以作为出版单位进行市场营销细分市场的重要依据，也可以作为出版单位获取潜在消费者的又一途径。读者数据库的获取可以在当当、亚马孙、京东、淘宝等大型网站上实现，读者的登录信息、购买偏好、历史购买记录都保存在公司的数据库当中，为公司创造个性化的服务提供条件。

2. 主流社交媒体功能的运用

社交媒体如微博、微信、豆瓣网等都为读者提供了评论出版物的网络空间，出版单位应该对这些读者分享平台多加关注。读者在平台上畅所欲言的信息正是具有宝贵价值的内容，出版单位可以利用网站上的答疑帖、QQ 群、微信群、官方微博中的互动评论、公众号的后台留言等加强与读者之间的沟通，利用好这一桥梁，通过各种“标签”的设定让读者方便选择阅读内容和兴趣小组，将读者受众市场细分，使拥有不同喜好的读者进入各自的微群评价讨论。微博中的大 V 和微信群中的意见领袖有强大的号召力和凝聚力，出版单位可以针对特定出版物主动邀约意见领袖在线上发布关注热点，引发社群的广泛讨论。①

3. 线上引导线下公关活动

实现与读者的沟通和交流单靠网络渠道还不够完整，还应和读者走到线下。线上大量的读者人群可以通过网络报名、扫描二维码等方式引导到线下来，参与书友会的交流活动、艺术鉴赏活动、讲座沙龙、作者签售等，这种“面对面”的对话不但加深了与读者之间的情感，而且还可能引发更加热烈的讨论，然后将这种热度再次引到网络社区进行重温和探讨，不断增加话题的交流，充分调动读者的阅读兴趣，打破传受双方的隔阂，为出版物创造良好的口碑，提升出版单位的品牌形象，增加读者的黏度和忠诚度，形成一个“线上—线下—线上”的完整回路。

① 张翠．浅谈网络时代出版物的数字化营销［J］．编辑学刊，2015（5）：23-28.

第三章 新媒体时代的消费行为研究

消费者是市场中的重要组成，在市场的运行中对消费者行为进行分析可以帮助更多的企业完善自身运营方式，获得更精准的自我定位，占据更多的市场份额，提升竞争力。消费者通常会因为地域、自身思想、购买能力的不同而产生不同的消费观，因此企业在进行消费者行为分析时，需要考虑多方面的因素，要从多个角度对消费者进行划分，这样才能制定出更加合适的运营方案。新媒体时代又加速了信息的传播，各个地域的信息开始透明化，消费者也开始有更多样的信息来源，可以接触到不同类型的产品。企业在进行新媒体营销过程中应该充分掌握消费者的消费心理，进行营销手段的调整，进而提升消费者的购买欲。对新媒体时代消费者的行为分析可以让企业更加了解当下消费者的关注重点，为企业后期运营提供更精确地数据支撑。

第一节 新媒体时代的消费者行为研究

一、消费者与消费者行为

（一）消费者定义

消费者主要是指在日常生活中购买和使用各种产品和服务的个人或组织，他们可以为自己的消费支付一定的报酬。

现实生活中的消费行为，其购买的决策者、购买者、使用者可能是同一个人，也可能是不同的人。大多数成年人会主动选择适合自己的产品进行购买和使用，购买者和使用者是同一人；但对于小孩的用品，大多数都是由其家人进行购买，让小孩使用，所以购买者与使用者不同。在消费决策过程中，不同类型的购买参与者，如果把产品的购买决策、实际购买和使用视为一个统一的过程，那么，处于这一过程任一阶段的人，都可称为消费者。①

① 平建恒，王惠琴．消费者行为分析［M］．北京：中国经济出版社，2008：1-3.

（二）消费者行为含义

当一个消费者进行产品的挑选、使用与处置时，就会产生消费者行为。在这一过程中，消费者会产生一系列的心理活动和行为改变，所有的心理活动、思考过程、行为共同组成消费者行为。

美国营销协会曾对消费者行为（Consumer Behavior）给出定义：消费者行为是人类在进行生活中各个方面的交换时，所有的关于情感、认知、行为以及环境相互作用的动态过程。

消费者行为的发生通常与自身需求相关，与产品或服务的交换相关。在当下的市场经济中，企业应该着力于让消费者与企业建立长期的交换关系，让消费者对品牌产生信赖，从而实现长久的消费。因此，企业在进行消费行为分析时，不仅要了解消费者是如何获取产品的，还应该知道消费者是在哪种场合消费的，产品用完后的真实体验等。消费者的消费体验和产品使用体验良好，可能会促进消费者的回购，即消费者可能会与企业建立长久的合作，信任这一品牌。在传统的意义认知上，认为消费者只要获取产品、服务就是消费行为的完成，但实际上，在产品的后续使用上的感受也是重要的消费者行为。必须对消费者行为进行完整的分析才能帮助企业实现与消费者的长期合作。因此，企业在进行消费者行为研究时，不仅要调查和了解消费者在获取产品和服务时的具体行径，也要重视在产品的使用和处置阶段的活动。只有这样，才可以实现对消费者行为的完整理解。

影响消费者行为的个体因素主要有个人的需求与动机、对待生活的态度、自我个性、生活理念以及方式的不同等。这些因素的改变可以促使人们发生消费行为的改变，如果企业对相关因素运用得当，可以为企业的产品销售带来更好的效果。

影响消费者行为的环境因素主要是社会阶层的不同，社会群体的不同，以及家庭氛围。

（三）消费者行为的基础理论

1. 边际效用理论

（1）效用基础理论

在研究消费者行为时，要先做一个假设，假设消费者都是理性消费者，且希望通过最小的经济代价获取对自身最大的经济利益，是标准的利己主义者。这一假设是相对理想的状态，在实际生活中，人们对于消费并不总是理性的，容易受到其他因素影响，且从事经济活动也不总是追求经济利益的最大化。

①效用的定义。效用是指人们在消费商品或者服务时，自身欲望满足的程度。效用是一种主观的感受，与人们内心的感觉相关，且这种感觉每个人都有不同，影响因素也比较多，是消费者对产品或服务是否满足自身欲望的能力的心理评估。

②基数效用论和序数效用论。基数效用论是指其效用可以具体度量，可以用具体的1、2、3、4数值表现效用的大小。这一效用论和普通的长度、重量衡量相似，存在绝对的效用量大小。

序数效用论是指消费者在心中无法用绝对的数值表示其效用，但与其他消费产品比较之后，心中就可以排出第一、第二、第三、第四等表示次序的相对数值来衡量效用。两者最大的区别就是是否可以用绝对数值表示其效用。基数效用论在进行效用度量时，通常会采用总效用与边际效用进行分析；序数效用论认为效用不能度量，采用无差异曲线和预算约束线进行分析。①

（2）边际效用递减的规律

边际效用是指某种物品的消费量每增加一单位所增加的满足程度，且边际效用是递减的。其规律是：当边际效用大于零时，总效用是增加的；边际效用等于零时，总效用最大；边际效用小于零时，总效用减少。

边际效用递减法则通常有以下特点。

①边际效用越大，欲望越强，但消费量越少；边际效用越小，欲望越弱，消费量越多。

②边际效用对于消费是有时间限制的，欲望总会反复再生，因此边际效用也会有不同程度的改变。

③边际效用具备主观性，可以决定一定的商品价值。在边际效用价值论中，商品的需求价值可以用边际效用表示。消费量少，其边际效用高，需求价值高；消费量多，边际效用低，需求价值低。

④边际效用递减的原因：一是商品本身通常具有多种用途；二是人们欲望会不断发生变化。

（3）基数效用论下的消费者均衡理论

消费者均衡是指消费者会衡量自己的收入与商品的价格，在消费中做到效用最大化。在基数效用论下的消费者均衡理论是指：消费者在进行消费过程中，所花费的钱币正好等于所购买的各种商品的边际效用，也就是说，每花费一单位货币，所获得的边际效用就会多一分，花费多少单位货币就会获得多少分的边际效用，每单位货币的边际效用都相等。

2. AIDA 模型理论

消费者行为的影响因素比较多，个人方面的因素有：年龄、收入、受教育水平等，多样的因素共同造成了现代的消费者行为。在研究消费者行为中，建立了 AIDA 模型。从消费者接触营销信息开始到完成购买，这一过程可以分为以下四个阶段：知晓（Awareness）、兴趣（Interest）、期望（Desire）和行动（Action）。

知晓（Awareness）阶段是指消费者对商品的信息进行主动或被动获取的过程，商品信息通常是消费者产生消费行为的基础和前提。在这一阶段，企业可以采取多样的措施来扩大商品的推广，提高消费者对相关产品的知晓程度，比如可以增加商品信息的推广渠道，加大商品推广的范围，开展多样的促销活动等。

兴趣（Interest）针对的是消费者的消费需求。在这一阶段，消费者会因为自身的生活所需产生对消费的兴趣。在这一时期，消费者不仅形成当前的消费需求，还产生了预期消费需求，消费者会根据需求所在选择适合自己的商品。

期望（Desire）指的是消费者根据当前的商品信息与消费需求进行匹配，进而萌生了对商品的预想。商品是否符合预期，是决定消费者是否完成购物行为的一个重要指标。

---

① 李涛，高军．经济管理基础［M］．北京：机械工业出版社，2020：6-7.

其一方面取决于商品自身价值与消费者期望的匹配，另一方面与商品的外部因素如消费区域设施便利程度、支付的方式、消费距离、消费者权益维护制度等有关。①

行动（Action）指消费者在了解商品信息之后，对商品产生兴趣，产品和服务都符合预期之后决定要购买的行为。消费行为最后取决于消费者自己的习惯，是线下购买还是线上购买，是现金消费还是网上支付，都由消费者自己决定。

（四）消费者行为特征

1. 消费者行为是复杂的、多层面的动态过程

消费者行为不只是消费者决定掏钱购买的那一刻，而是包括前期的思考、决定等全部的过程。从外在的行为来说，消费者行为包括被商品信息吸引的瞬间、购买前的咨询、购买时的沟通、购买后的使用以及放置处理等。在现实生活中的购买行为首先从一个需求开始，消费者在生活中遇到一些问题，然后为了解决它产生了不同的需要，这是消费的开始。之后为了满足这一需要，他就要去收集相关的信息，看是需要购买什么，购买哪一家商品以及购买多少，去什么场地购买，用何种方式购买等。在购买行为发生后，商品流通到了消费者手中，但消费者行为还没有结束。在消费者使用期间会对商品的质量进行评价，对商品是否符合预期进行评价，对自己的购买决策进行评价，进而形成一个最终的结果。这个结果决定是否进行下次购买，对于企业与消费者之间的长期合作有重要意义。因此，一个完整的消费者行为大多经历这样几个阶段：发现需求——信息收集与评估——决定是否购买——购买后评价。从中可以看出，完整的消费者行为除了具体的行为之外还有各种心理活动和情感认知。

无论是个别消费者还是消费者群体，或者是全体社会，总是处在不断地发展变化中。这种变化对于消费者行为研究和制定营销策略都具有重大的意义。从消费者行为研究的角度来看，对特定的时期、产品和个别消费者或消费者群体来说，一般化的消费者行为是很有局限性的。因此，消费者行为研究必须注意研究最新的调查结果，而不能过分套用理论。从制定营销策略的角度来看，消费者行为的动态属性，意味着与消费者打交道将有无穷无尽的不确定性。同样的营销策略不可能适用于任何时间、产品、市场和行业。更进一步说，在某一点上取得成功的策略，可能会在另一点上遭到惨败。因此，营销者必须采取不同的营销策略以适应不同的市场。

2. 消费者行为由外显行为和内隐行为构成

消费者行为主要包括两大方面，即外显行为和内隐行为。外显行为显而易见是可以具体观察到的行为，如消费者准备消费的行为、购买消费品的行为、购买后享受消费品的行为。内隐行为主要是各种看不见的心理和思维活动，包括消费者的决策过程及影响决策过程的个人要素等。其中，影响决策过程的个人要素又可以分为需要、动机、态度、个性和学习等。需要指的是生存或者情感上的渴求或者欠缺。动机指的是一个推动人们行动的动力源，为后面的购买行为提供行动的理由。态度是指消费者的行为受客观环境的影响，会受到身边人或者营销人员的宣传影响。个性是指人与人之间存在差异，对待满足需要的方式也不同。学习是指消费者在过程中需要记住产品的品牌，需要货比三家，

① 邹剑峰，曾莉莉．基于消费者行为理论的商贸流通业发展分析［J］．商业经济研究，2019（6）：26-29.

学会选择，并增强解决问题的能力。

二、新媒体时代消费行为变化的原因分析

（一）消费者需求的多样化

由于信息网络技术、移动设备、人工智能等前沿科技的飞速发展，处于新媒体时代的消费者每天都要接收海量而庞杂的信息，无论是消费观念还是消费取向都在不知不觉受到这诸多信息的影响。

有些企业应时而动，敏锐地发觉并抓住了新媒体带来的机遇，通过门户网站、手机App、网络购物平台、社交软件等进行商品的推广和销售，拓宽了商品传播的路径。又选择适合的文体明星、网红等对商品做出宣传，吸引特定的消费群体，扩大商品的感染力和覆盖力，也使消费者的消费需求呈现出多样、复杂的特点。而消费者自身也在多重信息的冲击下，开始出现思想的转变。加之物质生活的充裕，消费者之于普通商品已经很少受到经济能力和消费基础的制约，而可选择的消费品及其替代品也层出不穷，消费原因也从过往单一的“实用主义”逐渐转变成精神满足、情绪价值、审美取向等多重需求皆有。消费者消费需求的多样化，需要企业及时对自己的营销策略做出相应的调整。

（二）消费者意向的自主化

以往的线下或称实体店购物中，周边环境、营销方式和销售模式都可能对消费者的消费行为产生极大影响。而在新媒体时代，网络购物将弱化环境等外在因素对消费者的作用，使消费者能够排除干扰依据自身意象对商品进行选择。并且网络购物平台的商品基本设置了商品评价，消费者可以由此获取其他消费者的商品体验作为参考，从而使消费意象趋于理性和自主。当然，网络信息中的商品评价、线上服务等因素依然能够影响消费者的消费意向产生变化。

（三）消费者选择的感性化

网络购物是新媒体时代的重要购物途径。通过网络购物，消费者拥有了丰富的商品购买渠道，也获得了方便的线上交流方式；商家拥有了更为广阔的营销环境，也可以通过科技在虚拟场景下营造特殊的营销场景，使用多变的营销手段，从而促进商品的销售。我国近年来市场经济健康稳定发展，人民的物质生活水平显著提高，人们的消费意识逐渐从实用性转为实用属性和精神属性并重，对商品的精神偏好成为影响消费行为的关键要素。甚至很多消费者对商品精神层面的偏好已经超越了物质需求，消费选择愈发感性化。

已经有相当数量的商家发觉了新媒体时代特性对消费者的这种影响，并及时按照消费者的新取向制定了新的营销方式。例如，古典服饰及古典改良服饰近年来风靡全国，此类服饰企业针对这一消费趋势和年轻化的消费群体，通过抖音、微博等网络平台，拍摄并发布了服饰的美图和视频，甚至还有剧情类服饰视频的展示，使消费者更容易受到服饰宣传的感染，产生从了解服饰到喜爱服饰的转变。并且服饰企业还会在宣传平台上设置淘宝等网店的链接，让消费者在购买欲最强烈的时候迅速发现并进入店铺。服饰企

业以新媒体为宣传渠道，帮助消费者更全面地了解古典服饰产品，巩固甚至增强消费者对古典服饰的偏好，从而提高古典服饰的销售数量。

所以企业必须对新媒体时代的发展态势保持高度的敏感性，及时更新和调整运营模式和营销策略，为消费者物质和精神双层面提供更多的消费选择，促进消费者提高消费欲望，继而推动商品的销售；同时也能够使企业形象传播更广，增强企业的市场竞争力。

（四）消费者购买的“专家”化

消费者的消费行为都是在特定场景或情境中发生的。线下的销售活动，消费者所产生的消费意向通常会与消费环境密切相关，有时消费者原本并无消费计划或需求，但在特定的消费环境中做出了购买决定——这种情形下消费者很有可能存在偏差认识。而新媒体时代的消费模式在很大程度上削弱了周遭环境对消费者消费决策的影响，如消费者可以避免销售人员推销话术的感染甚至绑架，而更多地依靠自己为消费计划所做的“功课”。电子商务和线上支付的普及，使很大一部分经济活动走上了网络，线上商户和线上消费者的数量激增，商品信息也愈加完善。消费者只需要动动手，就能够从搜索引擎、社交软件、购物平台中了解企业、品牌、特定商品及其替代品，获得商品从配料到使用感等详细且多方的信息，进行分析、对比和筛选。消费者也可以比较同一类商品线下和线上的价格、品质和活动，选择最佳的消费途径。由此可见，消费者的消费行为已经逐渐从“非专家型购买”向“专家型购买”转变。①

（五）消费者注意力的掌控化

注意力经济理论认为企业营销推广切入的最优点是吸引注意力高度凝聚的领域，简单来说，“眼球”就是生产力。在这一理论影响下的传统企业营销大多是借助媒体向消费者单方面传递“博人眼球”的信息，以相对“粗暴”的方式强行拉取注意力，忽略了人们的体验感，往往会使人们产生烦躁、不喜的情绪。尤其是制作粗糙、颜色突兀、声音刺耳的低层次商业广告，通常会使本就在宣传中相对被动和弱势的消费者更加茫然，营销收效也随之降低。

由于新媒体时代消费者对商品的注意力在分散和下降，企业之间对注意力的争夺将进入白热化阶段。消费者的消费自主化程度提高，网络为其提供了筛选和屏蔽无效信息的途径，使其注意力不再轻易受到影响；消费者的消费需求也向着个性化、多样化发展，对取向商品相关信息的获得更为注重，还出现了加入商品和服务过程的意愿——种种情形无不显示了消费者开始逐步取回自己注意力的掌控权。企业可以利用新媒体开发新的交流互动形式，结合企业和商品的优势，利用情境创设、讨论话题、事件呈现等方式吸引消费者的关注，并突出指向性信息“润物细无声”地输出给特定的受众群体。相较于传统营销强制式的广告推广，这种营销手段温和、感染力强，能够与消费者产生良性的情感互动，为提高商品销售量做铺垫。

---

① 裴娅蕾．新媒体时代消费者购买行为研究［J］．经济论坛，2015（8）：122-124.

（六）消费者社群性的依赖化

在金融危机的影响下，西方消费者出现了强烈的焦虑感和危机感，但中国消费者则一如既往地遵循着自己安定平稳的消费原则，甚至消费理念更加未雨绸缪、谨慎三思。不同的社会文化背景会促使人们形成差别化的价值观，这些价值观在碰撞中产生矛盾或出现趋同；不断萌发的新生事物和科技产物的迅速迭代，也促使人们在“快节奏”地裹挟中出现浮躁情绪，心理状态容易波动；网络技术与新媒体技术推动海量信息的涌入，让人们不得不学会排除无效、无益和不感兴趣的信息，从而使人们开始囿于较为固定的活动范围，在相对纯粹的氛围中汲取信息。因此，人们更加慎重的消费行为其实是不安意识下寻求互助的信号，相较于商家，人们明显更倾向信任其他消费者。

因而，传统相对孤立的消费者个体开始逐步向群体聚合。但“羊群效应”并不能准确地描述这种群体聚合的情形，刨除人们心理对群体和社会的依赖取向，以及资源共享与交换意识下的“共赢共生”理念，弱连接理论更加契合处于新媒体时代中，群体远距离关联对信息传输和汇集产生的能量。

新媒体为人们提供了与社会群体信息交互的途径，弥补了传统媒体不能给予消费者的心理缺失，消费者自发地转变其消费行为，并辐射影响周围人的购买决策。消费者渐渐形成了以相同的兴趣爱好、生活环境、文化认同感等为纽带的群体“集合”，在集合中，消费者可以向其他集合成员寻求商品信息，也可以共享自己的消费经历。面对这种情形，企业不可能固守自己单一的营销攻势和市场，而是要在一定程度上让步于逐步强势的消费者群体。企业要充分利用新媒体去分析用户流向，分析流量背后的消费者心理和行为，换句话说，流量到哪，营销走到哪，这其中的商业潜能是无可估量的。①

（七）消费者新媒体活动的常态化

新媒体时代的信息传递渠道日益多样，人们获取信息的地点不再限于室内，公交视频、露天广告牌、地铁站彩绘等户外广告形式提供了更多样、更便捷的信息推广方式。而丰富的电子产品更是让信息传播突破时空束缚，手机、平板等载体完全融入了人们的生活空间，成为必不可少的现代工具。

传统媒体则因新媒体的普及而流失了大量受众。新媒体自身的特性对其使用对象提出了一定的文化和技术标准。当前的趋势表明，中国传统媒体的受众趋于老龄化，新媒体使用者的总体收入和消费均高于传统媒体使用者。

新媒体在人们日常生活中所占比重越来越高，人们重新分割了时间，将很多消费行为转到线上，新媒体也随之变成人们收集商品信息的重要路径，对消费者的消费行为也产生了强烈的指向作用。

---

① 严翔．消费者心理与行为变迁下的新媒体营销策略思考［J］．中国商贸，2012（16）：89-90.

三、新媒体对消费行为的影响分析

（一）信息传播的影响

近年来企业基于对新媒体形势的判断和消费行为的研究，对消费者的需求、取向、意识等都有了更加深入的认识。企业为了顺应市场需求，开始依照消费者的消费取向采取适当的营销方式，科学、合理、有针对性地整合梳理商品信息，利用新媒体进行商品推广，为消费者输送其想了解的商品信息，以便消费者可以全面直接地了解商品性能、价格、特色等，通过对消费者消费意向的感染，最终作用到消费者的消费行为之上。

（二）视觉效果的影响

信息的表现形式进入新媒体时代后，逐渐以图片和视频取代了原本文字的地位。商品营销按照消费市场的需要，运用不同且多样的信息形式对消费者造成视觉冲击，给消费者留下深刻印象，引起消费者的共鸣，从而对消费者的消费行为做出影响。从对消费者群体的调查可以发现，商品的真实图片更能促使消费者相信商家和商品，而具有创意、制作精良的图片和视频则能迅速吸引消费者的目光。因此可以发现，商品信息视觉效果制作越优秀，越能够影响消费者的消费行为。

（三）消费者评价的影响

新媒体时代为消费市场带来了极大的改变，消费者通过更为丰富的媒体平台了解商品，增加了购买途径。消费者消费商品时，可以按照自己的需求、消费计划、消费决策等挑选适合的消费途径。消费者能够按照新媒体平台的信誉度、实用性、商品质量等标准整体评价该平台，并会增强对整体评价较高的新媒体平台的认同感和信赖度。新媒体平台依靠较高的评价和良好的口碑吸引更多用户，有利于其长久稳定运营。反之，新媒体平台的整体评价较低、口碑不良，很难吸引并留住消费者，最终将湮没在市场的浪潮之中。

例如，中国两大成功的购物平台——淘宝和京东，两者经营侧重不同，但都有其明显的优势。淘宝的运营以用户为中心，提供了优质的用户服务，包括建立完善的客服系统、降低成本、商品信息全面、售后服务较为到位、主体功能和附加功能科学合理等，消费者能够便捷地搜索和比较商品、商家，也能通过平台的精准推送提升购物意向，商家也降低了销售成本，由此，淘宝获得了越来越多的用户支持。京东的运营以服务为中心，按照消费市场对服务的要求和期望，建立了自己的物流渠道，加快了商品配送速度，保障了配送质量，缩短了消费者网上购物的等待时间，建立了消费者和京东平台间的信赖关系，使京东吸引了大批用户，扩大了平台的精英规模。这些都说明了消费者对新媒体平台的整体评价的信任，整体评价好的平台对消费者消费行为的影响力必然更为显著。

（四）新媒体宣传的影响

新媒体技术以强势的姿态进入人们工作生活领域，消费者不断加深对新媒体各类功能的认识。企业利用新媒体推广商品，不但丰富了商品宣传的途径，而且也将商品信息以更加多样化的形式传递给消费者。消费者通过新媒体更为全面地认识商品，逐步改变了对商品的最初印象，进行消费决策时，也会基于变化后的认识挑选商品品牌——这无不显示出新媒体对消费者行为的影响力。此外，新媒体的商品宣传本身也是一种娱乐方式，即使最初没有消费计划的消费者在休闲时观看商品推送或通过平台搜索和对比商品，也会激发对商品的购买欲。

（五）品牌价值的影响

消费者个体的购买取向与其他个体存在共性，使得这些消费者具有同一购买取向的渐渐聚合成一个个消费群体，不同消费群体之间的消费行为有差别。通过对这些差别的整合剖析，能够看出品牌价值在消费群体之间的影响区别。针对学生群体、农村群体，品牌价值的作用并不明显，这两类群体的消费更侧重商品的性价比，而对附加值不甚在意。白领群体、资产阶级群体则非常容易受到品牌价值的影响，这两类群体由于经济宽裕，几乎不用考虑商品的价格因素，而对商品附加的品质、外观、地位等格外看中，对特定品牌还会产生依赖感和忠诚度，会消费该品牌下的其他商品。所以，品牌价值对不同群体的影响力也不同。

（六）新媒体营销影响下的性别差异

企业的营销手段和消费者的消费行为在新媒体时代的影响下出现了变化，进一步观察可以发现，新媒体营销对消费者消费行为的影响出现了性别差异。

从多数女性消费者的消费行为来看，新媒体时代的信息推广、视觉冲击、明星效应等感性营销对女性消费者的影响更为明显。女性消费者的共情能力较强，容易受到营销创设的场景和内容的感染。在对商品的选择方面，女性消费者除了商品本身的功能，还会关注商品的外观、包装及其他附加价值，并更乐于与商家进行交流互动，也更易于感受到商家的情绪和言辞。

从多数男性消费者的消费行为来看，新媒体时代的商品专业信息的针对性推广和对向传输对男性消费者的影响更为明显。男性消费者选择商品的目的性较强，更期望能快速直接地了解商品品质、性能等信息。此外，男性消费者对商品的选择比女性消费者更加依赖品牌价值，他们更愿意基于自己对品牌的印象判断是否购买某一商品。

因此，企业在针对不同性别消费群体进行商品宣传的过程中，要根据不同消费群体的特点，进行宣传内容的设计，满足不同消费群体的购物需求。①

① 王紫薇，宋晓晴，刘坤彪．新媒体时代消费者购买行为的相关分析［J］．质量与市场，2020（13）：55-57.

第二节　新媒体时代的消费者决策研究

一、消费者决策的界定

消费决策指的是面对多种商品选择时，消费者衡量并做出确定的消费选择的活动。

消费者决策时必然面临多种购买方案且难以做出选择，也就是说面临一个问题或有待解决的冲突情境。例如，买一架钢琴还是买一台空调？就近购买还是专程到专卖店购买？如此等等。

理智的决策过程至少应包括三个环节。首先，诊断问题，分析问题的性质和起因，并确定解决问题的标准。其次，寻求解决方案。通过广泛收集有关信息，提出多种可供选择的消费方案。最后，确定最佳选择。消费者按照自身特定的解决问题的要求，分析、对比、衡量多个消费方案后做出最能满足自己需求的消费选择。

二、消费者决策的内容

消费行为是否发生取决于消费决策，而消费决策的内容又决定了消费行为的发生方式。

（一）原因决策

购买原因决策就是要确定自己为什么购买。据心理学家研究，人们购买商品时，总是要为自己找出充分的理由，才能决定购买。消费者往往有多种需要和动机，因此在有限的支付能力下，要确定首先要满足自己哪些需要和动机，或确定购买某种商品能否满足自己首要的需要和动机。

（二）目标决策

购买目标决策就是要确定买什么。决定购买什么不只停留在商品的类别上，而是要明确具体的商品品牌。商品自身的功能、质量、款式、品牌宣传形象，市场的流行趋势、行情价格，售前、售后服务等因素都会对购买目标决策产生影响。满足消费者需求的商品将刺激消费者选择特定的商品。

（三）方式决策

即解决怎样购买的问题。随着购买方式的多样化发展，消费者会更多地面临这种问题。例如，是直接去商店购买还是电话预约上门服务（或函购）？用现金购买还是使用信用卡？一次性付款还是分期或延期付款？如此等等。

（四）地点决策

当消费者购买随意性商品（单价较低、不太讲款式、颜色）时，往往为求方便而就近购买。但当购买选购性商品（单价较高，品牌的形象、款式等因素较为重要）或特色商品时，购买地点就会令人大费思索。这时，商店的形象和声誉甚至会比品牌的形象和声誉更令消费者重视，而商店的服务质量、地理位置等也会影响消费者的购买地点决策。

（五）时间决策

即决定什么时间买。购买时间决策往往与职业和生活习惯有关。一般来讲，人们更多地选择周末和节假日购买，因此，一些商场常在节假日或周末推出各种优惠办法和促销策略（如周末购物发给优惠卡），以此来吸引顾客。商品的季节性、时令性也会影响购买时间决策。赶时髦的消费者（革新型）往往在季节开始时购买商品，以便选择时兴的款式，节俭型的消费者更多在季节结束时购买，以购买到便宜的削价商品。[①]

总之，消费者要在各种条件的作用下，决定为什么要买、买什么、怎么买、什么时候买和到哪儿买等问题。决策的内容复杂多样。态度、个性、生活水准、消费观念以及消费对象的特性，皆能参与消费者做出消费决策的过程，继而左右消费者实际消费行为的发展。

三、消费者决策的模式和分类

（一）消费者决策的模式

消费者通常以如下三种模式确定消费决策。

1. 自主决策模式

自主决策模式指的是消费者自己基于其所收集、整合的商品信息和长期积累的消费经验，个人自主思考、分析、决定是否购买的决策模式。一般不定性购买、商品花费较低、消费经验丰富或消费后果无忧等情况下，消费者常选择高效率的自主决策模式。此外，消费者的收入、性格、家庭地位、经济来源等也会成为消费者是否使用自主决策模式的参考因素。例如，在家庭中已经独立的、自己有稳定薪资收入的消费者通常比依靠家庭供养生活、无收入的消费者更多地使用自主决策模式决定是否消费。

2. 家庭群策模式

家庭群策模式指的是家庭成员一起商讨、决定的群体决策方式。

3. 社会信息共享决策模式

社会信息共享决策模式指的是消费者依靠社交从其他社会成员处获取商品信息或参考消费意见，而决定是否消费的决策方式。由于家庭和个人对商品的使用经验及了解信息有限，因此有时需要依赖有购买经验或有专业知识的同事、朋友、邻居等帮助进行购买选择，这种帮助往往以带有倾向性的信息给消费者的购买选择造成重大影响。

当然，购买决策方式的划分是相对的，有时购买过程可能以综合型的方式进行决策。

---

① 姚伟. 新编消费心理学［M］. 北京：中国商业出版社，1996：129-133.

（二）消费者决策的分类

1. 依据消费者问题解决水平划分

如果将消费者的消费决策视为问题解决的过程，则该过程存在三种层次，即广泛的问题解决、有限度的问题解决以及常规反应行为。

假设消费完全不了解某一商品并完全没有使用经历，要达到问题解决的目的，需要广泛地收集信息，并深思熟虑，这就是所谓广泛的问题解决。假设消费者较为了解某一商品并具备同类商品的购买使用经历，仅对该品牌商品认识较低，会做出一定的考虑，则此情况属于有限度的问题解决。假设消费者非常了解某一商品并具有曾购买使用的经历，则会显现出习惯倾向，不需要或较少需要刻意考虑，它属于常规反应行为。

按照消费者问题解决的水平，我们可以把消费者决策划分为以下四类。

（1）机械解决。指的是消费者因特定消费需求，为了获得满足需求的品牌商品对多种同类商品进行尝试或筛选式消费；或者消费者按照其所制定的某种决策依据或衡量指标进行消费，如只购买同类中价格最低的商品、只购买某品牌商品等情形。

（2）了解信息。机械解决可能因太大的盲目性而造成一定的损失，因此消费者在了解一定信息的基础上，根据自己的需要来选择商品。

（3）直观决策。直观决策依赖于使用者的感性认识和直观预测，而不注重对有关信息的逻辑思考。具体地说，消费者过多地依赖产品的外观、价格等外部知觉线索决定选购某种特定商品。

（4）信息加工。消费者多方面寻求和加工有关信息，在分析、辨别、比较、推理的基础上，根据自己特定的问题解决的标准，做出购买决策。这是一种复杂而水平较高的消费决策类别。

2. 依据消费者介入消费决策的程度划分

（1）扩展型消费决策。消费者如果不了解某一商品及同类商品的特定品牌，也尚未构建对该类商品和品牌的判断标准，亦没有将商品备选局限在一定品牌或其他要素的范围内，这种情况下消费者采用的就是扩展型消费决策。

扩展型消费决策和前文所述的广泛的问题解决都是相对繁复的消费决策，消费者介入较深，商品品牌丰富且差异明显，消费者会花费较多时间考虑后做出消费决策。该类型决策的显著特点是，消费者在购买过程中要进行大量的信息搜集，并对各种备选产品作广泛而深入的评价、比较。①

消费者是否采用扩展型消费决策，有以下三个影响因素。第一，消费者消费介入程度的高低。介入程度指的是消费者对消费本身及其对象的关注度。商品的差异和相同商品不同的消费情况，都会影响消费者的介入程度。消费者的消费介入程度越高，代表其会花费越多的精力和时间去收集对比商品信息、选择商品。也就是说，扩展型消费决策有时候与消费者介入程度有紧密的关联。第二，备选商品及其品牌之间差别的大小。假如消费者发现自己想要购买的此类商品及其品牌存在较大的性能、价格、质量等差别，通常会全面收集相关信息并做出对比，反之则不会将太多精力花费在此处。第三，消费

① 符国群．消费者行为学［M］．北京：高等教育出版社，2001：30-34.

时间紧迫与否。在消费时间相对紧迫的情况下，消费者往往无法也不会投入过多时间在消费决策方面。

消费者采取扩展型消费决策，通常需要较为全面地收集商品及其品牌的信息，并对不同品牌形成不同印象，继而产生相应的选择与是否消费的决定。消费者购买商品后，仍然会对之前的消费决定发生动摇或质疑，并由此对商品及消费过程进行综合性评估。因而，扩展型消费决策的消费决定贯穿了决策的各个环节。

（2）有限型消费决策。一般指的是消费者在一定程度上已经了解了某类商品及其品牌，抑或对这一范围的商品及其品牌有了初步的选择标准，但是并未特别倾向某种商品品牌，所以仍然需要完善对商品信息的认识，以支持自己能够挑选出满意或适合的品牌。

消费者在介入程度较浅、认为同类商品及其品牌间的差别较小、消费决策时间有限的情况下，一般会采取有限型决策。消费者做出决定依然会经历产生需求、收集信息、对比评价、决定消费、购后评估这五个环节，但每一环节消费者都仅投入较少量的精力和时间。

有限型决策主要建立在内部信息收集之上，而外部信息的获取仅占小部分，成为备选的商品数量较少，着重对比和评估商品特定的一个或少量几个要素。并且，商品消费后，如果商品没有出现较差的使用体验或售后服务，通常很少对商品的消费决定和使用进行再次评估。

有相当数量的有限型决策是为了寻求多元化的消费决策以及由于他人影响或自身情绪做出的消费决策。如果消费者没有对之前使用的商品感到不满，却依然更换了商品品牌，一般就是为了寻求多元化而做出的改变。消费者使用特定品牌的时间过长，容易滋生乏味情绪，会为了带给自己新变化而选择其他品牌。此种情形的品牌更换是由于消费者的求新心理，而并非品牌自身出现负面问题，因此，企业只要继续保证商品和消费者服务质量，消费者或许在一段时间后就会重新使用之前常用的品牌商品。如果消费者通过参考他人的意见或吸收他人的经验后做出消费决策，则基本不需要对商品相关信息进行收集、对比、评估，但这种情况是由于消费者对商品的了解和使用经历较贫乏，并不是基于对特定商品及其品牌本身的依赖性，因而不属于后文所述的名义型消费决策。

（3）名义型消费决策。从本质上来说，名义型消费决策并没有真正做出决策。消费者发现特定消费问题后，全然基于内部信息的查询，找到自己信赖乃至依赖的商品及其品牌，并对其做出购买决定。而购后评估仅存在于该商品未能满足消费者期望的情况。由此可见，消费者往往在介入程度极浅时采取名义型消费决策。单纯的名义型消费决策可以完全排除对其他同类商品及其品牌的关注。

名义型消费决策可以继续细化为忠诚型消费决策与习惯型消费决策。忠诚型消费决策指的是消费者认为某特定品牌具有其他竞品品牌无法比拟的鲜明优势，因而选择购买该品牌商品并形成了依赖心理，此后也将持续对该品牌进行消费。一旦消费者对特定品牌建立了信赖感和忠诚感，将在很大程度上排除对其他竞品的选择。习惯型消费决策的行为体现与忠诚型消费决策的行为体现同样都是在很长一段时间内对特定品牌的持续选择和消费，但不同的是，消费者之所以持续选择该品牌是基于其认为同类商品品牌并无太大差别的认识。也因此，竞品企业一旦出现更加吸引人的营销方式或同类商品出现降价，消费者很容易就会发生品牌的更改。

消费者持续重复对特定商品的消费行为，是处于降低消费风险和减少决策投入的考虑。消费者与品牌建立信赖关系与挑选知名品牌是消费者应对消费风险的常见方式。消费者延续消费习惯则能够减少决策投入，尤其是减少了收集商品信息的时间和精力投入；并且在建立消费习惯的过程中，消费者对商品信息的关注也在改变，如从最初关注同类商品信息变为关注特定品牌商品，从最初关注商品的性能、成分、用途、质量等自身信息变为更加关注商品的价格、活动、购买渠道等相关信息。

在实际的消费市场中，忠诚型消费与习惯型消费是比较普遍的消费行为。但直至今日，企业及营销者依旧对名义型消费决策多有忽略。部分品牌经理和广告商偏爱将一些消费者介入程度浅、在同类商品中也无实质差别的商品包装得仿佛独一无二。但这种包装是建立在消费者对商品极其关注的基础上，而现实可能并未如广告商所料。因而，这种营销策略常常收效甚微。

综合对比以上三种消费决策，可以发现三点区别。第一，消费者介入程度和消费决策的过程性环节不同。扩展型消费决策的消费者介入程度最深、过程性环节最全面，有限型消费决策次之，名义型消费决策最低。第二，消费者对特定商品的重复选择概率不同。通常，消费者的决策过程越复杂，重复选择商品的可能性就越低，反之就越高。所以名义型消费决策通常是重复消费概率最高的。第三，消费者对商品信息投入程度的不同。扩展型消费决策对商品信息收集、对比等活动投入的时间和精力最多，有限型消费决策次之，名义型消费决策投入最少。

四、消费者决策的环节

消费者消费决策的做出需要经历环环相扣的一系列环节，这些环节的划分有利于企业和营销者依照具体情况和消费需求的发展做出相应的合理举措。具体来说，消费者决策能够分为产生需求、收集信息、对比评价、决定消费、购后评估五个环节。从这五个环节可以发现，消费者的决策起于消费行为发生前、延续至消费行为结束后，营销必须针对完整的决策环节，而非局限于做出消费决定的时段。以下将深入剖析消费决策的五个环节。[①]

（一）产生需求环节

消费者出现特定的需求是消费行为的驱动力，也是消费决策的开端。消费需求的产生原因既可以来自消费者自身的生理或心理需要，也可以来自外部环境的影响，抑或二者兼有。例如，看到其他人在吃美味的食品，引起了自己买该食品的想法。营销者对此所应采取的策略就是在恰当的时间进行相应的推广，引起消费者产生消费需求。例如，节日商品应在节日来临前就进行储备和宣传。

（二）收集信息环节

经过一定过程才能够满足消费需求，属于广泛的问题解决和有限度的问题解决；而

---

① 姜彩芬，余家扬，符莎莉．消费经济学［M］．北京：中国经济出版社，2009：260-264.

不需要或较少需要刻意考虑就能轻易满足消费需求，属于常规反应行为。消费者在前两种情形中，需要收集有关信息，作为决定购买的依据。

一般来说，消费者得到的商品相关信息，有很大比重来源于商业活动，而影响最强的信息却往往来自个体。无论出自何种渠道的商品信息都能够为消费者提供借鉴，通常，商业活动承担了通知职能，个体则贡献了评价参考。营销者针对不同的消费和商品，需要充分调研，并据此制定宣传策略，提高商品及其品牌优势信息的有效推广率。

（三）对比评价环节

消费者所获取的商品信息并非都有参考价值，其中不乏一些矛盾的、混淆的、重复的、虚假的消息，所以消费者需要对信息进行筛选以及对比评价，以做出关键性地选择。这是整个消费决策中最为重要的环节。

消费者自觉理性地对商品信息进行评判，其评判往往囊括以下五个方面。

（1）商品属性，指的是商品所具备的符合消费者要求的性能。

（2）属性权重，指的是消费者依据对商品各属性的重视程度有所区别地分配权数。

（3）品牌信念，指的是消费者对商品品牌的整体印象。

（4）效用函数，指的是反映消费者对商品满足感预期因产品属性差异而发生改变的函数。

（5）评价模型，指的是消费者对比评价同类商品及其品牌并进行选择的流程及方式。

在对比评价环节中，以下五点需要营销者格外把握：第一，通常消费者首先注重的方面是商品属性；第二，不同消费者对商品不同属性的侧重点和评价要求也不同；第三，消费者心中预想的品牌信念和真实的商品属性可能不完全一样；第四，对消费者来说，商品的所有属性都有其相对应的效用函数；第五，大部分消费者对商品进行评价其实是将实际商品与自己预想的商品不断进行对比的过程。

（四）决定消费环节

消费决策的关键性阶段是消费者从购买决定到购买实现。消费者通过收集、对比、评价商品信息，确定了消费倾向。但消费倾向转变成购买决定仍然存在两个影响要素。第一，他人评价。假如某消费者已经倾向于购买某品牌的空调，但其亲友对此给予了否定性评价，则其消费倾向可能发生动摇；且否定评价越重或给予评价的人与消费者之间的关系越紧密，则消费倾向改变的概率就越高。第二，情势变更。消费倾向除了商品相关因素，也是基于自身条件的考虑。所以如果产生消费倾向的情势发生了变化，如出现了商品涨价、收入缩水、他人使用体验不佳等，消费倾向很容易发生变化。

消费者改变、延迟或取消消费决定，本质上是对消费风险的警惕。消费风险与商品价格、商品性能、消费者自身条件密切相关。所以，营销者在进行商品的宣传推广时要着重降低消费者可能面临的消费风险，解决消费者的后顾之忧，以提高购买决定的实现率。当前有部分实力雄厚的商家向消费者做出无风险的许诺，取得了很好的收效。

（五）购后评估环节

消费者购后评估涉及两方面，即购后体验和购后行为。

1. 购后体验

消费者的购后体验简单来说就是消费者购买商品后对其的认可程度。通常认为，消费者对商品属性的期望与商品使用后的现实属性的比较决定了消费者对商品的认可度。假如消费者购后使用商品认为超出期望，会极其认可商品；与期望相当，会认可商品；如果与期望不符，则不会认可商品。商品的期望属性与现实属性差别越大，消费者对商品的认可度越低。

基于上述主张，营销者宣传商品应当坚持诚实信用原则，客观反映商品的真实属性，才能使消费者购买后获得好的商品体验。现实中有的营销者限缩式地宣传商品属性，就是为了提高消费者购后对商品的认可度。

2. 购后行为

消费者购后体验关系到其是否愿意再次选择这一商品，也奠定了消费者对该商品品牌的印象，甚至还会通过消费者的评价对其他消费者产生影响。正所谓“金碑、银碑，不如口碑”，消费者认可就是商品最佳的宣传，反之就会产生负面作用，降低商品的传播率。因而，营销者应当与消费者建立良好的购后关系，通过合理的方式、完善的售后服务等使消费者坚定对自己消费决策的信心。例如，笔记本电脑的销售单位可以对消费者进行回访，听取消费者的建议，及时帮助消费者解决技术问题，配备说明书并列明维修地点，定期发送配件等相关商品的广告，严格遵守“三包”政策以降低消费者或可产生的消极情绪等。生产和销售企业也应当根据消费者的使用反馈，对商品及服务进行必要的检查和完善。

3. 购后体验、购后行为和营销活动的关联

综上所述，消费者购后评估两方面都对营销活动具有启发和引导作用，营销者应针对两者的特性和重点，进行营销规划，实行相应的宣传推广策略。

第三节　基于各种情境下的消费者行为研究

一、粉丝经济下的消费者行为

（一）粉丝经济依赖粉丝效益

粉丝效益就是指粉丝和被关注者之间的经济性行为，就像现在很多明星或者艺人都会有相对应的粉丝，而在这些名人之中最能体现明星粉丝效应的是音乐家或者歌手，在音乐产业中真正做出贡献值的就是艺人的粉丝，因为艺人出专辑粉丝买，音乐会门票粉丝买，这就是一种企业付费，粉丝消费的贡献值。

随着互联网时代的发展，现在很多艺人都选择通过网络来培养自己的粉丝，来消费自己的明星效应。粉丝经济就是以粉丝消费为主的营销手段，根据对特定明星与粉丝之间的情感联系，企业通过明星推销商品，能够增值品牌和偶像资本。

粉丝经济效益的概念最早就是一些草根歌手在演绎的过程中积累了大批量的忠实粉丝，粉丝就会为这些明星购买一些鲜花、小礼物来表达对这些明星的喜爱，然后在一些特定的节日或者生日的情况下给明星送礼物。早期就有人统计过，有的粉丝会给明星送超过一千块钱的礼物，这在当时已经算是很贵的礼物了。粉丝和明星正在被人们普遍地接受和关注，行业期待粉丝经济的提出可以改变现在很多新出道的艺人作品匮乏的现实。

粉丝无条件地追随和支持某些艺人，是一个特殊的团体，这一群固定的、特殊的、有规律的粉丝，不仅对艺人的作品感兴趣，还对艺人本身有较深入的了解。

企业的产品也要打造出粉丝效应，这就和明星的粉丝效应一样，有了粉丝效应会使得企业的产品销售更加品牌化，每一个产品根据自身的不同性质会吸引到很多不同的粉丝。例如，手机行业很多品牌也有自己的粉丝群体名称，小米的粉丝被叫作“米粉”，华为的粉丝被叫作“花粉”。

这就是时代在进步，企业的产品也在进步。就像现在苹果 7 在中国大陆上市的时候，很多苹果的粉丝就会在零点的时候准时地出现在苹果的手机店铺门口等待购买新产品。每次苹果新款产品上市的时候，很多的粉丝就会急着购买，而且会提前一天去排队购买，这就是苹果手机的粉丝经济效应。旁人很难理解，在寒风中站了一夜，就为了买一个手机，可这就是粉丝的经济效益。

小米手机基本上都是线上网络销售，所以小米手机在零点销售的时候很多粉丝也是熬夜等待新品的上市，不光熬夜，还要不停地刷新系统，以防被别人抢完了，所以粉丝的力量不可小觑。

以上的粉丝效益就是单纯的粉丝对于产品的喜爱，还有现在是小鲜肉当道的时代，很多企业会聘请他们给产品代言，这不仅是在销售产品，也是粉丝在消费明星，这种的粉丝效应吸引了很多企业采用这种方法来吸引消费者，当然这种产品营销方法只能是一些比较高端的企业和产品才能做出的，一般的小型企业没有这么多的经济基础来支撑明星的代言，所以小型企业只能用最真实的产品赢取粉丝的信任，企业要根据自身的产品来定义产品的忠实粉丝。①

粉丝经济效应简单点说就是对明星喜爱的或者推荐的产品进行跟风消费，以及对明星的模仿，这些模仿就是支持明星的代言产品。一般铁杆粉丝都会对产品进行消费，这就给企业的产品销售带来了推动作用，还有现在很多衣服包包之类的爆品都是根据明星日常生活用品设计的。这些粉丝并不是孤立进行活动的，而是有规律地集体活动，这样粉丝就会集体消费明星们的产品，这就是爆品最初的形成。

现在的艺人基本上是全面发展的，不光会接一些产品的代言，还会出一些自己的书或者平台之类的产品，吸引自己的粉丝进行消费，有时候粉丝还会大量抢购产品，导致产品供不应求，这就是爆品。这样就会有很多的企业模仿明星的产品进行销售，一般明星产品会比较贵，但是企业模仿的会比较便宜，所以很多的明星粉丝还是会进行购买，这就造就了爆品。

现在有很多电视节目组会推出一些打造草根明星的节目来营造粉丝效应，现在的粉丝一般是有计划、有组织的，专业程度比较高，甚至逐渐形成了粉丝产业，这些粉丝虽

① 李广顺．爆品思维［M］．北京：华文出版社，2018：106-109.

然不一定有很强大的购买能力，但是为其偶像消费的冲动效应却很惊人。企业也要根据产品自身的性质来确定产品的定位，来为产品“圈粉”，粉丝经济效益就是为行业的效率做贮备的，企业产品营销的效率高了，销售起来自然就会吸引人，再加上粉丝效益的带动，这就会让产品成为爆品。

（二）“地毯式”搜索信息行为

粉丝消费者通常会对自己“粉”的对象保持长期关注并不断收集其信息，以免自己错失购买新品或限定品的机会，同时，在这个过程中他们积攒了可以在粉丝群体内部与其他粉丝消费者交流的信息。普通消费者同样会通过各类信息渠道获取商品信息，并进行筛选、对比、评价等活动以期最大化规避消费风险。但是粉丝消费者和普通消费者收集信息的目的具有明显差别，粉丝消费者对特定商品品牌的持续性消费本身就减少了其消费风险，其收集信息并非单纯为了避免特定商品的消费风险，更多的是为了避免遗漏为商品品牌消费的机会，因而粉丝消费者对商品信息的关注点和关注频次都与普通消费者存在差异。粉丝消费者维持对品牌的依赖与忠诚，需要从该品牌的海量资讯中持续“汲取力量”，所以其经常会全方面地对品牌信息自主进行“地毯式”搜索，以维持或者增加对品牌的喜爱与崇拜之情，并且获取的大量产品动态信息能够激发下一次的收藏消费行为，最后将购买该品牌产品的行为变成消费习惯。①

（三）“集邮型”消费行为

“集邮式”消费指的是粉丝消费者愿意将其所偏好的品牌商品按照系列全部集齐或购买品牌的各类纪念品和周边。收藏消费是粉丝文化中占比极重，而这一消费比起排他更侧重包容，其消费目的并非获得精挑细选的特定商品，而是获取较多数量的关联商品。粉丝消费者如同集邮一般对商品进行收集性消费，往往重量而非重质。

现实中，由于粉丝消费者对品牌的偏好甚至是狂热追捧，而出现了大规模的“集邮型”消费的经典实例是手机品牌苹果的粉丝群体“果粉”。“果粉”出于对苹果企业理念的认同、对高科技和智能化的崇拜以及设计视觉观感的喜爱，对苹果品牌的产品建立了忠诚度极高的重复消费关系。甚至很多“果粉”的消费已经超出了理智消费的范畴，不再考虑实际消费需求，不断追加购买同系列的其他商品或苹果某款商品的新款，在新品一经发布时就会进行抢购；更有甚者会在网络上展出自己收集的全部苹果品牌手机，并为自己的行为感到骄傲。此种“果粉”的消费行为已经完全被“粉丝情绪”所支配，属于针对苹果品牌的“集邮式”消费行为。

（四）粉丝消费者的集合

粉丝消费者产生粉丝情绪和情感的过程中，也会出现渴望认同和归属的同伴意识，所以粉丝消费者常常会组建各种形式的粉丝社群以交流品牌信息和抒发粉丝情感，如小米品牌就有自己的粉丝群。与其他粉丝社群以情感为基石有所差别的是，粉丝消费者集结成团体的基础是消费行为。粉丝消费者联合成一个共同体，为其成员提供交流和表现

① 周永庆，吴礼勇．新零售 打造商业新生态［M］．北京：中国铁道出版社，2018：48-49.

的渠道，并通过这些互动行为所赋予的价值进入社会交往层面。粉丝消费者的消费本身是独立个体的行为，而处于粉丝社群之后，个体消费行为通过社群联系融入集体。在粉丝社群中的消费不仅会被商品及其品牌所影响，也会被社群信息所感染。粉丝消费者处于粉丝社群之中，与其他社群成员进行社交活动和品牌信息交换，并在此过程中提升了满足感和认同感，由此粉丝消费者建立了对粉丝社群的忠诚和依赖。消费者产生粉丝情感后还会自发寻觅粉丝社区并试图加入，以获取对其粉丝地位的认可；而且为了巩固粉丝地位，消费者还会重复购买该品牌商品。

根据对苹果品牌事例的分析，苹果最早的中文论坛威锋论坛就通过论坛成员建立的社交网影响粉丝消费者的消费决策。威锋论坛利用各种线上线下的社交活动加深成员粉丝对社群的融入和认可，使成员之间联系更为紧密，形成网状化社交，以促进社群粉丝消费者的感性消费。

二、社群经济下的消费者行为

（一）社群经济下消费者行为的特征

1. 消费者行为在社群环境中更易被诱导

传统电商有非常多关于冲动性购买行为的调研，而社会化商务特别是社群营销领域，这方面的研究则略显匮乏。当前学界将注意力更多投向对消费者的社会化商务消费倾向方面。消费者无论是网络消费还是实体消费，都会由于有关要素影响出现消费意象。处于虚拟社群之中，社群成员之间可以通过交互构建人际交往关系，从而提高对社群组织的信赖感和社群成员的凝聚力，构建稳定而紧密的社群关系。社群友好、安定的环境为营销提供便利条件，社群成员建立对社群的信任感和依赖感，这些感觉能坚定社群成员的消费意向。社群在传统营销中就已经出现了，只是当时的社群侧重于为消费者提供精神价值，而不是建立商业关系。互联网信息技术和移动设备增强了社群的集合属性，使消费者间的互动更为便利，信息载量和传递效率也显著提高。电子商务的迅速崛起，为社群赋予了新的商业价值，社群成员加入某个社群的目的是希望获得更多的产品信息，社群成员之间的互动交流加强了群内成员的聚合，增强了群体成员之间的情感，因此群体之间发布的产品信息更容易让其他成员信任，更容易冲动购买。[①]

2. 社群经济环境增强消费者行为的习得性

在信息时代到来以前，社会也存在着不同形态的社群，这种社群与互联网环境下形成的虚拟社群有所不同。具体来说，虚拟社区更具有精准、高速的特色，其定位精准，社群成员基于一定兴趣集合在一起；网络传播环境有利于社群内部更快地传递信息。传统社群的社交活动更具有随意性，其社群定位相对不清晰，通常情况下，社群内成员基于一定空间范围集合在一起。

消费者的消费行为、消费心理、消费认知以及消费习惯等都会受到社群的影响。在网络环境中，社群中的新成员能够以较快速度融入集体，能够在短时间内获得自己需要

---

① 董常亮．社群经济背景下社会学习对消费者购买行为的影响及对策研究［J］．沿海企业与科技，2022（1）：56-60.

的信息。网络与信息技术的快速发展催生了众多社交媒体软件，虚拟社群内部成员之间的交流互动就是依靠这些软件与平台实现的，比如小红书、抖音等软件平台。这些软件平台具有极强的包容性，消费者能够通过搜索、浏览等找到自己感兴趣的话题并参与讨论，其使用和讨论几乎是没有门槛的，任何人都可以就其感兴趣的话题畅所欲言，极大促进了虚拟社群内部成员的交流，增进了他们之间的紧密联系。网络为商家提供了一个良好的宣传环境，他们通过软件平台广告投放等途径向消费者介绍自己的产品。消费者的消费过程具有习得性，会受到社群内部成员的极大影响，消费者极有可能会因其他成员的评价或建议而改变决策。

3. 社群成员信息不对称促使消费者进行社会学习

信息时代，消费者获取产品信息的渠道十分丰富，不同消费者的不同上网习惯使其获得不同的商品信息。现代经济的快速发展促使商品种类不断增多、服务内容更加精准，有些商家为了博得关注、售卖产品进行虚假宣传，在宣传内容中夸大产品功效或者服务质量，这种宣传方式不利于商家的长远发展。在网络环境中，虚拟社群成员之间的互动频率较高，如果某一消费者购买商品后获得了较好的使用体验，则极有可能将自己的使用感受发布到网上，通过评论区等功能与其他成员进行交流，这就在无形中培育了潜在消费者。相反地，如果消费者受到欺骗，也极有可能将其购买与使用体验发布到网上，最终导致商家彻底失去同类型消费者的关注。这个过程体现的就是消费者处于信息不对称环境所进行的社会学习行为。社会学习主要包括两种，即强化学习和观察学习。消费者向社群内其他成员介绍商品就是其他成员进行强化学习的过程，也叫作体验式学习；观察学习则是个体向群体学习的过程，该社会学习行为通常会引发消费活动的从众行为。由于信息获取渠道的多样化，社群成员也有可能完全不了解某一商品，这就需要其进行社会学习。因此，商家应当重视消费者的社会学习过程，在保证产品与服务质量的前提下不断深入社群内部进行宣传。

（二）社群经济影响消费者行为的主要因素

1. 相关评论信息

得益于网络技术的发展，电子商务交易平台迅速发展起来，消费者在购买商品后可以对其进行评价，当产品超出自己的预期效果或者远远不及预期效果时，消费者还有可能将其产品信息发布于各大社交媒体平台，有购买欲望的社群成员会根据评论与反馈信息做出决定。因此，电商销售行业极其重视消费者的在线评论信息。社群成员对于评论也不是盲目信服的，他们会选择一些信得过的软件平台或者特定消费者个体获取反馈信息。

2. 消费者前期态度

一般而言，消费者的消费活动分为两个时期：前一时期属于导入阶段，消费者以冲动消费为主，其消费决定通常受产品营销活动影响较大；后一时期属于大量购入阶段，消费者以理智消费为主，该阶段的消费行为是消费者结合各种要素进行综合考虑的结果，包括价格、用量、整体使用感受等等。在消费导入阶段，消费者并不能较为全面地掌握商品的各项信息，其消费行为一般比较谨慎，购买数量一般较少。在虚拟社群影响下，消费者可以参考使用者的使用感受和反馈信息，如果该产品口碑较好，那么消费者就会增加初次购买的数量、种类等。

3. 社群交往成熟度

社群所处的生命周期以及社群内部成员之间的关系是评价一个社群发展成熟与否的重要依据。社群生命周期主要包括组建、成长、成熟、衰退这四个阶段，社群最为活跃的时期是组建期，源源不断的新人加入社群使其生命力不断增强，人们对新奇事物的好奇心驱使社群成员积极互动交流。组建期之后，社群发展逐渐进入平稳阶段，社群成员数量以及互动交流内容相对固定，社群活跃度有所下降。社群内部成员之间的关系主要包括紧密、疏远两种。

在消费活动中，社群越活跃，社群成员互动交流也就越频繁，消费者的消费意愿可能会因此升高。从成员关系层面分析，紧密型的成员关系能够增强社群成员对社群环境的信赖感，成员之间的互相了解与信任有助于提升反馈信息的真实性；疏远型的成员关系让成员对社群环境的信任程度有所下降，一成员不了解另一成员时，很难完全相信其反馈信息。不难发现，紧密的社群成员关系对消费者的消费行为影响更大。

三、微商经济对消费者行为的影响

消费者对外界干扰的抗拒并不在于强迫接受的形式本身，而在于消费者内心是否感知到自己是被迫接受信息。强迫性感知来自消费者认知过程中信息处理进程被迫中断时形成的心理认知反应，是一种影响消费者认知、态度和行为的认知机制。一旦消费者对信息发布行为形成强迫性感知，消费者在认知、情绪和行为倾向上就会产生一定的负面影响。也就是说，企业的广告发布行为是否会对消费者形成干扰以及威胁消费者的自由感知，会影响消费者对企业产品的态度。

因此，减少消费者信息处理过程中的强迫性感知是提高消费者对微商推送信息接受意愿的重要途径。

消费者往往会试图推断卖家使用某种营销策略的原因，这种猜测意图的行为会启动消费者的劝说知识结构。企业设计不够完美的广告宣传往往具有很强的诱导性，这会形成消费者对企业宣传信息的操纵意图感知，认为企业的信息具有欺骗性，消费者一旦形成这种认知，会进而对企业的产品信息产生心理抗拒情绪。

1. 微信用户对微商推送信息的强迫性感知与其接受意愿呈显著的负相关关系。微信用户对微商推送信息行为的强迫性感知越大，对微商的接受意愿越低；其次，微信用户对微商推送信息行为的操纵意图感知与其对微商推送信息的接受意愿也呈显著的负相关关系，微信用户对微商推送信息行为的操纵意图感知越强，对微商的接受意愿越低。①

2. 微信用户对微商信息推送行为的操纵意图感知和强迫性感知受到参照群体效应显著的负向影响，即参照群体效应的影响越大，强迫性感知和操纵意图感知将会越弱。其中参照群体的规范性影响越大，消费者的强迫性感知越小；规范性影响越大，微信用户的劝说知识结构被激活的可能性越低，因此相应的操纵意图感知越弱。然而，参照群体的信息性影响对强迫性感知和操纵意图感知没有显著影响，其中存在的解释在于，微信

① 牟宇鹏，吉峰．微商推送信息行为对消费者接受意愿的影响［J］. 经济与管理，2017，31（6）：62-69.

朋友圈是朋友间维系情感的地方，当微商在朋友圈发布产品信息时，常常会附带推送发布部分购买者的效果反馈，这在一定程度上对微信用户形成了规范性影响，引导微信用户向购买产品的朋友看齐。这也证明，参照群体效应的影响主要体现在规范性影响方面，信息性影响远不如规范性影响的作用。

3. 微信用户对微商推送信息行为的操纵意图感知和强迫性感知受到关系强度显著的负向影响，即微商与微信用户关系越强时，微信用户对微商信息推送行为的强迫性感知和操纵意图感知将会越弱。

第四章　新媒体营销方法体系与运营策略探究

新媒体营销可以依托网络，采取多种营销渠道，在目标人群与媒体之间、目标人群之间实现双向互动与交流。在新媒体营销模式下，消费者从信息的接受者变成了参与营销的信息发布者之一，极大程度提高了营销的传播效率，也丰富了营销的内容。这种交互性的增强也使得营销受时间和空间的限制减少。

由于手机等移动设备不断普及，营销信息实现即时发布，同时也能即时收到用户反馈，这可以帮助企业降低新产品发布或新服务推出的风险，也有利于企业改善自身产品和服务，优化用户体验。比如为用户提供多种生活服务信息及O2O交易服务的大众点评网，为进驻网站的商户提供了建立网上客服的功能，商户可获得客户在大众点评网的即时评价。例如客户评价服务人员的态度或者产品好坏，商户可以第一时间得到反馈，网上客服就可以立即跟进并改进服务，从而提高服务水平。

第一节　新媒体营销方法体系探究

一、以传播方式为分类标准

(一) 利益化营销

新媒体环境下，广告营销的利益链条可能会有所延长或增加，有效利用新媒体技术或平台能够增加广告投放的经济效益。在同一新媒体软件平台上，商家采取恰当的营销手段能实现二次获利。举例来说，商家在入驻软件平台以后会接受平台的合作邀请，通过一些消费激励手段引导消费者进行二次消费，消费者为了享受首次消费后获得的购物优惠会主动消费第二单，商家和平台也就因此获利。另外，在新媒体软件上宣传商品信息能够实现多方利益共享，多条利益链上的诸多个体都有机会获得利益。有些新媒体平台为了加大宣传力度还会开展“分享得优惠”活动，举例来说，有些商家利用微信公众号根据其所要开展的活动编撰文章并发布，要求消费者将文章分享至朋友群集赞，点赞人数达到一定标准时，消费者就能凭截图享受店内消费优惠。这些都是新媒体环境下商家应用利益化营销方式的典型案例。

（二）组合化营销

现如今，传统媒体的发展步伐已经落后于新媒体，新媒体以其种种优势获得了极大关注，但需要注意的是，传统媒体并未完全没落，商家在营销过程中应结合传统媒体与新媒体两种传播渠道进行宣传。传统媒体与新媒体的用户群体还是有所不同的，前者以中老年群体为主，后者以青年群体为主，商家在两类媒体平台上投放广告有利于吸引不同年龄段的消费者，有效增加了潜在消费者。在新媒体平台上，商家要根据用户整体特征以及平台设计制定专门的营销计划；在传统媒体平台上，商家要注意分析中年群体的观看习惯，要充分考虑其时空限制以避免宣传活动实效性不强。最重要的是，商家要做好两类平台营销的衔接工作，实现营销活动的互补与配合。在新媒体平台上，商家可以利用先进技术增强产品推广的交互性、个性化，采用激励手段促使消费者主动宣传产品，不断扩大广告受众范围。同时，商家也要注重增强人们对广告内容的信任感，利用传统媒体渠道与知名度较高的传统媒体单位建立合作关系，塑造可靠的品牌形象。

（三）隐形化营销

在传统媒体环境下，广告营销的方式十分生硬，商家向平台方提供承载着产品信息的广告词或者视频短片，平台方将其宣传内容呈现给听众或观众，消费者不易对其产生共鸣或者情感，人们经常会转眼就忘掉接收过的广告信息。新媒体时代，网络技术的发展为商家拓宽宣传渠道提供了条件，广告营销的形式也变得丰富起来。基于对消费者的观感体验分析，商家可以通过撰写软文建立商品与消费者之间的情感联系，通过文章输出观点建立产品理念与消费者价值观念之间的思想联系，使消费者心中产生共鸣，最终加深消费者对商品的印象。在一些视频软件上，商家会根据分区找到对应的视频主播建立合作关系，视频主播试用产品后会向其订阅者介绍相关信息，随着该合作模式的成熟与完善，视频主播不再单纯介绍商品，而是将产品信息融入日常视频稿件中，以一种自然、隐形的方式帮助商家推广商品，引导视频订阅者购买该产品。除此之外，新媒体还增强了商品与消费者之间的双向互动，消费者可以通过各种新媒体平台与商家进行沟通，通过评论、私信等方法向品牌方提出问题或者反馈感受。

二、以营销手法为分类标准

（一）叙事营销

传统媒体环境下，广告营销主要以片面、孤立、静态的形式展现出来，其内容表现出片面的特点，主要介绍产品的功能以及效用；其表达表现出孤立的特点，强调产品本身而非消费者与产品的联系；其呈现手段表现出静态的特点，这里的静态实际上指的是大多数广告一成不变，广告营销活动中缺乏发展的眼光，相对轻视消费者的观感体验。新媒体广告更加重视营销内容与消费者之间的联系，不仅具有多样化的产品宣传方案，而且注重运用叙事的手法拉近与消费者之间的心理距离。简单来说，新媒体环境下，广告营销活动更像是一个向消费者“讲故事”的过程，通过微电影、情感类文章以及音乐作品等向消费者传达商品的设计理念、品牌的价值追求，并将其与消费者心理特点联系在一起，重点在于增加商品附加值、激发消费欲望、培育忠实客户。

在应用叙事手法的具体过程中，合理的广告时长是其营销成功的关键。通常情况下，在新媒体软件平台投放广告最多不能超过 30 分钟。广告时间过长会极大增加成本负担，消费者也会无暇顾及或者失去耐心；广告时间过短则难以在消费者心中留下深刻印象，无法保证广告的叙事质量。在具体叙事过程中，应采用多种艺术手法刻画营销情节，从消费者的角度把握叙事结构和进度，使其营销内容兼具趣味性、哲理性，应采用精炼的叙事语言弱化叙事情节与消费者的陌生感，保证其营销内容的质量。除此之外，还应关注消费者对营销内容与形式的反馈，做好后续工作。

（二）跟踪营销

现代先进技术的发展为广告营销的手法创新提供了现实基础。目前，大数据、云计算等技术正在被广泛应用于社会各行各业，广告营销应抓住时代发展机遇，充分利用现代信息技术成果，在新媒体平台上实现不断创新。跟踪营销的活动开展依据为消费者的需求、心理、习惯等，大数据技术的应用有效增强了营销活动的目标、模式多样性。

跟踪营销强调培养消费者对商品以及品牌的持续关注度，根据大数据分析结果，营销方会及时调整营销内容，这有利于再次吸引消费者对该产品的注意力，长此以往能够建立起消费者和商品之间的长期联系，并且，随着时间的增长，消费者对商品及其所属品牌的忠诚度极有可能会有所提升。例如：手机广告中就可以积极发挥跟踪营销的优势，在一款手机发售前，对消费者进行基于手机功能等方面的新闻发布会，在新媒体渠道上吸引消费者的关注。①

进入正式销售环节后，基于大数据技术建立的推广模式会向消费者再次推荐搜索过的相关内容，这就使得消费者能够及时了解该手机的受欢迎情况以及实际使用感受，从而不断加深消费者对此商品——手机的了解。追踪营销还要针对已购买人群制定方案，要在各大社交媒体软件、短视频平台等设置官方账号，关注软件与平台发布内容中与本产品相关的部分，及时为顾客提供帮助和建议。

（三）饥饿营销

基于消费者心理分析，为了激发消费者对商品的兴趣，可以利用竞争心理应用饥饿营销手法。俗话说，物以稀为贵，商家有时刻意减少商品供应量以激发消费者的购买欲望。简单来说，饥饿营销的大致思路就是将商品包装为紧俏商品，着重强调产品质量与设计亮点。

要想使饥饿营销成功实施，就必须在前期的宣传工作中充分吸引消费者的注意。商家以此为前提才能根据相关经济原理改变该产品的市场供求关系，建立一个对卖方有利的市场环境，最后保证商品供给量小于消费者需求量。在宣传期间，商家利用各种新媒体渠道传播产品与销售信息，使消费者明确产品优势、开售时间；在销售期间，商家与线上交易平台建立合作关系，通过展示销售余额增强对消费者的心理暗示，增强消费者

① 白姗姗．新媒体广告的传播方式与营销策略研究［J］．传媒论坛，2021，4（9）：49-50.

的购买动力。

在我国众多品牌中，小米品牌的饥饿营销策略最为有名，其运用该营销策略给人们留下了深刻印象。在宣传阶段，小米会召开线上发布会，利用各种新媒体渠道告知消费者商品的亮点以及创新之处。目前，人们认为小米品牌已经成为生产高性价比产品的品牌，能够以相对较低的价格换得相对优越的性能和配置。小米品牌宣传手段的独特性使其拥有了“粉丝”，在这种追捧小米产品的环境下，消费者对商品的信赖度有所提升，从而进一步巩固了小米品牌供不应求的市场地位。

（四）病毒性营销

为了加大宣传力度，许多商家非常重视消费者周边的人际关系网络宣传，往往会采取一定的激励手段引导消费者将广告分享到微信朋友圈，以此达到“一传十十传百”的效果，不断增加潜在消费者，这就是病毒性营销的大致过程。病毒性营销是新媒体广告营销策略最常见的形式，对广告产品而言，利用病毒性营销更容易使消费者对其印象深刻，甚至产生热门话题，助力广告传播。①

三、以营销平台为分类标准

（一）客户终端营销

该营销方法的基础是应用软件。目前，市面上的应用软件种类繁多，涉及社会生活的方方面面，比如购物、餐饮、出行、游戏等等，人们在其手机上下载应用软件就可以注册、登录进而实现便捷化生活了。新媒体的迅速发展促使客户终端营销力量不断壮大，最为显著的就是电商平台。电商平台是目前最常见的客户终端营销方式，电商平台的发展，开启了新媒体营销的新纪元。②

（二）微博网站营销

商家开设微博账号，利用微博平台进行产品宣传，这就是微博营销。在此过程中，商家会以文字或者视频的方式向消费者介绍产品与品牌理念，也会与明星或其经纪公司建立合作关系，通过由明星担任代言人的方式吸引“粉丝”，利用粉丝经济创收，不断提高客户黏性。消费者对某一品牌或者产品产生兴趣时，可以点击微博页面的“关注”，这样就能及时了解商家的销售动向了。

（三）微信平台营销

随着网络的迅速普及，许多社交软件应运而生，微信就是其中之一，它以其便捷全面的功能吸引了无数用户注册使用，许多商家看到了其中的营销机遇纷纷实施微信营销策略。微信营销主要有四大优点：首先，微信的普及范围广、使用人数多，其用户基数较大意味着商家拥有较多潜在顾客，微信的蓬勃发展有效拓宽了商品宣传的渠道；其次，

---

① 王培培．互联网背景下新媒体广告的传播方式及营销策略［J］．现代营销（经营版），2019（5）：106-107.

② 张盈．新媒体营销优势及方式的探究［J］．现代营销（经营版），2020（2）：133.

微信支持在线转账、支付，人们借助手机和网络就可以完成支付过程，消费体验十分便捷；再次，微信信息传播范围广泛、受众群体多样化，其简洁的操作页面使老人小孩也能轻松浏览信息，分享功能十分便捷；最后，微信平台还设置了小程序功能，这属于微信的衍生功能，用户不用下载应用软件也能正常使用其功能，这为商家发展微信商品营销提供了便利。

（四）软文营销

为了消费者能够理解并认同相关理念，商家会通过发布文章的方式开展营销活动。软文营销具有极强的针对性，关键在于向受众传达某种特定的观念。从本质上来看，软文是企业通过广告形式来实现企业软性渗透的策略，通过媒体表达以及舆论的传播，让消费者对于某种理念认同，达到企业产品宣传以及销售的目的。①

（五）其他营销方法

新媒体环境下，商家可以利用多种新媒体工具开展营销活动，比如论坛、视频、电子邮件等。其中，视频营销的应用频率极高。一般情况下，宣传方所制作的视频在3分钟左右，画面中会包含商品、文字、背景音乐等。这样的视频营销符合当下大多数人碎片式阅读的习惯，适合用来宣传日常生活用品。

四、提升新媒体营销方法的策略

（一）构筑立体营销的“微”渠道

目前，新媒体营销的主要渠道有：微博、微信、微电影、门户网站和手机 App 等。

新浪微博作为热门社交平台，具有广泛的受众，并且能通过发起目标客户感兴趣的话题或者内容来吸引受众从而进行营销，如热门微博和微博头条等。由于新浪微博具有“病毒传播”的特点，其他潜在客户可以因相同的需求来关注其他客户的微博，营销的客户群体因此扩大。

随着新浪微博不断发展，还催生了一种特殊的营销模式：“网红营销”。“网红”指因为美貌或者其他个人特色活跃在互联网上的人群或事物。“网红”通过对其庞大的线上粉丝群体进行营销，实现粉丝购买力的转化。有别于传统营销，“网红营销”在形式上主要借助新浪微博发布图片、文字和视频等内容，或者采取在各大直播平台直播的形式。在内容上，“网红营销”不同于往常营销的单向信息灌输，而是通过分享日常、与粉丝互动，具象化其品牌形象，从而让目标客户产生信任感，“网红”所分享的信息和内容也会被认为是可靠并且令人向往的。“网红”有个体“网红”，也有签约特定公司的“网红”，既可以是人，也可以是动物、植物，但这些“网红”的共同特点是：均以一个核心主题来打造粉丝需要的内容，无论是美妆穿搭知识还是宠物分享，都能极大程度满足现代快节奏下人们的碎片化阅读需求，完成碎片化传播营销。

---

① 翟德宇．新媒体营销的优势与方式探析［J］．现代营销（经营版），2019（8）：104.

企业还可以利用微信来进行精准推送，从而实现精准营销。精准营销是广告主根据目标群体的需求，将广告及时、精准、有效地呈现，来获得预期的广告效果。精准营销通过对用户喜好的分析，进行点对点服务，节省了许多广告费用，还能实现信息传递的准确与高效。并且可以控制与测算传播速率、人次等量化指标，精确掌握关键词和关注度等反馈。这些都是新媒体营销数据化的科学依据和评价指标。新媒体精准营销的特点之一是可以形成一定圈层的虚拟传播范围，而微信朋友圈正好可以满足这一条件。在微信朋友圈中对用户进行精准推送，可以吸引潜在客户的关注。①

例如，华为公司通过微信进行荣耀手机的线上营销，获得了几十万的预约购买量。在微信平台进行内容推送，对荣耀手机的预约活动进行宣传，并且预约界面加入了抽奖活动，关注华为荣耀的微信公众号后，报名预约购买手机即可参与抽奖，开放预约时花费 1 分钱进行微信支付即可完成预约。付款时支持微信支付，预约成功的用户进入微信公众平台的预约界面可购买手机，用户体验良好。

微电影营销也是现今新媒体营销的热门模式。微电影介于商业影视大片和普通视频短片之间，在新媒体平台上是播放时间相对较短的影视作品。微电影营销的特点在于将广告与电影有机结合，可看性、亲和力和传播性相较于传统广告更强。微电影营销可以将广告主题或者主打的产品服务融合于电影情节之中，使目标客户更易接受。相比电视广告，微电影可以花更长时间去阐述品牌故事，不仅起到营销作用，还可以与消费者进行情感上的交流沟通。微电影特殊的时长和内容结构决定了其承载的信息和内容量丰富，而其中人物、故事、情节设计和场景道具，均可用于品牌推广。微电影不仅可为观众介绍产品信息、推荐产品，并且也满足了短、平、快的碎片化传播需求，占有了消费者的时间。

这几种主流的新媒体营销模式都具有互动性强、覆盖率高、精确度高和成本较低的特点。消费者自身在接受商家营销信息的同时，也极有可能向潜在客户推广、宣传该产品或服务，并且是即时的、迅速的。因为在新媒体营销过程中，对营销产品有兴趣的群体会主动、深入了解产品信息，同时又会把它推广给更多有相同需求的受众，新媒体方便、快捷的传播优势在无形中提高了目标客户对营销产品的关注度和认同率。这种上下、左右、前后趋向的网格化、立体式营销覆盖，使传统营销模式难以望其项背。

（二）促进传统营销与新媒体营销深度融合

以往，企业生产、制作产品后，需要通过传统的营销渠道，即制造商、批发商、零售商、消费者等多级渠道销售产品，冗长的商品流通环节大大提高了产品成本，并且很大程度上还降低了产品的时效性。此外，传统手段的营销方式制作工序较复杂、周期较长，且通常需要支付高昂的广告宣传费用、硬件经费等成本。新媒体具有低成本传播特点，相比高昂的铺面或者广告位租金，其营销过程中所支付的费用成本极低。在新媒体营销模式下，一条微博或是一篇来自微信朋友圈的内容推送，都可以引起人们广泛关注和激烈讨论。自媒体时代下，人们成了免费的推广者、促销员，可见新媒体营销性价比之高。

企业可在传统营销模式的基础上，借助新媒体营销手段，进行企业品牌形象的推广和产

① 曹祎遐，莫冬羽．新媒体助力营销方式“更新换代”[J]．上海信息化，2018（3）：21-24.

品服务销售的宣传，将二者有机结合。大多新媒体社交平台如微信公众号、微博等，企业都可注册使用，定期推送、更新产品及服务信息，不仅能减少营销成本，也能提高与客户的交互性，了解客户需求，提高企业竞争力。

在新媒体营销的应用中需要跟随互联网发展趋势，比如时下热门的自媒体平台、短视频平台、直播平台、问答平台等推广渠道，可以提升企业产品的覆盖面。同时需要积极、主动地进行营销定位，并制定具体的营销策略。举例来说，结合多种新媒体形式开展整合营销是一种较为全面周到的营销方法，该方法应用的前提是对互联网资源的充分调研、对商家以及产品的充分了解、对网络经济运行环境的透彻把握、对客户需求的充分重视，宣传方应综合考量多种因素，提供更适合的营销解决方案。

（三）针对市场进行营销方法的调整

1. 完善体系与机制建设

新媒体营销环境中，机遇与挑战并存，在开展相关营销活动之前，商家要充分考虑各种影响要素，并根据以往营销案例与经验、现实情况建立危机应对机制，不断完善新媒体营销体系建设，从而增强新媒体营销活动的稳定性与安全性。新媒体与网络紧密相连，开展新媒体营销不可避免地会使用网络，因此，商家应加强内部的信息技术与信息平台系统建设，不仅要便于员工寻找商品与合作信息，而且要增强其系统的防御功能，降低网络商业活动的风险。为此，商家在招聘过程中要关注应聘者的信息素养与水平，积极培养新媒体营销人才，促使员工的网络专业素养不断提升，不断增强整个营销团队的生命力与活力，使其营销活动紧跟潮流。此外，还要加强对其他岗位员工的培训，有效提高整个企业内部的工作效率。

2. 完善理念与文化建设

在产品的营销活动中，商家无论采取何种营销方法都要充分尊重消费者的意愿，还要将这一价值理念传达给每位消费者，消费者在购买商品时所获得的良好服务在无形中增加了产品附加值，顾客在消费活动中获得的愉悦感会强化其多次购买的动机，最终有可能使其成为这一品牌的忠实消费者。在新媒体环境下，商家营销不仅要介绍产品，还要介绍经营理念与企业文化，通过思想上的交流引起消费者的关注，进而促使消费者增强对该品牌、企业的信任。秉持尊重消费者的态度是企业或品牌实现持续健康发展的重要前提。

企业文化具有极强的精神支撑作用，能够培育良好的工作氛围，激励员工锐意进取实现突破。企业文化的传承与创新是完善理念与文化建设的重要环节，有效增强员工群体的凝聚力，有效增强企业的社会责任感，有利于形成品牌效应获得持续广泛关注。

基于上述分析，企业在应用新媒体营销方法时应加强线上理念与文化建设。为此，企业应积极开展面向网络消费者群体的调研活动，增强调研活动的趣味性吸引更多网络消费者参与调查过程，充分利用网络特点、发挥网络优势，深入调查与研究，建立全新的线上调研模式。另外，还要充分利用定量、定性调查等传统调查模式，以期获得尽可能全面的调研结果。

3. 优化营销与推广方式

通常情况下，新媒体营销主要分为直截了当式与迂回含蓄式两种开展方式。新媒体营销在发展早期还带有一定的传统媒体营销特点，产品宣传比较直截了当，形式也相对单一，技术应用程度不像现在这样发达，这样的宣传方式虽然能直观地展示产品，但并未达到层次丰富的营销效果。直截了当式的营销方式并非一无是处，这种宣传方式更适合投放给那些没有太多空闲时间的消费者，其简洁精炼的特性能够帮助消费者能够在短时间内了解产品或服务信息。随着经济与技术的发展，新媒体营销内容渐渐变得迂回含蓄，比起介绍某一产品，商家更多地将目光放在了增强营销活动趣味性、宣传品牌价值与形象上。此种营销方式能够使新媒体受众产生愉悦感、认同感等，产品广告的枯燥性大大下降促使消费者以更加主动的心态接收产品信息。但需要注意的是，这种软宣传需要把握好度，不能违法、违规，也不能将违法、违规的内容加入文案写作中，更不能蹭三观不正的网络热点的热度，这样反而会损害企业形象，不利于企业的长久发展。①

第二节 新媒体营销运营策略探究

一、新媒体营销运营的概念

进入移动互联网时代后，传统的营销推广手段变得不再适用，企业需要积极借助新媒体来对营销模式进行转型升级。新媒体的快速崛起，在为企业提供多元化营销渠道的同时，也对企业的营销推广提出了更高的挑战。

那么，企业如何进行新媒体运营？如何制定目标、做预算、设计营销方案、考核绩效、搭建团队并进行管理等，都是需要企业解决的问题，下面将结合这些问题详细介绍如何制定完善的新媒体营销推广策划方案，从而为广大创业者及企业提供借鉴经验。

新媒体运营是指通过微博、微信等新媒体平台开展产品及品牌营销推广的运营方式。为了取得良好的预期效果，运营人员需要做到：策划和产品及品牌相关的优质内容；设计能够吸引目标群体广泛参与的线上活动；选择合适的新媒体平台向目标群体进行营销推广等。②

从本质上来说，新媒体运营是企业进行营销推广的方式之一，虽然报纸、杂志、楼宇广告等传统媒体的影响力越来越弱，但对很多企业来说，仍不失为一种有效的营销渠道。而在新媒体平台愈发多元化的背景下，企业在所有的新媒体平台上进行营销推广并非明智之举，更具可行性的方案是，选择目标群体相对集中的平台重点突破。从不同的视角上看，新媒体运营的组成部分也存在一定的差异。

二、新媒体营销运营的流程

（一）明确营销的目标，减少营销成本

明确营销目标是开展新媒体运营的重要基础，通常来说，制定新媒体运营时，应该

① 梁珏菲．试析新媒体背景下市场营销方式的转变［J］．今传媒，2019，27（8）：82-83.

② 张少娜．线上活动策划全攻略［M］．广州：广东人民出版社，2020：41-56.

符合以下原则。

（1）当微信、微博等第三方平台可以直接提供数据时，尽量参考这些数据制定目标，避免使用过多的定义或计算公式，这样既能节约时间成本，而且简单有效。

（2）当第三方平台无法提供数据时，可以安排专业人员或者从艾瑞咨询、易观智库等数据研究机构近期发布的相关报告中获取数据。如果选择自己整理数据，可以先统计每日数据，然后再尝试向周、月、季度及年等更大的范围进行统计，统计内容包括客单价、订单量、转化率、注册用户数等。

（3）为团队制定一个统一的战略目标。当然，不同类型的企业或者不同的发展阶段制定的战略目标会存在一定的差异。

（4）各部门对战略目标进行有效分解。目标可以被分为两大类，其一是具体的事务目标，比如每天分享多少篇文章、什么时间段上传、多少篇是转载内容等；其二是结果目标，如粉丝增长率、用户活跃度、文章阅读量、用户评论数等。

（5）目标应该具体而明确。类似于提高品牌知名度、增加用户黏性这种模糊的目标很难取得预期效果，提高品牌知名度可以具体表现为百度指数上升的数值；增加用户黏性可以具体表现为用户活跃度增加的数值等。

在设置目标时，需要掌握某些指标的计算公式，比如：日活跃率=当天活跃用户数总用户数；日订单转化率=订单成交量总访问用户量；日客单价=日总成交价格总成交订单量等。

根据推广方案进行预算，需要给出各个环节具体细项的成本，确保精细化，这样能够进一步降低风险。预算的结果应该是一个数值区间，考虑营销涉及的环节众多、情况复杂，很难给出精准的数值。预算结果会对方案执行产生直接影响，尤其是那些强调风险管控的企业可能会因为预算过高而否定整个营销方案。

（二）策划营销运营的内容

1. 选题规划

在新媒体领域中不乏一些突然爆火的内容，它们具有数十万甚至百万的点击量和转发量。但这些看似偶然成功的背后，却是日积月累的运营工作造就的必然结果。要想做到稳定持续地输出效果，离不开日常工作的积累，不然也只会是昙花一现；选题规划作为新媒体内容运营的第一个步骤，它将直接影响整体内容的呈现效果。成功的内容运营离不开选题规划，而相关工作人员在进行选题规划时应紧抓当下时事要点，可以从生活中选取灵感，如高考在即推送的内容可以从学习和解压方面作为切入点，吸引待考学子及其家长的浏览，另外还需要考虑到下一环节的内容形式和流通渠道，不同的选题在内容形式方面和流通渠道方面具有不同的差异，同时还应当对其呈现的效果做出评估，为接下来的工作奠定良好的基础。

2. 内容策划

策划内容是对第一阶段——明确选题的细化过程，在确定主题以后，策划组应当不断完善文章的细节。当所选定主题为情感类、热点类时，策划组要找到商品与选题之间的深层联系，使话题评价与产品宣传能够实现有机融合。在具体的策划过程中，策划组应保证文章编辑始终忠于营销目的，确定适宜的时长，选择适宜的工具保证较高的工作效率。

内容策划与选题规划不同，选题规划属于阶段性工作，仅需要简单的初步设定即可，而内容策划对细节设计方面具有更高的要求；选题策划决定内容整体方向，同时也对受众有着一定的倾向性，可以说确定了选题策划就是确定了部分受众群体。例如确定当前选题规划为微信情感文章或跟踪热点新闻，在正式开始创作前，内容运营工作者需要对此选题的具体内容进行分析研究，明确内容细节等，完成系统的内容策划，内容策划需要明确内容目的，选择合适的形式将内容表达出来，另外内容制作还应具有时效性，当今社会获取信息的方式多、速度快，若内容制作超出了一定时间，那么这个内容就有可能会成为过时内容，将会流失大批受众。主体风格也是内容策划的一部分，相当于产品的外包装，设计应尽量让人便于理解接受，此外还要确定受众群体，综合整体条件选择推广渠道和推广细节等，选择合适的推广渠道更容易接近目标群体。①

3. 形式选定

营销内容的包装形式十分重要，消费者接触商品营销时第一时间就会注意到营销形式，如果这种形式司空见惯，消费者对其营销内容的感兴趣程度会迅速下降，不能使消费者形成较好初始印象的营销活动在一定程度上已经失败了。因此，在内容策划后应慎重选择营销形式，根据受众的需求与爱好调整营销内容的排布，删减辅助性内容。在技术应用方面，策划组应积极大胆创新，通过利用先进技术手段迅速获得消费者的注意。

4. 素材整理

新媒体营销中能够搜集到的素材主要分为两类，即行业素材与内部素材。行业素材主要包括行业内的新闻热点、潮流信息、舆论趋向等等；内部素材主要包括产品相关信息、流程设计、往期营销数据等。通常情况下，策划组需要按照以上标准分开整理素材。

素材采集和整理应在内容敲定后尽快进行，除了内容素材外还应重视行业素材的整理。内容素材即是跟本次内容相关的产品图片、产品理念、历史数据、活动流程和历史图文等。行业素材包括近期时事热点、民间舆论导向、行业数据等，收集好这两大类素材后要根据素材的具体性质再进一步分类，通过这种将素材细化分类方式可以为日后的工作提供便捷，编辑内容时仅需要从相应的分类中提取，就可以应用到作品中。收集素材不仅仅需要有目的地查找，更离不开日常的积累，日常生活中的素材随处可在，如一年四季的烟火气、通勤途中遇到的小事、脑海中一闪而过的灵感都可以作为自己的素材库。日常生活素材的积累有助于充实自己的素材库，知名自媒体人咪蒙就主张这一点，她建议注意观察周围生活，从身边朋友身上获取素材灵感，随时整理丰富自己的素材库。素材的记录要及时，随手一支笔、一部手机都可以作为记录素材的工具，不同素材要应用到不同的选题中。

5. 内容编辑

内容编辑是接近成品的制作，利用现有的素材灵感等进行组装后撰写文章、制作视频、图片等；如果说选题规划、内容策划、形式创意和素材整理是新媒体内容运营的准备环节，那么内容编辑就是内容运营工作中的执行环节。将内容编辑建立在前文的四个环节上，编辑创作的过程就相当于有了风向标，从正确的选题立意到相关素材和源源不

---

① 齐洁．新媒体运营中内容运营的核心要素研究［J］．品牌研究，2022（5）：20-22.

断的灵感帮助工作者快速完成内容编辑，这一连续的环节保证了创作过程的顺利性和完整性，同时也能对制作成品的质量具有一定的可预见性；若脱离前四个步骤直接开始创作，就需要在内容编辑工程中不断弥补选题规划、内容策划、形式创意和素材整理的缺失，这就导致创作过程中思维是呈片段性的，创造效率将大大降低，会直接影响到编辑的创作质量，甚至使创作过程中断。

6. 内容优化

内容编辑并不意味着策划运营内容的结束，还需要经过策划组进一步的优化工作才能公之于世。为此，策划组通常选用内部测试的方法检验编辑内容，针对测试结果实施优化。编辑可以先将文章发布到朋友圈和粉丝群等，设置成好友可见，先看一下大家的反馈情况，再进行具体的调整完善。①

（三）制定营销推广方案，进行精准引流

1. 明确推广整体策略

（1）分析团队整体战略目标，并将其分解成为各个部门的目标，然后部门再将目标分解为岗位目标。

（2）寻找有效的推广方案，将资源集中起来进行重点突破。

（3）在目标群体相对集中的新媒体平台进行推广。

2. 种子用户期的运营活动

（1）分析种子用户特征。种子用户对产品及品牌有较高的忠实度，经常和运营人员进行交流互动，主动参与到营销内容的传播推广中来，而且会及时向运营人员提供反馈意见。

（2）选择活动推广渠道。通过朋友、同事、合作伙伴等在小区、学校、写字楼、商圈等场景中进行营销，邀请他们体验产品，并在社交媒体上分享体验等。

（3）活动邀请。比如，可以邀请用户参加“找”活动，让用户在参与活动的过程中提供一些反馈意见。为了吸引用户参与活动的积极性，可以提供优惠券、话费充值卡等奖励。

（4）微信群管理。邀请用户加入微信用户群，对这些种子用户进行管理，并收集他们的产品体验及相关建议等。

3. 初始用户期的运营活动

该阶段要利用运营人员比较擅长的营销渠道获取更多的用户，确保粉丝数量能够不断增长，从而达成预期目标。选择比较擅长的营销渠道，可以确保每天都能获得一定数量的粉丝，某些渠道可能运营初期能带来较高的粉丝，但缺乏稳定性，几天后可能就会颗粒无收。

投放文章等形式的广告信息并不意味着新媒体运营过程的结束，要想获得消费者积极反响就必须加强对文章的推广与宣传。基于传播主体影响力考虑，应避免选择那些拥有较多粉丝量的博主发布宣传信息；基于消费者阅读体验考虑，最终文章阅读模式应与大多数人的阅读习惯相一致，不能一味追求形式上的创新而忽略受众的体验与感受。在

---

① 谢芳．新媒体运营中内容运营的核心要素研究［J］．现代营销（创富信息版），2019（8）：43.

宣传过程中，还应注意引导受众主动分享文章，不断扩大营销范围。

（1）微博引流：在创业初始阶段，选择比较熟悉的当地市场具有明显领先优势。在推广过程中，可以寻找当地的热门微博，并将自己的微博账号和这些当地热门微博建立联系，从而在营销推广时，借助这些热门微博的影响力吸引更多的流量。

（2）加群引流：加入多个本地微信群，尽量不要在这些群体直接发布营销内容，侧重于和群内成员交流互动。在营销时，可以结合口令红包的方式进行推广。微信群运营技巧：通过身边的亲朋好友、合作伙伴等将更多人拉入群中；和其他媒体运营人员合作，分享群链接等；对用户活跃度较高的高质量群进行置顶，多与群主交流沟通，必要时可以为其提供一定的奖励，从而使其帮助自己营销推广；下沉或退出那些僵尸群以及充斥着广告内容的群。

（3）自建官方微信群：建立多个官方微信群，并为每个群设置不同的标签，比如：种子用户群、产品体验群、售后服务群、参与活动群等。对于自建官方微信群，首先需要明确建立群的目标，并设置一定的规章制度，对群体发言进行管理；其次，安排专业人员担任官方客服，客服人员需要根据群的定位引导社群成员发言，举办群体活动等；和行业内的意见领袖进行合作，并给予他们一定的物质回报，从而对产品及品牌进行推广。

（4）活动策划：定期举办活动，强化用户认知，从而取得良好的营销效果。在策划营销活动的过程中，要重视营销内容的质量，并优化用户阅读体验。为活动设置一定的物质奖励十分关键，代金券、文化衫、手机等都可以作为参与活动的奖励。

（四）开展公关传播，实现品牌的营销

在品牌推广期设置一定的目标，比如三个月的时间增加 10 万名粉丝。

（1）沿用“初始用户期”的方法稳定地获取粉丝。

（2）和本地的 App 应用或者 O2O 服务号进行合作。进入品牌推广期后，企业往往已经具备了一定的粉丝，此时，选择和本地 App 应用或者 O2O 服务号进行合作往往能够取得良好的效果。

（3）展开地推。在学校、卖场、社区、地铁站等人流量密集的区域线下推广。

（4）参加行业会议。积极参加行业会议，并制定相应的营销方案，从而在参加会议的过程中，向潜在的合作伙伴进行营销推广。

（5）加入本地行业协会。为了规范行业发展，促进良性竞争与资源共享，很多地区的同行业企业会自发地组建行业协会。企业加入行业协会后，不但可以获得最新的行业资讯，而且能够有效提升自身的知名度。

在初创企业中，公关人员需要对企业不同发展阶段的情况有深入的了解，并能够向用户、合作伙伴、投资人等传递符合他们需求的信息，这些信息并非简单的硬性推广，而是能够通过他们感兴趣的内容将其关注点转移到企业的产品及品牌中来，最为理想的结果是，能够在行业内产生强烈的话题效应。

（五）搭建新媒体运营团队，明确岗位职责

在打造团队时，可以从实现战略目标的需求出发，对核心项目进行分解，明确完成

核心项目所需要的技能、经验等，并结合团队构成、抗压能力等因素描绘团队岗位的员工画像，当然，还需要根据不同发展阶段目标的差异性，确定招聘相关岗位人才的具体时间。建立专门对新媒体平台进行营销推广的新媒体推广小组，往往对新媒体营销具有事半功倍的效果。

（六）实施绩效考核，强化运营团队管理

1. 设置绩效考核

对创业公司来说，在发展初始阶段需要处理一系列事务，比如：产品研发及测试、寻找合作媒体等。在该阶段的绩效考核更加强调实用性，可以按照具体的数字给予员工一定的奖励。

比如，考核新媒体营销人员的月关注粉丝数量，未能完成预期目标时的惩罚，完成后给予多少奖励等。我们不妨以微博营销为例进行详细分析。

设置具体的考核指标。比如：微博信息数（具体可以为原创文章数量与转载文章数量）、粉丝数量、关注人数、转发次数、评论次数等。

当然，在创作内容时，必须分析目标群体的真正需求，与其需求契合度越高，获得的评论及转发数据就越高，用户提供的反馈意见也会更具价值。本质上，设置绩效考核的目标是为了促进员工更好地完成岗位工作，使其对日常工作进行反思、总结，从而提高专业水平，为企业创造更多的价值。

2. 强化新媒体运营团队管理

（1）量化营销目标

项目开始后，需要对各阶段的工作目标进行具体化，可以将其分为周、月、季度目标。然后各部门再将阶段目标进行分解，为各部门成员制定每日目标。

（2）准备二张重要的表

财务预算表。用于统计包括市场推广成本、薪资成本在内的团队运营成本。

绩效考核表。用于对各组织成员的业绩进行考核，并结合激励机制激发员工工作积极性。

岗位描述表。用于详细介绍岗位的具体要求、岗位职责等。需要注意的是，岗位描述表要根据项目进度及企业发展阶段进行及时更新，务必做到精准。

三、新媒体营销运营的普遍策略

如果企业想要做新媒体运营，就不得不了解新媒体的运营策略。接下来我们将从用户运营、内容运营以及活动运营这三个方面，对企业新媒体的运营策略进行详细的介绍。

（一）新媒体营销的用户运营

想要做好用户运营，首先我们应该从用户的需求出发，对用户进行深入的了解，这样才能实现精准营销。用户运营的重点在于运营者与用户之间的互动。因此，在新媒体平台上运营者应该尽可能地参与互动，比如回复用户比较精彩的评论，或者点赞、转发

用户发表的一些内容等，增加用户的黏性。①

（二）新媒体营销的内容运营

1. 新媒体内容运营概念

新媒体运营是指使用最新的在线技术通过微信、微博和其他在线媒体平台进行产品营销和广告的功能发挥。新媒体运营主要包含两个方面：生产力模式下的自定义工作内容扩展和产品营销。在这个过程中，需要注意的是，使用媒体平台以文本、视频和图像的形式提供相关信息时，需要鼓励公众的交流和提高公众参与功能性内容的活动频率。特别是对于企业来说，运用新媒体技术运营包括的内容主要是对材料的促销和销售，主题计划的编辑、管理和系统操作以及创新形式内容的集成进行规范化的处理。作为新媒体运营不可或缺的一部分，内容运营对新媒体运营的质量和有效性有着巨大的影响，在这个过程中，要获得好的新闻影响，不仅需要撰写出色的文章，做好工作，还需要保证员工能够长时间稳定地进行工作。②

对运营者来说，制作并且发表的内容不只是为了吸引用户，它更多的是一种营销手段。因此，运营人员在文章的撰写以及图文排版方面都需要多下功夫。

我们以微信公众号的运营为例，来介绍一些新媒体内容运营方面的技巧。

（1）如果企业想要举办某个活动或者进行某个产品的宣传推广，可以在微信公众号上进行预热，告知用户活动的具体信息。

（2）如果新媒体运营者发布的是原创内容，为了避免抄袭，可以在公众号文章的开头或者结尾处增加一个版权说明，同时注明“未经同意不得非法转载”的字样。这样做的好处是，不仅可以维护版权，也能让别人转载文章时注明出处，为平台带来更多的粉丝。

（3）公众号的运营人员完成内容的编辑后，如果想要减少出错，最好的方法就是在发布前进行预览，规避风险。

（4）当粉丝达到了一定的数量，运营人员可以在自定义菜单中设置自定义回复，这样不仅可以减少工作量，提高工作效率，也能维持与用户之间的互动，稳定粉丝。

（5）运营者可以进行好文推荐以及推广活动，也可以设置“每天一问”，不仅可以了解用户的需求，还能加强互动。

2. 内容运营的核心要素

（1）新媒体运营中内容运营的核心要素之选题规划。新媒体内容运营的第一步是选择运行计划。在新媒体领域，诸如“十万次点击”或“数以百万浏览量”之类的内容大家都非常看重，但实际上，这些内容都是基于扎实的日常工作的稳定性。如果新媒体领域能够有稳定的工作流程和运营流程，那么新媒体内容的播放量就会达到一个稳定的状态，比如在当前比较火的抖音平台，能够持续比较火的抖音账号都是稳定地输出内容，背后都有专业的团队运用稳定的工作及运营流程去输出符合他们账号定位的内容，这会帮助新媒体领域更好地吸引顾客，进而为新媒体运营的下一步发展奠定基础。

---

① 向登付．新媒体运营与营销实操手册［M］．北京：中国商业出版社，2019：12-14.

② 郑奕昀．新媒体运营中内容运营的核心要素研究［J］．卷宗，2021（2）：375.

（2）新媒体运营中内容运营的核心要素之内容策划。通过有效的内容计划活动，可以使新媒体运营的内容更加具体、清晰和具有逻辑性。在这个过程中，需要进行合理的主题选择，其中主题选择计划是指通过改善新媒体运营效果的社论内容计划，在进行热点新闻咨询的同时，分析当前新媒体运营的情况，详细介绍新媒体运营内容，进而更加科学地制定计划。除此之外，在规划文章时，相关新媒体运营人员需要考虑多种因素，例如书面内容、原始广告渠道策略以及内容周期的设计主题等。当内容计划完成时，相关人员必须定义科学推广模型，并根据用户的心理状态修改和创造新的媒体内容，进而轻松地让客户关注新媒体运营的新信息和受众新知识，让客户对创意文章更感兴趣。就目前来说，用户通常已经厌倦了大多数的新媒体内容，针对这个问题，新媒体运营人员需要在发布文章时，考虑文档的各种元素，包括图像、视频和音频文件等。只有这样才能让内容更加具体，进而吸引公众的注意力。

（3）新媒体运营中内容运营的核心要素之形式创意。内容规划完成后，新媒体运营人员应查看内容或者是表格处理的合理性，因为用户对更新和更具创意的形式感兴趣，所以如果新媒体内容的格式保持不变，那么用户的兴趣将逐渐下降，这就导致在后期客户在使用新媒体浏览文章时的兴趣提升空间受到限制，这对于提高点击和关注量来说，是非常不利的。

（4）新媒体运营中内容运营的核心要素之整理素材。确定新媒体运营的内容后，相关的人员必须对材料进行分类和收集。在工业行业中，与新媒体运营相关的内容主要包括工业技术和装饰材料的管理。所以，对于新媒体运营行业来说，行业的核心内容应该是最新的热点、行业新闻、行业数据和客户的在线意见。行业素材对于新媒体运营来说是非常重要的，只有通过良好的素材管理才能够保证新媒体运行过程中有良好的材料支持，这对于促进新媒体行业的发展来说，也是至关重要的一个环节。

（5）新媒体运营中内容运营的核心要素之内容优化。内容编辑后，不能立即发布，而是需要测试和优化反馈。如果新媒体运营内容的转换率低或响应率差，则必须进行形式优化和内容优化。在这方面，相关新媒体运营人员需要在优化过程中关注客户所关注的点。只有这样才能更好地以客户的需求为发展方向对新媒体内容进行编辑，进而促进新媒体行业持续发展。

（6）新媒体运营中内容运营的核心要素之宣传传播。新媒体运行在现阶段不仅是在微博，微信账号和其他相关平台上发布有关文章的信息，而且需要通过各种社交平台传播持续性的广告，让人们能够产生对媒体作品内容的新需求，这样文章的阅读和点击数量可能会增加。就现阶段来说，我国新媒体的运营在宣传方面还是存在一定的不足，很多人甚至不知道新媒体运营到底是做什么的，这对于促进新媒体运营的发展来说是非常不好的一个影响因素，所以在未来就需要我国新媒体行业能够不断地对新媒体运营进行相应的宣传，进而扩张自己的知名度。

（7）新媒体运营中内容运营的核心要素之拟定标题。标题的科学性是非常重要的，一篇文章如果有了引人注目的标题，那么这篇文章就成功了一半。对于客户来说，无论内容的阶段如何，客户首先注意到的是标题。一个好的标题会直接影响文章的点击率。因此，在使用新的新媒体内容的过程中应更加注意标题的编辑。对于标题来说，设计应简洁明了，通过在文章内容中提取出小于 15 个关键字的内容来作为标题，进而对文章内容进行概括，不仅能够激发阅读者对文章的兴趣，也能够更加直观地将文章内容加以概括。当然，在对文章标题进行编辑的过程中，也可以适当运用一些网络词汇来进行编辑，因为这样不仅可以增加客户对文章的兴趣，还能更好地为新媒体运营吸引客户群体。

（三）新媒体营销的活动运营

事实上，活动运营是企业进行新媒体运营效果最显著的方法。企业在新媒体的平台上开展活动，是扩大知名度、新增用户以及增加用户黏性的有效手段。如果企业要开展活动运营，那么首先就应该综合考虑活动的背景、目标、规则以及结果这四个因素。

常见的新媒体线上活动主要包括红包、签到、抽奖、游戏、有偿投稿、有奖转发等。值得注意的是，无论运营者采用何种方法开展运营，都应该持续地跟进每个过程并且做好反馈，这样才能让运营的效果最大化。

四、新媒体营销运营与电商平台

（一）电商平台运营的主要因素

销售行为的达成是电子商务运营的主要目的，平台流量、平台转化率、客单价都对平台总交易额具有重要影响。总交易额是平台交易销售情况的直观体现，该数据由上述三大影响因素相乘得来。

1. 平台流量

在电子商务平台中，流量主要来自三个渠道。

首先，平台流量来源于网页直接访问，采用直接访问网页方法的用户一般都是平台的忠实用户，其中的大部分消费者会将网页直接收藏或者列为书签，从而使下一次登录、使用平台更加方便快捷。基于此类用户的使用需求，平台设计与开发者要使其域名简练，还要设计保留网页收藏功能，另外还应在设计版面内容时融入品牌宣传内容。

其次，平台流量来源于第三方软件超链接点击，这主要得益于新媒体技术的迅速发展。举例来说，在使用微博过程中，只要用户点击微博页面的某个应用软件链接，手机就会开始在线下载软件或者打开该软件。从这个角度分析，电商平台应注意建立与第三方媒体软件的合作关系。

最后，平台流量来源于关键词搜索。在设计电商平台页面时，大多数设计师都会将关键词放在相关产品页面便于用户自行选购，这些信息也被收纳在门户网站中，当用户使用浏览器搜索相关词汇就能找到并访问与之相对应的电商平台页面。搜索引擎的流量种类有付费流量和自然流量，竞价的投放广告带来优势的同时也有一定的弊端，平台可以通过新媒体营销做平台的 SEO 优化，以提高自然排名，从而从搜索引擎渠道增加流量。①

2. 平台转化率

影响平台转化率的电商平台要素多种多样，下面将对其进行简要分析。

---

① 刘瑞瑞．新媒体营销对电商平台运营的影响研究［J］．营销界，2021（18）：7-8.

第一，电商平台转化率受到商品品牌的影响。依据以往消费经验与大众口碑，社会上各种各样的产品品牌具有不同知名度和影响力，一般情况下，消费者更愿意选择那些以前购买过并获得良好使用感受的产品。在面对完全陌生的消费领域，消费者更愿意选择相对知名的品牌。

第二，电商平台转化率受到产品详情页信息含量的影响。产品详情页最基本的设计要求就是使消费者充分明确产品的基本信息与主要亮点，比如，在线上销售衣物的过程中，消费者需要知道尺码信息、细节做工等，这些都应该成为衣物类详情页面的重要内容。另外，选用不同身材的模特拍摄图片可以为消费者提供参考，有利于强化消费者的购买欲望。

第三，电商平台转化率受到产品自身品质的影响。平台选择合作品牌阶段应尽量选择那些知名度较高的品牌，通过审查系统保证平台产品供给质量。

第四，电商平台转化率受到售后服务的影响。在消费者支付成功后，商品物流、客服问答、消费者评价等都是重要的售后服务环节，顾客在整个购买过程中获得良好的消费体验能够深化对于平台与品牌的良好印象，进而有效提升客户黏性。因此，平台应充分重视售后环节，应培养专业的销售客服，完善商品物流体系与评价机制。

3. 客单价

交叉推荐的合理性、平台定价以及优惠活动力度等都会在不同程度上对客单价产生影响。

（二）新媒体营销运营对电商平台的机遇与挑战

在新媒体时代下，电商平台支付方式发生了一定的变化，由以前的电脑支付发展到现在的手机支付。技术手段的不断进步是电商平台发展过程中面临的一大机遇。现如今，很多电商平台都设置了身份识别功能。消费者可以通过加密且唯一的数字、口令解锁软件或进行支付，通过实名认证的账号具有唯一性，可有效增强消费者平台消费的安全性。另外，各大电商平台还利用防火墙设置增强网站的安全性与防御性，得益于此设置，消费者支付过程的安全性大大提升。新媒体环境下，许多创新性因素层出不穷，但也要注意充分利用传统媒体环境中的发展机遇，基于此，应建立新媒体环境与传统媒体环境的有机融合，利用各方资源实现平台的进步与完善，不断提高其知名度。面对传统零售行业中滞销的产品，可以利用新媒体技术加大对其宣传力度，通过现代物流体系扩大传统销售商品的销售范围。总的来说，电子商务有效促进了货品流通，有效节省了消费者的选购时间，有效降低了商家运营成本。

网络技术的飞速发展促使“互联网+”模式迅速发展起来，人们能够运用网络平台完成交易活动，这种新媒体时代下的线上交易环境为人们带来了极大的便利，但也应注意到，一些不法分子借机钻漏洞，安全防御系统的不完善增加了消费者支付行为的危险系数。另一方面，电商平台产品同质化已经成为不可避免的运营问题，在此情况下各个电商平台只能通过价格战吸引用户消费；进一步来看，售价的降低在一定程度上影响着产品的生产质量。这加剧了平台之间的恶性竞争，不利于商家与平台的长远发展。除此之外，一部分电商平台存在对入驻商家、入驻产品质量监管不严的问题，消费者有时会买到与展示品完全不同的产品，这大大降低了消费者对平台的信任度。

电商平台与新媒体的融合发展是大势所趋，其将传统电商行业的便捷性、稳定性与新媒体的高速传播、创新性整合在一起，具有多重优势，有效增加了电商平台、销售产品的曝光率，有利于加强营销与宣传以实现新媒体向电商平台的引流。

（三）新媒体营销运营与电商平台结合的策略

传统的营销方式下，电商平台通过数字媒介传递商品信息，消费者在其模式下的消费活动是被动的，经过搜索排在平台产品前列的商品更容易吸引消费者的注意。一般情况下，平台展示商品会通过文字表述、图片展示等形式向消费者传递相关信息，但其文字不可尽信，其图片也因拍摄技术、设备条件的差异而有所不同，消费者在传统电商平台搜索商品后只能被动地接受产品信息，其选购商品的真实性有待增强。利用新媒体技术，传统电商平台可以使消费者的消费行为由被动变为主动。比如，电商平台可以通过带货直播等方式让消费者更全面地了解产品信息，通过触发消费者的多重感官体验激发其购买欲望和兴趣，这种线上销售方式在有效增强平台与消费者双向互动特性的同时，还将社交功能引入电商平台，增强了消费活动的趣味性。

五、新媒体营销运营与网店

（一）新媒体营销运营下网店的注意事项

1. 选择合适的新媒体推广平台

随着新媒体技术的迅速发展，不同类型的新媒体平台应运而生。不同商家的品牌形象与产品特质是不同的，商家应根据平台用户群体特征、产品与销售理念，选择适宜的推广平台。线上店铺的成立应当注重潮流元素的应用，应当根据消费群体的心理特征、消费行为等选择与之相符合的新媒体平台。现如今，在新媒体平台上开网店已经成为诸多企业进行产品推广的必然选择。网店运营者必须全面了解新媒体主流平台有哪些，如直播平台、短视频平台、长视频平台、音频平台、社交平台、问答平台、自媒体平台等，虽然新媒体平台会不断发展和更新，但是网店运营者要谨记“用户为上，内容为王”的准则，把握时势，计算投资成本，多尝试不同的新媒体平台，并找到适合网店的主阵营。①

2. 确立账号定位，实现内容深耕

线上店铺的设计与运营应与其所属品牌相符合，基于此，账号内容与风格应充分参考其所属品牌定位，根据品牌形象、企业文化等设计、完善账号内容。正确的账号定位是网店经营成功的重要前提，要使账号定位与消费者内心预期相符合，不能为了创新而创新进而导致顾客黏性下降。这样一来，其品牌在新媒体市场环境中的占有率会下降，竞争力与吸引力也会受其影响。具体来说，网店店主在展示商品时应合理注入品牌信息，凸显品牌价值与特点，结合产品实际与新媒体技术将其亮点生动展现出来。另外，线上店铺也要在新媒体环境下实现内容深耕，围绕当下社会热点或者经典话题等向消费者传

① 陈娜那．新媒体时代网店运营营销推广方式变革的研究［J］．营销界，2021（33）：39-40.

达正确价值观，通过延伸营销内容吸纳更多关注者。在具体谈论过程中应注意保持正确价值观的指引，尽量选择那些比较贴近实际的问题，避免文不对题。

（二）新媒体营销运营与网店结合的策略

1. 正确定位品牌，选择合适平台

在新媒体环境下开办网店要明确网店品牌的定位。首先，要认真谨慎分析网店销售与运营的实际情况，要充分认识到自己的不足之处，扬长避短以凸显网店品牌的优势。其次，在进行推广宣传过程中，一定要坚持正确的价值导向，遵守国家法律法规以及相关政策，坚定爱国主义立场，并在此基础上对社会时事热点进行评价，增强消费者对品牌的认同感，使消费者对网店品牌留下深刻而又良好的印象。

新媒体运营环境下，网店经营需要选定一个合适的新媒体平台，这是网店经营与宣传成功的基础条件。在选择过程中，应当从以下几个方面进行考量：首先，入驻平台应具有较大的影响力和较高知名度，这样的平台往往拥有较大的用户基数、较活跃的互动交流，在入驻以后，网店的粉丝数量也会相对较多；其次，要充分调研品牌忠实顾客对所选定新媒体平台的满意程度，大部分新媒体用户不会因为所喜爱的品牌选择另一平台入驻就随之转换阵地；再次，平台管理是否到位直接影响着消费者的使用体验，因此应选择那些管理科学严谨的平台；最后，入驻新媒体平台应充分考虑成本因素，要使其支出在合理预算范围内。

2. 增强学习能力，掌握运营技能

社会实践是不断发展前进的，这就要求网店运营者不断增强学习能力、熟悉运营技能。一般情况下，其应当具备以下几种能力。

首先，运营者应当具备写作技能。产品文案的编辑、文章内容的编写、价值观点的输出等都对运营者提出一定的要求，即拥有一定的文字加工水平，能够围绕商品与品牌开展多方向的延伸探讨。

其次，运营者应当具备图片、视频加工与处理技能。当然，要想实现良好的宣传营销效果，必须以运营者具备一定审美水平与能力为前提。

再次，运营者应当具备数据与信息分析技能。基于大数据等先进技术的新媒体平台能够为运营者提供众多运营数据，运营者应增强对信息的敏锐感知，通过分析信息与后台数据为网店运营的进一步发展提出合理化建议。

最后，运营者应具备较高的用户运营能力。运营者服务于新媒体关注者，服务于消费者，为了加深消费者与品牌之间的联系，运营者必须重视维护关注者与账号之间的有效沟通与紧密联系。

3. 学会矩阵运营

为了增加网店营销推广的宣传力度，也为了提高网店的知名度，网店运营者应学习矩阵运营并熟练应用。矩阵运营，就是同一主体在不同平台开设多个账号的管理与运营过程。有效的矩阵运营能够为网店带来巨大的经济效益。在具体运营与管理过程中，应实现内外矩阵的双向发展。内矩阵运营要求运营者对每个新媒体平台账号都能够认真对待，不能马虎大意、得过且过，在平台内要进行多方位的品牌定位，实现品牌宣传的立体化，丰富产品理念与企业文化的层次感；外矩阵要求运营者增强对信息的敏锐感知，

充分了解各个平台用户兴趣并据此设置账号头像、昵称等，根据不同平台实际变化适当调整营销与推广内容，把握不同新媒体平台的风向，充分了解消费者心理以实现流量吸引与引导，不断提升产品与品牌的亲民性、知名度。运营者要实现内外矩阵营销活动的融合，根据其品牌定位、产品理念等稳定其营销内容的核心观点，促使网店形成独特的营销与宣传特色。

第五章　思考搜索引擎营销理论与技巧

现如今，比较知名的搜索引擎有谷歌、百度等，其网页界面包含众多营销信息。本章将简要介绍搜索引擎营销的基本知识，使读者明确该营销方式的基本模式与推广技巧，并对其营销策略进行总结，最后将对其应用展开分析。

第一节　搜索引擎营销概述

一、搜索引擎概述

（一）搜索引擎的概念界定

简单来说，搜索引擎就是一种向用户提供信息的系统。在具体运行过程中，搜索主要涉及对信息的搜集、组织、处理、展示等环节，是基于互联网技术与计算机程序的特定系统，应用范围极为广泛。百度和谷歌等是搜索引擎的代表。①

（二）搜索引擎的具体类型

1. 全文索引

以目前来看，全文索引是一种主要的搜索引擎，前文中所提及的谷歌和百度正属于该类型。这种搜索引擎拥有一个庞大的数据库，是其他网站综合得来的，以文字为主要表现形式。具体来说，全文索引又可以被分为两类——自建数据库的全文索引和租用数据库的全文索引。前者拥有独立的检索程序；后者只能租用其他引擎的检索程序。

搜索引擎的自动信息搜集功能分为两种：一种是定期搜索，即每隔一段时间，搜索引擎主动派出“蜘蛛”程序，对一定 IP 地址范围内的互联网站进行检索，一旦发现新的网站，它会自动提取网站的信息和网址，加入自己的数据库；另一种是提交网站搜索，即网站拥有者主动向搜索引擎提交网址，它在一定时间内定向向网站派出“蜘蛛”程序，扫描其网站并将有关信息存入数据库，以备用户查询。由于近年来搜索引擎索引规则发

① 王召义．网店推广［M］．合肥：中国科学技术大学出版社，2013：47.

生很大变化，主动提交网址并不能保证该网站能进入搜索引擎数据库，目前最好的办法是多获得一些外部链接，让搜索引擎有更多机会找到该网站并自动将其收录。

当用户以关键词查找信息时，搜索引擎会在数据库中进行搜寻，如果找到与用户要求内容相符的网站，便采用特殊的算法——通常根据网页中关键词的匹配程度、出现的位置、频次、链接质量——计算出各网页的相关度及排名等级，然后根据关联度高低，按顺序将这些网页链接返回给用户。这种引擎的特点是查全率比较高。

2. 目录索引

目录索引也称为分类检索，是因特网上最早提供 WWW 资源查询的服务，主要通过搜集和整理因特网的资源，根据搜索到网页的内容，将其网址分配到相关分类主题目录的不同层次的类目之下，形成像图书馆目录一样的分类树形结构索引。目录索引不需要输入任何文字，只要根据网站提供的主题分类目录，层层点击进入，便可查到所需的网络信息资源。

虽然有搜索功能，但严格意义上不能称之为真正的搜索引擎，因为它只是按目录分类的网站链接列表而已。用户完全可以按照分类目录找到所需要的信息，不依靠关键词进行查询。目录索引中最具代表性的莫过于大名鼎鼎的 Yahoo、新浪、搜狐（搜狗）分类目录搜索。

3. 元搜索引擎

元搜索引擎接受用户查询请求后，同时在多个搜索引擎上搜索，并将结果返回给用户。著名的元搜索引擎有 InfoSpace、Dogpile、Vivisimo 等，中文元搜索引擎中具代表性的是搜星搜索引擎。在搜索结果排列方面，有的直接按来源排列搜索结果，如 Dogpile；有的则按自定的规则将结果重新排列组合，如 Vivisimo。

（三）搜索引擎的原理分析

1. 搜索引擎的基本结构分析

搜索引擎是一个专用的 WWW 服务器，各搜索引擎的具体实现不太相同，但一般都包含 Robot、分析器、索引器、检索器和用户接口五个部分。Robot 一般采用广度优先或深度优先的策略，对 Web 进行遍历并下载文档；然后分析器对 Robot 下载的文档进行分词、过滤和转换等分析，提供给索引器使用；索引器将文档显示为一种便于检索的形式存储于索引数据库中，用户通过用户界面发出检索请求，检索器就从索引数据库中找出与用户查询请求相关的文档；用户接口为用户提供可视化的查询输入和结果输出界面。

2. 搜索引擎的工作原理

究其本质而言，搜索引擎的工作原理属于技术层面的问题，企业营销人员只有熟悉并掌握了其工作原理后，才能根据企业实际营销环境制定出合理的搜索引擎营销策略。搜索引擎有自然搜索、目录索引、付费放置三大基本技术原理①。

（1）自然搜索

自然搜索指的是搜索引擎找到与搜索请求最相匹配网页的方法。首先，搜索引擎需要建立一个搜索索引数据库，以便用来存储网页上找到的词以及这些词所属的网页清单，

---

① 朱中平．搜索引擎营销的原理与模式分析［J］．中国市场，2009（45）：93-94.

它汇集了所有已在搜索引擎上登记的网页。搜索索引数据库的建立有赖于一个特别蜘蛛程序来实现其自动信息搜集功能。其次，搜索索引数据库建立完成以后，搜索引擎便开始分析搜索用户请求。再次，搜索引擎将检索结果进行排序。不同的搜索引擎有不同的相关性排序算法，但是所有的搜索引擎都有一定的共性标准技术，如关键词密度、关键词突出度以及链接流行度就是最重要的三个算法要素。最后，用户根据对检索结果的判断选择有兴趣的信息并点击 URL 进入信息源所在网页。

（2）目录索引

目录列出了与它的主题类别列表中与主题最相关的网站列表。而目录列表曾是最早的搜索付费载体，一般都使用在目录网站上，它是将网站分门别类地存放在相应的目录中，因此用户在查询信息时，可选择关键词搜索，也可按分类目录逐层查找。分类目录的整个工作过程分为收集信息、分析信息和查询信息三部分，只不过分类目录的收集、分析信息两部分主要依靠人工完成。营销人员可将企业网站提交给目录网站，以使网站显示在适当的主题类别之下。

（3）付费放置

相比自然搜索用户点击率低、获得好的排名时间较长、维护工作量大的情况，付费放置比较容易控制、见效快、维护工作量较小。付费放置不是在搜索索引库中去寻找与客户搜索请求相匹配的网页，而是在一个广告主提交的存储所有关键词列表的网页的数据库中去寻找。这就是付费放置与自然搜索最大的差别所在，自然搜索按照相关性规则进行排序，而付费放置则依据“竞价排名”，即谁出钱最多，就将谁排在付费放置结果的最前面。

二、搜索引擎营销的定义与特点

（一）搜索引擎营销的定义

搜索引擎营销，是英文 Search Engine Marketing 的翻译，简称为 SEM。它就是根据用户使用搜索引擎的方式，利用用户检索信息的机会尽可能将营销信息传递给目标用户。简单来说，搜索引擎营销就是基于搜索引擎平台的网络营销，利用人们对搜索引擎的依赖和使用习惯，在人们检索信息的时候尽可能将营销信息传递给目标客户。

搜索引擎营销主要的一个思想就是，要让用户能直接发现信息，同时可以有意识地点击网页了解产品信息。对搜索引擎策略进行分析与介绍时，可以清楚的是，搜索引擎优化设计的目标有两个层次：被搜索引擎收录、在搜索结果中排名靠前。这已经是常识问题，多数网络营销人员和专业服务商对搜索引擎的目标设定也基本处于这个水平。但从实际情况来看，仅仅做到被搜索引擎收录并且在搜索结果中排名靠前还是不够的，因为取得这样的效果实际上并不一定能增加用户的点击率，更不能保证将访问者转化为顾客或者潜在顾客，因此只能说是搜索引擎营销策略中两个最基本的目标。

（二）搜索引擎营销的特点

与其他网络营销相比，搜索引擎营销有其自身的鲜明特点。搜索营销最主要的工作是增加搜索引擎在营销业务中的比重，通过对网站进行搜索优化，更多地挖掘企业的潜在客户，帮助企业获得更高的转化率。其主要体现出以下四个方面的特点。

1. 主动搜索

网络营销“拉”的价值高于“推”的价值。在电视、平面时代，广告主要靠推的方式传达信息给消费者，有一定的强迫性。但在网络时代，网络广告要纯靠“推”就很难奏效了。毕竟对于一个网民而言，如果他不单击广告，这个广告就无法传达有效的信息。而搜索的行为则是由消费者发起的，是主动性的，其“拉”的作用更为明显。

正是由于消费者接收信息的习惯的改变和网民使用搜索引擎规模的不断扩大，给了搜索营销新的发展空间，更多的应用形式也正在被一一开发。网民获取信息的途径正在改变，排在网民使用最多的网络服务前三位的是搜索引擎、浏览互联网和收发邮件，搜索引擎的增长率非常高。而消费者行为同样在发生改变，越来越多的消费者习惯在做出购买决定前先进行搜索。网络搜索已成为网民获得各种各样信息的首选方式，搜索引擎的营销价值也从 IT、汽车、房产等领域逐步向日用消费品等领域扩张。

2. 定位精准

搜索引擎具有先天的营销优势，与传统媒体被动推送信息不同，在搜索引擎上，消费者在主动寻找感兴趣的产品和信息。他的搜索行为本身就表明了对产品的兴趣，因此营销行为就更加精准，而精准无疑是所有广告主最关注的。越来越多的广告主已经不只是希望能找到精准的目标受众和目标消费者，而是希望能让潜在客户轻松找上门。企业营销管理也已经进入了“精准营销”时代，企业比任何时候都需要与目标消费群体进行精准沟通。搜索营销就是让目标客户主动找上门，给他们所需要的信息，牢牢锁住了目标客户群体。潜在消费者是“我需要信息，所以我单击你”，而不是被动接收信息了，所以搜索营销的目标客户群体定位非常精准。

3. 覆盖广泛

搜索引擎营销是在全球最大的搜索和网络平台上进行推广，覆盖面广泛。搜索引擎营销的客户群是全世界的，市场具有全球性，针对的目标客户的范围极其广泛。营销的最终目的是占有市场份额，由于互联网能够超越时间约束和空间限制进行信息交换，使得营销脱离时空限制进行信息传播变成可能，企业有了更多时间和更大的空间进行营销，可随时随地提供全球性营销服务。

4. 成本可控

搜索引擎营销仅当用户单击广告时，广告主才需要支付费用。只用几分钟，就可以让广告主的广告展示在搜索到的页面上。搜索引擎营销能有效避免恶意单击，减少无效支出。需要指出的是：随着搜索竞价商业模式而诞生的“单击欺诈”问题把搜索引擎推向了尴尬的境地。

三、搜索引擎营销的商业价值解读

互联网给人们带来了海量信息，但应该清楚的是，人们的注意力是有限的，面对海量信息，人们只能看到某些内容，大多数的信息被淹没了。对于企业来说，如果其产品信息可以为人们所看到，那么，其产品竞争力将会更强，而要做到这一点，搜索引擎营销将会发挥重要作用。

（一）成本不高，能扩大企业宣传的范围

搜索引擎营销的最大功能就是让目标客户能主动地来找企业，当然，服务商给企业带来的曝光并不是免费的，其会根据目标客户的访问量进行收费。相比广告来说，这样的一种形式的性价比会更高一些。不少企业就是考虑到了搜索引擎营销的优势才会选择这一营销手段，其优势是多种多样的，主要表现为营销成本低且效果不错。大企业往往肯在营销上花钱，因而其产品往往能够获得人们的普遍关注。与大企业相比，小企业在这方面并不具备优势，但搜索引擎营销的成本不高，能帮助这类企业全面地展示自己的产品，从而使其也可以在激烈的企业竞争中占据一席之地。

（二）能方便企业进行网上市场调研

搜索引擎在帮助企业找到更多的目标客户的同时，也让其能更加清楚地了解其他竞争者的动态，通过在搜索引擎中输入关键词，可以看到竞争者的产品信息、经营状况等内容。可见，搜索引擎已经成为一种价值极高的市场调研工具。企业不仅可以利用搜索引擎去了解其他竞争者的相关信息，而且还能对整个市场营销大环境予以了解，甚至可以全面地认识政府制定的各种方针政策，了解普通民众的消费水平，等等。

（三）能显著提升企业网络品牌的影响力

搜索引擎营销展现出了极高的营销价值，这可以从许多方面体现出来，不仅可以从网站推广上体现出来，也可以从产品促销上体现出来，甚至可以从企业网络品牌的建立上体现出来。绝大多数企业采用搜索引擎营销这一手段的主要目标就扩大品牌的影响力，使更多的消费者可以认同自己的品牌，进而增加消费者对产品信息的访问量，甚至使其能购买产品。企业的品牌影响力受到许多因素的影响，网站的搜索引擎的可见度也会对其产生不小的影响，尤其是对那些大型企业与知名企业来说，因此，企业必须要关注自己的网站在搜索引擎中的具体表现情况。这是网络社会，企业品牌影响力扩散的主要渠道就是网络，倘若一个企业没有经过自己的努力形成属于自己的网络品牌，那么，其可能就会为庞大的网民群体所遗忘。

（四）能促进企业产品的推广

搜索引擎给企业带来的不只是强大的能量，甚至可以称之为一种“定向”流量，这是因为搜索引擎带来的客户都是自己通过关键词搜索找到相关产品的客户，一般来说，这些客户都是企业关注与宣传的重点。搜索引擎会最大可能地将搜索者需要的信息传递给他们，同时，经过对各种信息的分析与整理，又能让搜索者更加轻松地搜索到自己想要的信息。在搜索引擎的加持下，销售与购买之间的联系更加紧密，同时，消费者与采购商能更加主动地进行一些操作，供应商和零售商能根据消费者实际的需求给其提供针对性信息，因此，精准营销就这样实现了。

通过上述分析可以知道，对于网民来说，搜索引擎是非常重要的，它能帮助人们获取更多全面的、有效的信息，因此可以说，搜索引擎已经成为当前网民非常喜欢的信息获取渠道。同时，对于企业来说，利用搜索引擎传递信息能在提高信息传播效率的同时，也能降低信息传播的成本。因此，企业也十分喜欢利用搜索引擎来推广自己的产品，为消费者提供多样的服务。企业要想在当今的网络社会中赢得一席之地，其就需要对搜索引擎的运行特点做到清楚掌握，同时还应该细致梳理传统营销理论，将二者结合起来去制定更加完善的电子商务策略，用来吸引消费者，从而使搜索引擎的最大作用发挥出来。

四、搜索引擎营销的目标

第一个是搜索引擎营销的存在层，其目标是增加在主要的搜索引擎/分类目录中被收录的机会，这是搜索引擎营销的基础，离开这个层次，搜索引擎营销的其他目标也就不可能实现。搜索引擎登录包括免费登录、付费登录、搜索引擎关键词广告等形式。存在层的含义就是让网站中尽可能多的网页被搜索引擎收录（而不仅仅是网站首页），也就是增加网页的搜索引擎可见性。

第二个目标则是在被搜索引擎收录的基础上尽可能获得好的排名，即在搜索结果中有良好的表现，因而可称为表现层。因为用户关心的只是搜索结果中靠前的少量内容。如果用主要的关键词检索时网站在搜索结果中的排名靠后，那么有必要利用关键词广告、竞价广告等形式作为补充手段来实现排名靠前这一目标。同样，如果在分类目录中的位置不理想，则需要同时考虑在分类目录中利用付费等方式实现排名靠前。

搜索引擎营销的第三个目标则直接表现为网站访问量指标方面，也就是通过搜索结果点击率的提高来达到增加网站访问量的目的。由于只有受到用户关注、经过用户选择后的信息才可能被点击，因此可称为关注层。要通过搜索引擎营销实现访问量增加的目标，则需要从整体上进行网站优化设计，并充分利用关键词广告等有价值的搜索引擎营销专业服务。

搜索引擎营销的第四个目标，即将访问量的增加转化为企业最终实现收益的增加，可称为转化层。转化层是前面三个目标层次的进一步提升，是各种搜索引擎方法所实现效果的集中体现，但并不是搜索引擎营销的直接效果。从进行各种搜索引擎策略到产生收益，期间的中间效果表现为网站访问量的增加。网站的收益是由访问量转化所实现的，访问量转化为收益则是由网站的功能、服务、产品等多种因素共同作用而决定的。因此，第四个目标在搜索引擎营销中属于战略层次的目标。其他三个层次的目标则属于策略范畴，具有可操作性和可控制性的特征，实现这些基本目标是搜索引擎营销的主要任务。

五、中国搜索引擎营销模式发展趋势

尽管现在许多企业都会选择搜索引擎来进行产品的销售与品牌的推广，但如果谈到搜索引擎营销的实际应用问题，就可以发现，其应用程度并不高，其作用并没有被真正发挥出来。首先，从搜索引擎营销模式上来看，企业不应该总是单一地进行搜索引擎广告的购买，或者是对搜索引擎予以优化，而是应该把二者结合起来，甚至在企业营销战略体系中置入搜索引擎营销，最大限度上提升企业营销的层次；其次，从营销形式上来看，搜索引擎的作用将会更加突出，其营销形式也不再单一化，变得更加多元；最后，搜索引擎能在更加深层次上完成新的整合。搜索引擎营销既可以和其他新的营销方式整合，同时也可以和传统的营销方式整合，网络媒介和传统媒介合理搭配，线上和线下渠道有效搭配，可以让产品或服务从海量的信息中脱颖而出，这既保证了用户的产品服务体验，同时也能进行有效的营销推广。①

第二节 搜索引擎营销模式与推广技巧

一、搜索引擎营销模式

（一）主要的搜索引擎营销模式

1. 搜索引擎优化

搜索引擎优化是指按照规范的方式，通过对网站栏目结构、网站内容、网站功能和服务、网页布局等网站基本要素的合理设计，提高网站对搜索引擎的友好性，使得网站中尽可能多的网页被搜索引擎收录，并且在搜索引擎中获得好的排名，从而通过搜索引擎的自然搜索获得尽可能多的潜在用户。搜索引擎优化的着眼点并非只考虑搜索引擎的排名规则，更重要的是为用户获取信息和服务提供方便。② 同时，在建立搜索引擎的过程中还应与传统的营销理论相结合，分析目标客户群，研究不同消费阶层的心理，分析他们对关键词的界定，可以使企业在关键词的选择上有的放矢。

2. 固定排名

固定排名是指企业与搜索引擎供应商商定以一定价格将公司网站放置在固定位置上的一种方式。这种方式使企业网站不必为了与竞争对手争夺排名而陷入非理性的关键词价格战，但当市场上某一关键词变成“冷门”时，企业却仍然要以“热门关键词”的固定高价去取得好的排名，这造成了企业资源的浪费。

3. 关键词竞价排名

关键词竞价排名的前后可根据企业出价的高低来决定。随着搜索引擎技术的发展，“混合竞价排名”的方法出现，即除了价格以外，还要以网站点击率的高低，点击次数为收费依据，也就是按效果付费，这样有效避免了企业打高价格战的恶性循环。竞价排名是一种高度优化的资源配置方式，当企业使用竞价排名以后，增强了广告的针对性，只要用户没有进入企业的网站，企业就不需要为这种推广付费，有效地节约了广告投入。

（二）搜索引擎营销模式存在的问题

搜索引擎营销在给企业带来巨大利益的同时，也存在一些不小的问题，这些问题主要体现在以下几个方面。

---

① 黄玲．我国搜索引擎的营销模式分析［J］．中外企业家，2016（1）：108.

② 方英．搜索引擎营销模式及其商业价值分析［J］．商业时代，2009（3）：33.

1. 搜索引擎营销过程中的商业道德问题

（1）搜索引擎平台高垄断引发“公平”质疑

当前，搜索引擎关键词广告费用有所增加，之所以会出现这样的一种情况，主要原因就是互联网上存在大量的同类网站，但搜索引擎推广空间是有限的，这些网站要想获得搜索引擎推广空间，那么，其要做的就是支付更多的费用，否则用户根本就看不到它们的信息。当前，竞价排名已经成为搜索引擎巨头们主要的经营模式，巨头们会将那些愿意支付高价的网站放在搜索的前面，用户在搜索时会最先看到这些网站。但这些网站往往是通过价格优势来获得排名的，因此，对于用户来说，其所看到的信息并不一定是最优的信息，因而可能会对其判断产生影响。此外，搜索引擎服务商在变动各网站的排名时并没有一些明确的、可以给用户公开的条款，也不会将变动的结果通知用户，这导致用户很难与搜索引擎服务商进行合理而流畅的沟通。当前的竞价排名制度无法让用户获得最为真实的信息，因此，用户会对搜索引擎的公平性产生了怀疑。

（2）搜索引擎关键词广告存在的商业风险

用户经常通过搜索自己所需的产品或服务的关键词来获取产品或服务的相关信息，搜索引擎将关键词广告作为连接其与广告客户的媒质。如今，一般关键词广告都是依据点击率进行费用支付的，也就是说，用户每次点击关键词广告，广告客户都要向搜索引擎经营者付费，而且作为广告发布平台的第三方网络运营商也能够从中获取相应的收益。但这一营销模式存在着无效点击的弊端，无效点击分为恶意点击及非受众群体的无意点击。恶意点击通常表现为点击欺诈，点击欺诈非常常见，它可以是竞业企业耗费广告客户投入的手段，也可以是搜索引擎经营者获取更高额收益的方法。此外，非受众群体的无效点击也是企业难以避免的问题，这主要表现为用户所需信息与关键词广告提供的信息出现了偏差。例如，用户想要寻求某本书中的知识点，但并没有购书计划，这样点击对商品的实际推广并无作用，但广告客户依然需要为点击“买单”。而且，广告客户使用并支付关键词广告费用的期限往往是一年，在这一年中，即使关键词的链接网站不再运营，也无法主动要求和搜索引擎经营者中止合同，只得由搜索引擎经营者自行检测并进行删除。同时，搜索引擎经营者推出的关键词广告为了追求高效，往往要求广告客户自己提供关键词和链接地址，并赋予其随时改动的权利，所以具有较高的虚假广告、恶意广告的风险。

2. 搜索引擎营销过程中的违法行为

（1）利用搜索引擎技术实行侵权行为

搜索引擎作为搜索引擎营销得以实现的技术工具，其基础在于链接技术。一般常见的方式包括关键词链接目的网页以及互补类网站之间互设关联链接。链接技术本身是中立性的，利用链接技术进行商品的推广或信息的收集往往都视为合法的竞争方式。但并非所有使用方式都是正当且合法的，现实中存在大量通过链接技术的侵权行为。例如，有些商家使用私服、外挂等链接技术实行盗版，侵犯他人知识产权；有些商家通过分割网页视窗的加框链接方式，把其他网站内容“搬运”到自己的网页上，用户进入链接后，该网页的广告将一直存在，而地址栏则显示的是其他网站网址，误导用户做出链接内容是网站构成的判断，以此减少被链接网站广告的进入量，使其他网站广告推广效果大打折扣，属于典型的广告侵权行为。不过，侵权行为的发觉和举证一直以来存在较大困难，一方面是由于侵权行为本身不易被发现，另一方面很难清晰地证明设置链接者存在故意。

（2）搜索引擎个人资料收集可能引来“隐私权”侵害

消费者调查和市场调查一直是商家营销策略最基本的部分，搜索引擎营销中个人信息在体现商业价值的同时，可能出现非法收集、利用个人信息的情况，最常见的是采用 Cookies 技术保存用户在网站上留下的信息，诸如浏览路径、交易记录、问卷内容等，然后针对用户特点发布广告，大部分垃圾邮件就是由此产生的。我国法律尚未对 Cookies 做任何规定，法律的欠缺致使许多网站肆意使用 Cookies 技术收集个人信息，侵犯个人隐私。更有甚者将收集到的用户个人信息收费提供给商家网上搜索，作为商品出售给商家二次开发利用，这是一种更严重的侵犯隐私权的行为。

3. 搜索引擎营销过程中的技术问题

（1）关键词广告销售模式存在的弊端

关键词搜索引擎广告是按实际发生的广告点击数来向搜索引擎支付广告费用的一种广告形式。客户的广告排名主要由竞标价格决定。它们一般以“赞助链接”的形式出现在搜索结果的左侧或顶端，有时也会出现在自然搜索结果中。

这种广告方式的盛行决定了它在竞争上的激烈性。供不应求的市场局面亦使广告点击价格水涨船高。热门关键词的每一次点击的价格往往高达五六美元，这是非有一定实力的公司所承受不起的。从长期效果考虑，其投资收益回报不及搜索引擎优化。

（2）搜索引擎优化的不足

搜索引擎对自然结果的排名算法并非一成不变，而它一旦发生变化，往往会使一些网站不可避免地受到影响。因而搜索引擎优化存在着效果上不够稳定，而且无法预知排名和访问量的缺点。

由于不但要寻找相关的外部链接，同时还要对网站从结构乃至内容上精雕细琢（有时须做较大改动）来改善网站对关键词的相关性及设计结构的合理性。而且无法立见成效，所以要想享受到优化带来的收益，往往可能需要等上几个月的时间。

搜索引擎优化最初以低成本优势吸引人们眼球，但随着搜索引擎对其排名系统的不断改进，优化成本亦愈来愈高，这一点在热门关键词上表现得最为明显。

4. 搜索引擎营销过程中的服务弊端

搜索引擎营销中的地址栏搜索服务长期漠视用户选择问题，导致其推广业务的市场风评总体不佳，前景黯淡。流氓软件几乎是与网络信息营销捆绑在一起的“蠹虫”，而地址栏用户更是深受其害，当然，地址栏搜索服务也自食恶果，在中国市场多年的经营抵不过人们反流氓软件的热潮。地址栏利用流氓软件强行推广，尽管短期内能迅速扩大用户群体，但严重破坏了用户的体验。当用户安装应用软件或浏览网页时，地址栏会借此机会在用户电脑上安装插件，而用户往往对此一无所觉。这种强制性的、隐蔽性的推广，严重侵犯了用户作为网络消费者的选择权和知情权，使用户感到厌烦，不利于服务的稳定、健康、持续运营，最终只会黯然退场竞争市场。

二、搜索引擎营销推广技巧

（一）以超越竞争对手为依据，选择关键词

（1）企业必须认真调查竞争对手已经使用的竞价关键词以及竞争对手网站重点强调的关键词。竞争对手网站强调的关键词通常可以在其网站首页或频道页的标题、Meta 标签中找到。竞争对手重视的关键词企业也要重视。

（2）增添限制性用语、目标性用语等。加上地区名，如广西甘蔗、河南许昌腐竹等；增添目标性用语，如手机数据线批发等。

此外，不要过于依赖百度、谷歌等推荐的关键词，要创新开发，可以借助方言、口语等。

（二）对于一般自然流量关键词，不要采取竞价形式

若已经在检索结果中排在前面位置，肯定可以获得自然流量的关键词或短语，这些词就不需要再做竞价广告了。

（三）对每个关键词的效益予以检查

对于企业的关键词列表，要分批进行竞价测试。为了防止浪费，可以在测试阶段严格限制每天的预算。在测试时，首先要关注的是转化率，企业可以先指定一个页面（例如联系页、注册页、购买页）作为目标页，然后分析哪些关键词可以带来搜索引擎流量，访客会在浏览该关键词后转到目标页面中。这些关键词就是最有价值的关键词，即使流量并不高。百度、谷歌等搜索网站的关键词竞价是按点击付费的，没有点击并不花钱，因此即使流量不高的关键词，只要能够有好的转化率，照样是非常值得做的，即使一天只带来一个点击。

其次要关注的是二跳率或退出率。这两个词关注的内容差不多，就是从某个关键词来的访客，是否还会查看其他网页，或是打开检索到的那个链接就离开了。如果某个关键词带来的访客大部分对网站其他内容不感兴趣，那么这个关键词可能是非常低效的，大部分费用也就浪费了。这种情况通常发生在覆盖面比较广的关键词，例如激光。对于这类关键词，一般不要去做，因为投入产出比很低。

（四）对于高竞争词，要打时间差、位置差

企业要检查一天里每个时段的竞价排名情况。一般，在百度、谷歌等搜索网站购买关键词时，高竞争词（热门关键词），第一位的价格往往比第二、三位的高很多。通过搜索关键词来寻找网站的访客可以分为两种人：准备消费、交易的；仅仅是寻找信息看完就走的。这两种访客具有不同的行为特征，前者因为利益所系，比较倾向于不只看一个网站，连点几个检索结果的可能性很大。对于高竞价词，企业不一定要抢第一位，前 3 位都是不错的。如果第一页的价格都很高，就尽量选择第 10 位，因为常常有人点了前 4 位后，就去点最后一位。

（五）在网页描述方面，要明确企业的产品和服务

出于防止非受众群体无意点击关键词导致关键词广告成本不必要增加的目的，广告客户应当在关键词的网页中尽可能全面和详细地说明本企业的商品及服务，降低非受众群体的误击率。网页的首页就应当将重点内容放置在显眼处，不仅是主体栏目，子目录的重要内容也应在首页或子页通过链接反复出现，增强其存在感。搜索引擎通常会格外重视此类反复出现于网站内的链接，能够在一定程度上提升网页的辨识度和级别。网站首页的网页的级别之所以高于子页面，就是因为子页面都建立了连接首页的链接。

（六）以访客特征为依据，进行着陆页设计

着陆页指的是访客通过搜索引擎提供的链接所进入的网页。企业型访客进入网站后，若展示商品相对常见，访客或许会将注意力更多地投向商品企业的资讯，此种情形下，企业的信誉、口碑往往比商品本身更为关键；若展示商品较为稀有，访客则更倾向于了解商品，其后再与商品企业进行沟通。个人型访客更注重商品的说明信息，次之关注售前售后服务及商家资质等方面，因而此类内容可以被汇总设置在一处，争取使访客可以在最小翻阅量的情形下就出现消费意愿。

（七）对于低竞争度的关键词，可使用 SEO 优化替代竞价排名

关键词如果具有流量较大、竞争度较低且商业价值较高特性，可优先通过竞价排名获取流量，并不断优化关键词。因为竞争度较低，所以关键词优化的难度也较低，优化后的关键词不用继续竞价排名，以达到减少开支的目的。

此类竞争度不高的关键词不在少数，因而很难都被列在首页进行优化。竞争度较低和商业价值较高的关键词不仅能够在首页优化，也能够通过专题、频道、单页的形式予以优化。优化应当确定合适的搜索引擎优化服务者，尤为应注意遵循搜索引擎友好性原则，以防因超出限度而受到搜索引擎的惩罚。

（八）文章越丰富越能获得更多的自然流量

企业网站并非仅仅围绕自己的公司、产品和服务运营就表明自己是优质网站，从获得搜索引擎流量的角度来看，建议企业网站建立行业动态、相关知识等栏目，持续收录内容相关性高的文章。这样做有两个好处①：

（1）搜索引擎觉得企业经常更新，它会给出企业更好的排名权重。

（2）大量文章被收录后，自然会获得一些业务相关性强的搜索引擎的自然流量。一些低竞争度、高商业价值的关键词或短语若获得了较好的搜索引擎自然排名，可降低搜索引擎竞价的成本。

值得注意的是，建立的频道和收录的内容一定要跟企业的业务有较高的相关性，以避免搜索引擎觉得网站内容分散降低其专业权重。

---

① 宋沛军．网络营销理论与实务［M］．西安：西安电子科技大学出版社，2010：251.

（九）增加同盟站的数量，搜索引擎占位

围绕企业的业务，可以从不同角度多做几个站点，各自拥有独立域名。这些站点既可以以公司的名义出现，如做一个围绕公司和产品的网站，或者做一个围绕客户沟通的网站，或者做一个企业博客（如“商脉通”），或者做一个围绕相关产品知识的网站，也可以围绕行业动态或行业知识来做。尤其需要注意的是，竞争对手的网站包括什么内容，要设法覆盖这些内容。这些同盟站点，可以请人优化，以及大量增加内容获得更多收录、更多自然流量。然后，在企业的同盟站里，加入企业主站的广告，或者在文章里进行链接、推荐。

第三节　搜索引擎营销策略总结与思考

一、选择搜索引擎营销平台

（一）平台的覆盖能力

如果你的客户锁定于年轻时尚、看重性价比的人群，那么你最好选择那些聚焦这类人群的旅游服务平台。就目前来看，大多数旅游企业所提供的产品都是面向大众消费者的，那么百度搜索引擎营销平台就是较好的选择了。

（二）平台的技术能力

平台的技术能力包括平台的后台管理功能以及提供数据的丰富程度，这些直接影响到企业营销投放的管理和评估优化的能力。

（三）平台的服务能力

与其他营销方式相比，搜索营销更为复杂，需要企业投入更大的精力进行管理监控优化，而目前大多数中小型旅游企业还不具备这种能力，很大程度上需要搜索引擎平台来提供相应的咨询顾问服务。

二、确定搜索用户意图

用户在搜索引擎营销中占据主动地位，因为用户使用什么关键词进行搜索，在什么搜索引擎上搜索，在搜索结果中选择哪条结果点击进入，进入网站后会不会购买产品等等这些都是用户自己决定的。因此，企业若想在搜索引擎营销中取胜，就应该一步步地分析用户的行为和心理，吸引用户来到本企业的网站，最终给用户以深刻的印象，甚至促成销售。①

搜索引擎营销人员和搜索引擎平台有一个共同目标，就是为搜索用户提供与查询词相关的结果。企业在借助搜索引擎工具进行营销信息传递的过程中，其有效性是由用户决定的，用户可在搜索框中输入关键词，选择搜索结果，确定点击相关链接。浏览用户输入关键词进行搜索请求时，其需求的目的是不同的。浏览用户的心理过程是无法用理论进行判断的，只有通过考察浏览用户搜索行为的细节，总结用户行为的一般规律，才能理解用户搜索的意图，帮助网络营销者为搜索引擎返回的结果提供正确的信息。因此，制定搜索引擎营销策略的重要前提之一就是理解受众。

（一）用户使用搜索引擎的目的和搜索内容的类别

互联网用户使用搜索引擎主要基于三个目的：借助搜索引擎直接查询某个网站的网址（导航型搜索）、直接进行需求信息搜索（信息型搜索）和为购买商品或支付费用等进行的检索（交易型搜索）。互联网用户的搜索主要是信息型搜索、导航型搜索和交易型搜索。信息型搜索者（Informational Searchers）需要信息来回答他们的问题或者要了解新的主题，使用的搜索请求如"什么是"或者直接输入某个名词。随着互联网城名解析技术的不断发展，人们到达网站、网页的途径越来越便利和简化，而通过搜索引擎查找网站、网址、网点的用户所占比例大幅下降。随着中国网民的整体成熟度不断提高，其对于搜索引擎的应用更加熟悉，中国用户对于商业型内容的搜索需求将会得到进一步增加。

（二）用户选择搜索引擎平台和使用搜索词的习惯

搜索引擎用户使用关键词的特征关系到搜索引擎优化和营销战略的推广。所以，搜索用户关键词的使用习惯始终是搜索引擎营销人员和搜索引擎服务商关注的重要内容。

（三）用户对搜索结果的关注点

用户每次搜索时，搜索引擎都会返回成百上千个查询结果，这些结果当中有一部分是质量较高的结果，有一部分是质量很差的查询结果，用户需要根据结果的快照或摘要进行判断。一般来说，用户会选择他所认为质量比较高的页面进行点击浏览。用户点击的网页地址相当集中，大部分用户的点击都落在前面几页，这表明用户点击搜索结果具有很强的局部性。

相关研究表明，搜索结果在屏幕上显示的不同物理位置会使用户产生不同的视线模式。用户视线运动轨迹倾向于一个 F 型图案，首先关注屏幕左上角，关注的时间也最长，然后先浏览 2~3 个结果，再跨过页面移动到第一个付费结果，再垂直向下扫过几个结果，然后又移动回第二个付费结果。同时，更多媒体内容或者个性化搜索的出现，也会改变用户搜索模式。

（四）搜索引擎广告用户接受度

搜索引擎虚假、诈骗广告引发的不良事件近些年屡见不鲜，尤其是在医疗健康领域，

① 尹伟静．基于用户行为的搜索引擎营销策略研究［J］．电子商务，2011（1）：30-31.

虚假广告频现，个别国家明令禁止或限制的广告类别也会出现在搜索结果中，对消费者的搜索引擎使用体验造成了不良影响。对此，部分搜索引擎提供了网站信用认证服务，建立了消费者赔付机制，以保障消费者合法权益，全力营造可信的信息搜索环境。

三、搜索引擎营销推广策略

随着互联网用户对搜索引擎的日益依赖，搜索引擎营销逐渐成为企业网站和品牌推广的重要方式，而且在未来很长一段时期内，都将是企业重要的营销方式。[①] 分析搜索引擎营销推广经验，总结引擎营销推广策略，是十分有必要的。

（一）网站发布初期的推广策略总结

网站发布初期是指网站正式开始对外宣传到约半年的时间段，是企业网络经营的重要阶段。网站能否充分利用搜索引擎提供的服务获得展示给浏览用户的机会，关系到网站未来的生存和成长。

在网站发布初期，网络营销人员无法把握网站推广的效果，通常先采用搜索引擎登录模式，将网站的内容尽可能多地提交到主流搜索引擎平台上，争取网站获得更多被收录页面数和被链接数。根据各搜索引擎收录的时限（一周到一个月的时间），使用网站相关的关键词查看收录结果。为尽快实现用户认知的目标，网站被搜索引擎收录后，应利用网站发布初期拥有较充裕的网站推广资金的优势，向浏览用户首选和二选的搜索引擎平台购买一些关键词广告或竞价排名广告，在用户搜索结果关注热点区域，以获得展示机会。同时，网络营销人员应尽快辅以其他网站推广方法，如编写网站及产品的博文、与供应链商建立交换链接、向线下用户宣传网站等，实现网站访问量的快速增加。这个阶段网络营销的效果主要表现在网站的访问量的增加。

（二）网站成长期的推广策略总结

经过网站发布初期的推广，网站拥有了一定的访问量，并且访问量仍在快速增长中。网站的成长期主要包括两个阶段：增长期和稳定期。每个阶段的时限长短取决于网站优化的效果和网络营销策略的选择。

网站增长期阶段网络营销人员已经获得了一定的营销推广经验，更加关注网站推广后的效果，通过搜索引擎提供的推广工具，如百度指数，获取关键词的建议或相应的关键词列表，使用各种相关的关键词，查看现有登录页面是否被收录，且查看搜索结果的排名情况。在这个阶段，网络营销人员采用搜索引擎优化的方法，有针对性地提高一些关键词搜索结果的排名。通常有两种方法来检查搜索排名：一种是手工输入搜索请求，检查所有的搜索结果，直到找到查询网站的网页；另一种是利用搜索引擎排名查询软件工具检查，如搜索引擎排名查询工具“观其关键字排名查询工具”和“观其站长工具箱”，可以查询某个网址在某个关键词搜索结果中的排名和网站页面等级等，查询关键词在 Baidu、Google、360 搜索、Yahoo 和搜狗等七大搜索引擎中的排名。工具具有自定义保

---

① 李凯，邓智文，严建援．搜索引擎营销研究综述及展望［J］．外国经济与管理，2014，36（10）：18.

存网址和关键字，批量查询、查询结果导出、百度指数批量查询、相关关键字查询、关键词密度查询等功能，提高在搜索引擎优化关键词排名方面工作的效率。

网站稳定期阶段网站的访问量增长速度减慢，有时甚至会出现一定的下降，网络营销的目标从增加访问量转化为收益，更加重视转化率的提升。用户资源的价值转化，不仅取决于网络营销策略的选择，还取决于企业的经营策略和企业盈利模式，关键在于提升品牌忠诚度和保证产品、服务的质量。在持续进行其他营销手段的基础上，一般采用品牌专区，基于网页内容定位的网络广告和搜索引擎优化相结合的搜索引擎推广策略，同时辅以在门户网站购买各种形式的广告的方法。

第四节　搜索引擎营销应用分析

一、农产品搜索引擎营销应用分析

（一）农产品搜索引擎营销的现实价值解读

1. 缩短流通流程，拓宽农产品推广的途径

农产品走出田野成为“盘中餐”，在传统营销中需要一个漫长而复杂的过程，其间每一步都有特定支出，经手人较多，会花费大量精力和时间。而搜索引擎营销则能够缩短沟通距离，客户能够利用搜索引擎获得农产品信息，与生产者进行直接的沟通，节省了中间的步骤、开销与人力，确保农业净利润的上升，而客户也可以得到相对低廉的农产品价格。如今，搜索引擎凭借其成本低、步骤少、效率高的特点成为众多农产品生产者和经验者重要的营销方式，尤其是规模不大且较为分散的农户和农民合作社等，其不具有在传统营销方式上和大企业比拼的能力，反而搜索引擎营销为其提供了更具竞争力的推广平台。

2. 打破时空局限，扩大农产品市场的范围

气候、季节、土壤、地形地貌等自然条件一直是农业生产的重要影响因素。近现代农业生产的变革，机械、信息设备的运用增加了农产品的供应量，但同时，也出现了部分地区农产品季节性、区域性、结构性过剩的问题，生产季节性与消费连续性、生产区域性与消费需求普遍性难以协调，供求信息、物流运输不及时，农产品出现滞销的情况数见不鲜。而搜索引擎的引入，可使客户能够在短时间内迅速找到与自己所需的农产品相关的信息，还可以直接和农产品的生产者、经营者进行沟通与交易，极大地突破了时空带来的信息局限性。我国南北气候温差大、东西南北跨度大，每个地方都有自己的特色产品，如宁夏的枸杞、山东的杂粮、新疆的红枣、福建的茶叶等，再如，冬天海南可以当季生产北方需要的蔬菜瓜果，如果网络信息畅通，东西南北农产品互相流通，就突

破了季节性和地域性，从而扩大了各地农产品的市场范围①。

3. 加强信息流动，发挥农产品推广作用

搜索引擎使信息的传播更加透明、便利，有利于促进农产品信息的流动和推广。农产品生产者能够利用搜索引擎收集整合农产品市场信息并进行分析，把握消费需求与行业动向，寻找营销机遇；客户能够利用搜索引擎查找农产品相关信息，如产地、价格等。搜索引擎大部分的推广服务都是不收费的，即使一些服务商收取费用，也远比传统营销方式的开支少，而且其操作自主性强、难度低，宣传反馈迅速，极大地便利了农产品生产者的自己经营。

（二）农产品搜索引擎营销策略总结

搜索引擎营销策略就是为了迎合搜索引擎的搜索规则、排名规律和对用户更友好，所进行的一系列的优秀网站建设、关键字策略、排名策略等策略，在技术上也称为搜索引擎优化 SEO。

1. 建设优秀网站，快速被搜索引擎收录

搜索引擎收录就是一个网站被搜索引擎收录的具体数量值，收录的数量越多、速度越快，就更容易被客户搜到，其推广效果就更好。当网站提交到各大搜索引擎的入口后，搜索引擎的蜘蛛程序可通过思考和识别，对网站的内容进行价值评估，然后决定收录和不收录②。常用的搜索引擎收录有百度、谷歌、搜狗、有道、搜搜等。有价值的优秀网站更容易被搜索引擎收录。

第一，网络推广的前提是网站内容设置科学合理。打造具有吸引力的农产品网站，必须突出表现农产品“名、特、优”的特性和售前售后服务的完善，显示优质的产品优势、企业文化和行业氛围。网站应当详细描述农产品的交易方式、物流运输、使用方法和售后服务等信息，切实保障农产品的安全性（如产品“三品”认证等）。

第二，把握行业动态，坚持每日推新。例如，农产品经营者应当及时了解当年发布的 1 号文件；每天坚持推出与农产品有关的烹饪、评价、健康、行情等新消息，使客户浏览不觉乏味，以更详尽的信息和服务激发消费者的消费欲望。同时，增加网页数量和浏览量，提升网页为搜索引擎收用的可能性。

第三，网页内容尽可能原创。搜索引擎更倾向具有“原创”性的网页。原创内容不仅避免了重复导致的乏味性，还因与农产品实际信息关联紧密而更具有效性，从而可吸引客户的浏览、转发，获取更大的流量，提高网站与农产品的知名度。原创可以从文字、图片、视频等方面着手。

2. 搜索引擎营销的关键词策略

从生产经营者的角度来看，搜索引擎就是希望用简单的几个词让搜索者进入农企网站，了解其产品、基地、服务等，关键词一般是其网站的核心和主要内容，从消费者的角度就是希望用简单的几个词，就能够迅速查到他所想要的产品信息，因为数量有限，这些能高度概括的词就叫关键词，也称关键字。如果生产者投放的关键词恰好是消费者

---

① 刘华金．农产品销售中网络搜索引擎技术的研究与分析［J］．农业考古，2011（3）：86-88.

② 郭衍超，涂进．企业网络搜索引擎营销策略探讨［J］．现代计算机，2010（2）：102-104.

搜索用的关键词，那么就是成功的关键词策略。

选择关键词时要分析当前热门搜索请求、地区分布和人群属性，据此适时提炼出既热门又能突出我们产品的关键词，也可以根据农产品的特点提炼出竞争对手忽视的关键词（也称长尾关键词）。定位关键词要做到以下几点：不要与竞争对手雷同；要迎合目标消费者的喜好和习惯；不要用太泛的词做关键词；可以用自己的产地名、品牌等做关键词；关键词要选与自己密切关联的词；为保证关键词的关键地位，关键词要出现多次，其字数与该页面字数的比例称为关键词密度，密度一般在3%~7%；关键词放置在Title标签、标题、超链接文本、URL文本、顶部等位置最有价值。鉴于农产品经营者对网络营销，特别是搜索引擎营销的应用大部分还处在相对初级阶段，建议通过合作的方式获得专业机构的帮助，或直接外包给专业企业或搜索引擎营销运营商来运作。

3. 搜索引擎营销的排名策略

搜索引擎排名就是用户在搜索引擎输入关键词，搜索结果有先后之分按顺序排列。据研究发现，绝大部分的用户使用搜索引擎时只会看前三页，先入为主的前三页在搜索引擎营销中非常重要，排名靠前成了搜索引擎营销的核心策略。所以，经营者要迎合用户的友好性及搜索引擎排名规律，建设优秀网站，使网站在被搜索到时排名靠前，以获取大量搜索流量，进而达到产品营销推广的目标。前面论述的优秀网站建设和关键词策略都是搜索引擎排名的重要策略，也称网站内链策略。

排名策略还包括点击量和链接数量因素策略。

第一，点击量策略，也称点击流行度，就是网页经常在搜索结果中被点击链接的次数，这会被搜索引擎统计，搜索引擎将来会给你网站奖励一定的分数，点击量高得到的分数就多，搜索引擎就会认为你的网站更有价值而对排名有利。但不可以自己反复点击网站，同一IP的重复点击，会被搜索引擎处罚，甚至删除。

第二，链接数量策略，也称链接流行度，搜索引擎会认为外部链接数量多的网站更有价值，所以要积极寻求友情链接，例如，对于农产品营销来说，政府网站链接很重要，还有农业同行网站、行业协会网站等。但链接对象必须是高质量的网站，如果跟垃圾网站链接，搜索引擎就会认为你也很垃圾而对你做出惩罚。

4. 其他策略与建议

第一，搜索引擎营销平台的选择。根据经营者的市场战略，选择时除了需要考虑各个搜索引擎的特点以外，还要考虑经营者的产品推广区域战略。如果只专注国内市场，可选百度为首的国内搜索引擎，如果是全球化市场战略则应该选择Google等全球性的搜索引擎。

第二，建立搜索引擎客户关系管理系统，通过分析客户的浏览轨迹，开展大数据分析，进行精准营销的网站建设，重视用户在网站上的反馈意见，及时回复，从而增加搜索引擎访问的频率，增加网站的访问量，并尽量将搜索用户转化为购买客户①。

第三，搜索引擎付费排名。百度、Google等搜索引擎服务商有使用网站付费安排企业的排名位置的商业模式，付费越多排名越靠前，搜索点击量肯定也就越多，产品就越容

---

① 陈磊，刘奕群，茹立云．基于用户日志挖掘的搜索引擎广告效果分析［J］．中文信息学报，2008（11）：92-97.

易被搜索到，农产品经营者在使用付费排名时要分析评估成本与效益的比例关系，在经营较好的情况下，也可以使用搜索引擎付费排名策略。因为，农产品生产者经济实力普遍较弱，建议尽量使用免费的搜索引擎优化SEO。

二、品牌网站的搜索引擎营销应用分析

（一）品牌网站的搜索引擎营销趋势与不足分析

1. 发展趋势

品牌网站的搜索引擎营销呈现了以下几方面趋势：第一，以搜索引擎为基础的竞价广告服务仍然会持续获得拥趸；第二，搜索引擎营销开支（主要是竞价排名开支）在电子商务网站营销预算里会占关键份额；第三，搜索引擎营销将进一步深化本土化和专业化改造；第四，电子商务网站的策划和建设环节也将引入搜索引擎优化服务。第五，电子商务网站未来在搜索引擎营销方面所面临的主要障碍是搜索引擎垄断资源。

2. 现存不足

我国引入搜索引擎优化较晚，搜索引擎营销对于很多企业尚属于未开发完全的“新”方式，这些企业也不认为搜索引擎营销能够被纳入其营销策略。此外，相当数量的运营商没有树立良好的口碑，社会责任感较低，缺乏提供真实信息的保障与意识。具体来说，首先，各搜索引擎运营平台过于频繁、快速地更新爬取规则；其次，尚未培养可以兼任网络优化师和程序员的两个专业角色的岗位人才；最后，浏览器为了吸引客户，大多设有广告屏蔽功能。

（二）构建搜索引擎营销（SEM）体系策略

建立一个强大的搜索引擎市场营销体系，首先应策划一个初期试验阶段，然后再辅以一些基准测试，从中能够对网络上每一个广告宣传活动的效果进行分析。另外，一个精心打造，并且能准确反映和清晰详尽地说明搜索引擎市场营销基本原则的商务策划方案也是必不可少的。同时，还应建立一个强大的电子商务网站的网络市场营销体系，目的是能够很好地实现搜索引擎营销。

1. SEO优化

搜索引擎想要向用户提供最好的信息，所以我们应该主动帮助搜索引擎。修正网站的导航、清理HTML、添加实用权威的信息并提供同类最好的购物过程。搜索引擎将向搜索您的产品和服务的人们显示您的页面。为了能提高自然搜索排名，增加潜在客户数量，最终满足商业目标，我们可以采取以下几种重要的方法，实现商业价值：第一，为网站确定清晰的商业目标；第二，人性化的导航布局无形中赢得客户；第三，Web工具分析顾客浏览网站入口页面，进行精准内部的SEO；第四，利用分析工具，挖掘出最具有价值的转换关键词；第五，撰写独特的价值主张；第六，设置合理的TITLE标记、DESCRIPTION标记和KEYWORD标记。

2. PPC改进

通过使用PPC，公司的产品和服务可以显示在第一页。在搜索网站时，搜索引擎几

乎总是将该网站排在第一名。通过使用 PPC，将会获得额为销售。如果将 PPC 的成本保持在每次取得的费用之内，就得到了额外销售。更多的收入和利润将帮助企业更快地达到收支平衡点。一旦超过收支平衡点，利润边际就变得大多了。为了能够花费最少的 PPC 费用，提高客户成交率，以至于达成最佳商业目标，我们需要使用有效的投放广告技巧：第一，广告描述优化编写；第二关键词投放方案；第三，关键词竞价排名优化。

3. 借助门户网站平台推广

借助权威网站宣传或提供高质量的免费服务及共享资源，才能够满足广大顾客的需求，以至于互相相传使企业获得口碑效应。与此同时，网站知名度的认可，进一步对搜索引擎评定网页质量提供更有利的索引保障。现通过以下几种重要方法推广网站：第一，获得权重高的链接；第二，针对各类媒体提供资源进行互相免费订阅；第三，占据有利资源或广告位置进行互换合作免费推广。①

4. Web 分析

分析工具给予控制营销的能力。使用分析工具管理客户获得营销策略。分析工具可以展示广告工作的哪一部分有效。帮我们节省许多昂贵而没有效果的广告消费。Web 分析是一种营销、商业问题。如何解析和利用网络分析结果直接影响企业的生死存亡。高级管理人员必须看重其对公司决策的重要性。

三、搜索引擎营销案例分析

笔者将对 Burberry 公司 2014 年的营销案例进行解析。

Burberry 公司是一个极具英国传统风格的奢侈品牌，长久以来成为奢华、品质、创新以及永恒经典的代名词，其多层次的产品系列满足了不同年龄段和性别消费者的需求。Burberry 公司的风衣和香水在世界有很高的知名度，Burberry 公司带有一股英国传统的设计风格，以经典的格子图案、大方优雅为主。洞悉消费者群体及其特征，并进行精准营销依然成为 Burberry 公司推出新产品并获得成功的又一必杀技。

2014 年 3 月，Burberry 带着一款从英伦音乐中汲取灵感的最新上市的男性淡香水 Brit Rhythm 款款而来。对于 Burberry 公司来说，在中国市场上，如何将香水的音乐灵感与群众的澎湃能量结合并唤起年轻人对英伦音乐的兴奋与刺激，从而在年轻人中间掀起一股活力之风，已经成为上市的 Brit Rhythm 男香的首要目标。Burberry 公司通过对消费者群体及其特征进行详细分析，发现有三种人群最符合 Brit Rhythm 男香的受众人群，其兴趣点主要以音乐、时尚为主，主要包括 Burberry 公司的大批忠实粉丝（这部分人群是品牌核心人群，对 Burberry 公司推出的各类新产品都有狂热的心）、音乐爱好者（这部分人群酷爱音乐、对摇滚充满狂热和激情，乐于在各种社交网站上与他人分享新鲜有趣的事物）、时尚爱好者（这部分人群会频繁访问各类时尚网站，对时尚持有自己独特的见解和观点，时尚有型）。针对这三类人群及其生活消费特征，Burberry 公司以时尚、品类、品牌地标三大维度，精确锁定目标人群，进而根据三类人群的属性、爱好以及行为习惯进一步进行深入的剖析，最终选择更为精准的投放形式、更具指向性的平台以及最具影响

① 翁东东，丘金寿．品牌网站的搜索引擎营销［J］．电子世界，2012（6）：58-59.

力的手段来达到更好的曝光效果。

经过对 Burberry 公司营销案例的深入挖掘，得知 Burberry 公司最终选择与中国最大的搜索引擎公司百度搜索引擎公司合作，联合百度公司推出系列线上活动。采用全平台的音乐资源曝光以及百度框完全闭环收口的方法，让用户全方位、更立体地体验英伦音乐带来的独特、性感的魅力。结合媒介洞察和受众洞察的结果，Burberry 公司主要通过以下三条执行路线来实现营销目标。第一条路线是锁定品类搜索者，主要形式是通过关键词触发百度地标广告，将 Brit Rhythm 男香更有针对性地推广给有品类需求的搜索者；通过图文化的展现方式，占据了百度搜索页面右侧首屏的重要位置，进一步传达更加丰富、精确的信息；第二条路线是锁定品牌人群，主要方式是定制百度品牌专区，嵌入 Brit Rhythm 视频和动态图，制造视觉体验；搜索相关信息可直接在品牌专区填写信息，获取香氛“图腾”和小样，直接高效，用户参与感强，并通过设有分享功能的 SNS 实现二次社群营销。第三条路线是锁定时尚地标人群，特别选择了与 Brit Rhythm 精确定位的受众人群契合度高的百度音乐平台和时尚类音乐 App 进行定点投放，充分利用该行业领先的综合平台全方位定位服务技术，对受众人群喜好点、生活方式、年龄层、活动地点、购买能力和倾向等信息进行分析后精确定位，使投放更加精准。通过这些投放形式，Burberry 公司实现了对目标人群全方位的覆盖，投放人群细化定位，从而引流最有效的人群。

通过 PC、无线端，针对选择的不同产品、不同受众人群，Burberry 公司采用了不一样的投放形式。在 PC 端，针对品牌忠实粉丝的投放渠道有 PC 端广告位、百度品牌专区、百度百科，其总共占比 29%；针对时尚爱好者的投放渠道有百度品牌地标，其占 2%；针对音乐爱好者的投放渠道有百度音乐定制背景、百度音乐定制歌单、百度音乐首页广告位，总共占比 50%。在移动端，针对品牌忠实粉丝的投放渠道有百度无线品牌专区，占比 5%；针对时尚爱好者的投放渠道有百度 LBS 定位技术，占比 6%；针对音乐爱好者的投放渠道有百度音乐无线皮肤、百度无线音乐广告位、定制音乐皮肤，占比 8%。通过整合百度 6 大投放资源、音乐 PC 端及无线端音乐定制专题、品牌专区快速嵌入的方式，把 Brit Rhythm 男香所散发的既性感又撩人的魅力展现得淋漓尽致，使产品备受瞩目。

Brit Rhythm 男香具有活力香调，也由其自有的音乐基因使其自身更具迷人的色彩。Burberry 公司不仅带来了这款男香，还筹备了中国区的 Brit Rhythm 演唱会，希望能在中国年轻人中掀起英伦风。在 Brit Rhythm 男香正式登陆中国之前，Burberry 公司通过官网上的登入试香活动作为其海外上市的开端，通过 FACEBOOK 社交网站平台向大家共享新品上市的讯息，并让每个人都有机会参与活动，体验 Brit Rhythm 香氛文身贴纸。除此之外，参与者还将有机会获得 10 月份在伦敦、纽约、新加坡举办的任意一场 Brit Rhythm 演唱会的通行票。

此次 Brit Rhythm 男香营销推广的效果和市场反馈都很明显。在活动期间，Brit Rhythm 男香的投放展现量超过 5.2 亿，在百度搜索引擎上的点击量超过 200 万次，用户独立访问的次数也超过 160 万次，就连 Burberry 公司最初每日设定的 3000 份香水小样也供不应求，抢注一空。由此可见，此次搜索引擎营销的成功投放，有其独特的行业借鉴意义。在新产品推出时，不仅要结合用户群体和产品特性，选择合适的投放平台和产品，还要对产品进行创新，从用户的角度出发，创造良好的用户体验感和参与感。此次推广活动，不仅有利于 Burberry 公司良好品牌形象的提升，还使得 Brit Rhythm 男香赢得了更多人的关注，极大地激发了潜在用户购买这款新品的欲望，带动了销售量。

Burberry 公司未来推广新产品时，将不再着眼于如何进行单一的营销方式，Burberry 公司需要更高层面的大渠道融合。需要在现有搜索引擎营销的基础上兼顾线下资源，进行真正的整合，有效利用好互联网传播广、人群定位更加精准的特点带动线下销售。百度公司作为中国搜索引擎市场份额第一的精准营销媒体，以领先的技术、全面的营销媒体、丰富的广告形式、开放的合作心态，为广告主的创新营销带来了无限可能。

第六章　探索微博营销理论与技巧

伴随着信息技术的不断发展，目前世界已经进入信息化时代，网络为人们的生活带来了便捷，也在社会的各个领域获得了广泛的运用。伴随着微博用户规模的不断扩张，微博营销的形式也在不断地发生变化。微博营销具有非常明显的优势，企业通常通过文字伴以图片和视频来推广与销售产品。微博营销不会受到地域的限制，运营人员能够随时地与用户进行交流与沟通，但是结合当前微博营销的现状来看，虽然微博营销具有一定的优势，但是其也需要进行不断地创新与发展，这样才能够有效地发挥出其自身价值。本章对微博营销理论与技巧问题进行了分析与探讨。

第一节　微博营销概述

一、微博营销的概念与特点

（一）微博营销的概念

微博营销是指通过微博平台为商家、个人等创造价值而执行的一种营销方式。该营销方式注重价值的传递、内容的互动、系统的布局、准确的定位，微博的火热发展也使得其营销效果尤为显著。微博营销涉及的范围包括认证有效粉丝、话题、名博客、开放平台、整体运营等。当然，微博营销也有其缺点：有效粉丝数不足、微博内容更新过快等。①

（二）微博营销的特点②

微博营销的特点与微博这个平台密切相关，微博是手机短信、社交网络、博客和即时通信四大产品优点的集大成者。不管是内容展现、传播速度，还是营销深度，微博营销都体现出无可比拟的优越性。

1. 信息多样化

如今，微博基本具备了兼有文字、图片、视频等多媒体功能，通过多媒体综合性、

---

① 胡国敏，王红梅．跨境电商网络营销实务［M］．北京：中国海关出版社，2018：147.

② 范娜娜．会展营销实务［M］．广州：广东高等教育出版社，2015：219.

多元化的信息呈现方式能够使消费者从不同角度立体地了解品牌和商品，也便于商家对消费群体做出较为准确的判断。而且信息多形式传递，能使信息更为生动、具象，增强其真实性和可信度。

2. 发文便利性

短微的编辑和阅读极其方便，任何人都可以略做思考就能发布一条短消息式的微博。相较于通常篇幅较长的博客长文，发布者在微博投入的时间与心力大大缩减。而且微博发布的审核机制也较为简单，无须耗费过多的等待时间。

3. 传播实时性

移动互联网的发展让微博的信息发布变得更加随时随地，用户借助移动客户端，利用碎片化时间进行传播，接收分享信息更加快捷。微博与短信相近，但是短信传播方式是“One To one”，而微博则是“One To N To N”，同时，微博资费比短信低廉。

4. 高速扩散性

信息的高度传播关键在于微博所具有的开放性关系链。这一关系链能让一条信息得以高度传播。微博发布之后，能够依靠转发、分享等功能迅速在互联网上传播，拥有足够热度的微博会以极快的速度吸引人们浏览、评论和重复传播。此外，微博粉丝功能还可以建立特定的人际关系网络，以特定群体作为传播的基础依托和扩散渠道，能够获得更深层、更广泛、更具影响力的推广效果。尤其是具有众多粉丝的明星或其他名人，其能够倍数提高话题或事件的讨论度和关注度，广泛地影响消费者。

5. 沟通互动性

微博能与粉丝进行互动沟通，及时获得用户反馈，每个用户兼具传播者和受众双重身份，可以有效增强双方的互动性，从而帮助企业宣传产品信息，收获用户反馈建议，预测、洞察市场走向。在任何消费阶段，企业都能够和消费者沟通和商讨，在此过程中，二者渐渐产生更为亲近的心理关联。如果消费者还处于了解阶段，企业可以着意挖掘消费者的消费需求与意象，并针对性地介绍相应商品及其品牌信息。当消费者进入商品使用阶段，企业则需要及时、有效地回复消费者的问题，以保证消费者能够保持对该商品及其品牌的消费倾向。

二、微博营销的形式与内容

（一）微博营销的形式

1. 发布信息

微博是大型社交媒体平台，具有便利的信息发布和传播功能、庞大的用户群，是企业推广商品、沟通消费者的绝佳选择。企业可以建立官方微博，将商品信息、优惠福利、新品发布、企业动态等发布在上面，并定期更新，吸引粉丝，提高企业知名度，使企业和商品信息都得到更广泛的传播。

2. 活动推广

企业以微博为特定平台开展关联性的转发抽奖、秒杀抢购、商品甩卖、特价福利等活动，不仅能够使粉丝量快速增长，而且能够实现将粉丝转化为消费者的目的，增加商品销量。举行何种活动应针对企业微博运营情况具体问题具体分析。若企业刚开通官方微博，关注微博的粉丝不多，则应侧重组织热点话题、转发抽奖、秒杀抢购等活动，吸引微博用户并将其转化为粉丝，扩充自己的粉丝群体。若官方微博已积累了大量粉丝，则应当多选择商品甩卖、特价福利、软广告等着力于将粉丝转化为消费者的推广方式。官方微博运营良好，不仅能节省宣传成本，还能扩大企业销售渠道和影响力。

3. 制作并投放软广告

软广告是微博常见的广告形式。相较于硬广告，软广告以视频、故事、漫画等形式展现内容，更易于吸引消费者观看和接受，激发消费者的消费欲望。企业将传递企业文化、商品信息、品牌特色的软广告打造成优质图文、微电影等投放在微博，使粉丝与用户观看和转发，能扩大企业和商品及其品牌的感染力。微博植入广告形式包括热点话题植入、段子植入、活动植入、笑话植入等。总之，植入的内容一定要能引起顾客的兴趣，让顾客愿意接受，甚至愿意传播。[①]

（二）微博营销的内容

微博是一个消费潜力巨大的社交平台，企业可以充分利用其进行市场调查、新品推广、商品销售、品牌塑造、客户维护等活动。

1. 市场调查

企业如果需要进行新品开发、业务拓展，就需要把握市场行情和消费需求，开展市场调查。市场调查以往较为传统的方式大多是印制调查问卷，人工派发给一定区域或特定倾向的群体，请对方填写后再收回；也有派专员去商场、街道等地进行消费观察。这些方式成本较高，有效数据的回收率低，调查时间线较长，调查结果不全面、不客观。而如今企业可以利用微博开展市场调研，在微博上发布投票、调查卷等，再配合投票和答卷后的奖励措施，能取得更高的关注度和更广泛的传播，也与人们网络活动更适配，从而低成本、高效率地获取大量数据，及时做出分析、判断。

2. 新品推广

企业研发的新产品通常要迅速获得关注和认可，以确保抢占市场份额。过去，印发宣传手册、传单和在广播、电视、报纸等媒体上播放广告，不但开支极高，而且还有较多的风险因素。而通过企业官方微博推广新品，几乎不需要额外开支，可以便宜、快速、简单的推广方式获得较高的传播率。且展现形式多样，无论是文字故事、搞笑段子，还是视频、音乐、漫画，都能成为传递新品信息、打折开售、转发抽奖等的载体，牢牢抓住消费者的目光。

3. 商品销售

企业通过微博积累了颇具规模的粉丝群体后，应当注意通过拉近商品及其品牌与粉丝之间的情感距离，提高粉丝对品牌的忠诚度，将粉丝转化为消费者，利用微博进行商品销售。很多知名企业如今都通过微博销售获得了极高的销售额。

4. 品牌塑造

成功品牌的打造往往是一个漫长的过程。企业不仅需要庞大的粉丝群，还需要提高

① 陈启强．微博营销的形式与内容思考［J］．西部皮革，2017（10）：98.

粉丝黏度，因而要保持官方微博的更新频率，定期发布商品信息、企业动态、品牌理念、销售活动等内容，与粉丝建立密切的情感关联，不断加深其对品牌的认同感，巩固品牌的外在形象，扩大品牌影响力。

5. 客户维护

微博本身就是大型社交平台，它给企业与消费者建立长期稳定的联系提供了先天条件。企业与消费者的沟通通过微博贯穿在了售前、销售、售后三个阶段，为消费者答疑解惑、处理问题，给消费者满意的消费体验，促使消费者发展成“回头客”，以保障销售量的稳定增长。

微博作为现代网络社交平台，拥有海量的客户资源，充分利用这些资源，可以使其成为企业营销的有力工具。

三、微博营销的优势与劣势

（一）微博营销的优势

微博营销逐渐成为被电子商务 B2C 等各品牌所利用的更为专业化的营销模式。微博之于电商，不单单是简单的品牌推广平台，更是实现经济价值的载体。电商能够利用良好的微博运营，直接从粉丝、社区、普通用户获取商品收益。并且，随着社会化媒体能的一步发展，商家与消费者互动的比重在品牌推广过程中大大提高了，微博等社交平台的功能和模式无疑更适合 B2C 等电子商务的发展。

1. 减少营销费用的绝佳方式

微博是免费的平台，企业在微博上发布产品信息无须任何费用。此外，传播内容的制作费用较低。在微博上的传播针对性极强，关注企业或者产品的粉丝都是本产品的用户或者是潜在用户，有利于企业实现精准营销。

2. 社会化营销的有力武器

微博具有开放性、互动性、分享性特征，为病毒营销、事件营销、话题营销传播等一些社会化传播形态提供了温床。企业可通过开展社会化营销活动，自发让公众转发，以扩大营销传播的广度。加之微博舆论领袖——各类大 V 用户对信息迅速扩散的推波助澜及微博用户自身的二级传播，企业微博的品牌信息能够借助用户的转发在短时间内获得大规模扩散。微博是企业开展社会化传播的最优媒体。

3. 品牌融入生活的有效手段

微博的一大特色就是用户的生活分享。企业可以通过此特色，把官方微博和品牌拟人化，通过日常生活化的口吻、语气、语言习惯与用户进行互动，赋予品牌独特的生命力和鲜明的个性，提供人性化的商品服务。企业对官方微博形象的巩固和推广，能够使微博用户对企业和品牌形成特定印象，深化其对商品、服务、企业文化等信息的了解。企业可以通过微博逐渐融入用户的生活圈，在潜移默化中引导用户对商品及其品牌进行评价，将用户转化成粉丝或消费者，建立粉丝和消费者对品牌的认同感和依赖感。

4. 维系消费者的优势平台

在电子商务快速发展的大环境中，网络营销开辟了一条异于传统营销的新路径，企业逐渐深化了对消费者影响营销活动和效果的认识。企业通过消费者实现价值收益，因而必须重视与消费者建立长期稳定的关系。微博作为社交平台，对企业维系消费者具有天然优势，以其社交功能和多媒体功能将企业单方营销转化成了与消费者的双向互动。消费者能够更及时地从企业方获得反馈，提升消费体验；企业能够在与消费者的交流中了解消费者的消费取向，实现针对性营销，有利于巩固消费关系。巩固与目标群体的关系，不仅有利于提高消费者重复消费率，而且还能及时掌握市场消费动向，调整商品的研发和优化方向，完善品牌形象、服务质量、广告内容等方面。此外，基于互联网技术和移动技术的微博还可以突破时空与人流量的局限，随时随地与消费者进行交流，强化品牌服务的正面印象。所以，企业应充分利用微博优势，及时收集消费者的建议和评价，适时变化营销方式，维护与消费者之间建立的情感联系，为品牌树立良好的口碑。

（二）微博营销的劣势

1. 信息冗余

微博在发展期间开始成为信息传播的重要途径，它的即时性可以让信息在网络中进行快速传播，也因此，微博中充斥着海量的信息。但对于企业营销来说，这样的信息环境不利于具体营销方案的开展。企业在发布商品信息后会迅速被海量的信息淹没，商品信息不能被更多人看到，也就不会带来实际性的收益，企业在微博进行营销的目标无法达成。

2. 广告色彩浓重

企业在微博的运营中过分注重其广告性能，发布的信息大多是商品广告，容易导致微博关注用户流失。在微博的信息化环境中需要一定的粉丝量与关注度，只有认真策划相关方面的营销，不让粉丝感到视觉疲劳，留住一部分的忠实粉丝，才可能真正打通微博营销的路线。如果企业微博广告色彩浓重，没有有趣的内容，缺乏与粉丝的互动，就会导致营销策略的失败。

3. 重视不足

一些企业对微博营销的应用还处在初级阶段，对各方面的策略应用尚不成熟。企业对微博营销的重视程度不够，仍然主要将精力投入在传统的营销模式中，通过广告、广播等传统媒体进行宣传，并没有很好地发掘出微博营销的商业价值和潜力、把微博营销放到战略性的地位。①

四、微博营销的法则总结

（一）根据客户群，设置议题

企业在进行微博营销时应该建立一定的微博形象，根据目标群体的不同设置不同的营销活动，制定不同的营销方案，进而拉近与目标群体的距离，带动消费。

---

① 宋珺．微博营销策略分析及研究［J］．福建质量管理，2018（9）：64-65.

（二）与舆论领袖和名人交好

舆论领袖在传播中起到非常重要的作用，很多企业微博都是通过沾舆论领袖的光来吸引粉丝的。与舆论领袖以及名人博客的合作，可以让企业的微博迅速获得大量关注；相反，如果得罪了某位舆论领袖，企业品牌及产品很有可能会遭到大量的谩骂。[①]

（三）信息即广告

在传统媒体中，需要经历信息—内容—广告—商品—消费等几大模块实现营销，但在微博营销中，这一过程可以被大幅缩减。企业发布的微博信息就是广告，也可以在微博信息中直接挂上商品链接，引导大众消费。

（四）不要迷信“黄金四小时”

企业在运营期间会遭遇各种各样的状况，网络时代信息的传播速度不断加快，企业进行危机公关的黄金时间也在不断缩短，从“黄金二十四小时”变成了“黄金四小时”。微博的出现使信息量过载，企业的公关信息不再像过去一样具备权威性，这彻底打破了“黄金四小时”定律。

（五）少数人的意见不能忽视

在微博上，每个人都有表达的权利，每个人都可以输出自己的观点并获得部分人的支持。因此，在微博营销过程中要注重少数人的意见，倾听不同的声音。

企业在微博营销中应该遵守以上的法则，找到适合自己营销的最佳路线。

第二节 微博营销步骤与工具总结

一、微博营销步骤总结

（一）确定微博营销目标

在开展微博营销活动前，首先要为微博营销制订明确的目标。企业微博营销的目标要与企业整体的营销目标相一致。在一定时期内，某企业的微博营销目标可以是激发消费者的需求，扩大企业的市场份额；也可以是加深消费者对企业的印象，树立企业的形象，为其产品今后占领市场、提高市场竞争地位奠定基础。微博营销的目标不同，微博营销的实施，包括微博内容的选择、微博形式的选择都应该有所差异。

---

① 陶业奎．跨界的洞见 引流全网营销实战一本通［M］．北京：中国财富出版社，2017：123.

（二）制订微博营销计划

明确了微博营销目标，接下来就要制订微博营销计划。微博营销计划是在微博营销目标指导下，微博营销活动的具体实施计划。微博营销计划包括微博写作人员安排、微博写作计划、微博发布周期等相关内容。微博营销计划是企业长期开展微博营销活动的参考。

（三）选择微博平台

企业要开展微博营销，就要选择一个合适的平台。企业选择微博平台的原则是人气旺，注册用户多。微博用户能被转化为企业的潜在用户。

（四）微博发布

撰写微博要注意选择客户及潜在客户感兴趣的话题，要注意微博内容的丰富性及形式的多样化，发布的每篇微博除文字以外最好都带有图片、视频等多媒体信息，这样可以带给微博浏览者更好的浏览体验。微博发布应选择有价值的信息，例如，提供特价或打折信息、限时内的商品打折活动等都会带来不错的传播效果。

（五）微博营销效果评估

企业实施微博营销时，应对微博营销的效果进行跟踪评价。微博营销效果的评估可以从微博本身的价值和微博传播活动的价值两个方面进行评估。

1. 微博本身的价值评估

企业营销信息可以通过博主的转发和发布来扩大其传播范围，让更多的受众知晓相关信息。因此，应该充分评估博主本身的传播价值。在微博的传播价值大小评估上，可以参考以下几个方面。

（1）微博信息的数量。在微博营销信息中，点赞量、转发量、浏览量等都是考究微博的质量标准。高质量的微博数量是企业营销成功的关键，且高质量的微博数量通常与微博营销效果成正比。

（2）用户资源价值。微博的用户资源是指其粉丝的数量以及各个粉丝的活跃程度。在信息传播过程中，粉丝活跃度高的博主会获得更多的点赞量和转发量，也会获得更多信息传播的可能性，微博信息也拥有更高的价值。通过粉丝的活跃程度和数量可以大致判断其潜在的商业价值，进而更好地进行营销方案的调整。

2. 微博传播活动的价值评估

除了对微博博主进行价值评估外，也需要对微博的传播活动进行价值评估，传播过程的价值评估指标主要集中于以下四个方面。[①]

（1）微博内容的传播价值。好的微博内容更容易获得其他用户的好感，进而激发其他用户的表达欲，使其积极进行评论与转发，引起更多关注。因此，在微博营销过程中要注重内容的质量，及时评估信息内容是否具备传播性。

---

① 苑春林．网络营销［M］．北京：中国经济出版社，2018：197-198.

（2）高端博主的转发数量。高端博主多是具备较高商业价值的博主，其拥有大批坚定的追随者，在特定领域有一定的知名度和影响力。增加这一类博主的转发数量，会直接加快微博信息的传播速度，获得较好的营销效果。

（3）用户互动效果。粉丝的评论、转发、参与活动的数量都是企业微博效果重要的衡量指标，也是对于企业微博影响力的认可。

（4）网站推广效果。在微博中可以放置企业的官方链接，微博浏览者可通过微博的营销信息进入企业的官网获取更多企业的信息，也可以了解企业更多的相关商品。

二、微博营销工具总结

微博粉丝在微博营销中有着不容忽视的作用，企业可通过微博粉丝营销工具更好地进行粉丝管理。

（一）微博粉丝营销工具总结

1. 群发功能

企业微博开通群发功能后，企业可结合订阅的微博用户的性别、地区以及分组等根据需要群发信息，包括文字、图片、语音、图文等。

群发功能使用技巧如下：

①明确群发目的。如推广新产品、日常互动等；

②细分客户类型，企业可针对不同客户发送不同信息内容；

③群发时间的选择也十分重要，尽量选择非上班时间。

2. 自动回复

企业可设置自动回复功能，在被关注或者收到特定关键词的私信时，自动回复编辑好的私信内容。

自动回复的关键词选取技巧如下：

①选择常用字词。企业可以推测粉丝关注的问题，并据此选择常用字词；

②设置尽可能多的关键词，能够更全面、及时地回复粉丝的私信。

3. 自定义菜单

微博的自定义菜单是指私信对话框底部的导航菜单。企业微博的自定义菜单通常设置为企业信息或店铺链接，方便客户自行查看。

4. 粉丝群

企业可将潜在客户集中在一起，建立粉丝群，以便及时推送与产品相关的信息，开展产品营销活动。在粉丝群中，企业可与粉丝群成员进行较为频繁的互动，拉近与粉丝的距离，使其产生亲切感。

（二）微博活动营销工具总结

1. 微博小店

微博小店是微博为了进一步打造电商变现工具而推出的新功能。

微博小店提供的服务包括：①店主将商品添加至微博小店；②将商品分享到信息流

中进行展示；③用户在浏览信息流时可随时购买。

2. 营销推广

（1）抽奖中心

①抽奖中心简介

抽奖中心为微博自带的营销功能，可通过此功能进行抽奖，由系统随机抽取中奖者。

企业可根据推广目的，设置微博抽奖条件。例如，为增加粉丝量，可设置需关注企业微博才能参加抽奖活动的条件。

②抽奖活动内容设置

（a）确定赠送奖品：奖品选择应考虑用户的需求，考虑奖品能否精准、有效地吸引粉丝。奖品应该选择企业自身的产品，或者关联产品，或者具备一定价值但企业能以较低成本获取的产品。

（b）制定参与规则：参与规则应清晰、明确，通常设置为转发、评论、点赞、@好友等参与条件。

（c）编写活动文案：抽奖活动的文案应以文字和图片为主。文字应描述活动背景、活动奖品、活动参与规则等，表达要清晰、简单，字数尽量控制在100字以内。配图可以是活动宣传海报、产品宣传海报或奖品图片，要求设计美观、清晰，并且图片尺寸统一。

（2）搜索推广

搜索推广是指基于关键词搜索，向用户展现搜索的内容，包括“话题”“展现微博”“推荐账号”三个部分。

在发布微博时，文案编写要加入常用的关键词或人员，以锁定特定人群。例如，在“双11”促销活动期间，产品促销微博内容可以添加“双11种草清单”“双11买啥好”等话题，以增加曝光量。

（3）广告中心

①超级粉丝通

超级粉丝通是依托微博海量的用户群体，广泛地将企业信息推送给粉丝和潜在粉丝的营销推广工具。它能够根据用户属性和社交关系向目标人群精准地投放信息。

②博文头条

博文头条利用微博大数据中心，基于微博社交网络平台用户数量，可匹配出最有价值的用户群体，实现每天上亿次的曝光，能够覆盖99%的微博用户。博文头条的主要功能是帮助用户增加信息阅读量、曝光量，以及吸引粉丝，但是需要付费使用。

（4）微公益

微公益是针对企业开设的营销工具。企业可利用其发起公益项目，提升企业口碑。

（三）微博数据营销工具总结

大数据时代降临之后，带来了新的挑战和机遇，数据已成为各企业重要的生产因素。[①] 以智能大数据为导向，让数据信息和微博营销相互打通，整合目标人群的标签进行分析，找到可打动他们产生关注、传播、购买的交汇点，用最佳的场景内容和形式与用

---

① 叶小忠．大数据环境下企业微博营销的优化之路［J］．中外企业家，2013（21）：202-203，25.

户沟通[1]，便是升级了自身的营销策略。

1. 平台内部工具

微博平台内部工具在微博管理中心页面“数据助手”中可以查看，包括数据概览、粉丝分析、博文分析、互动分析等统计数据。

2. 第三方工具

（1）西瓜数据微博版

西瓜数据微博版能够为用户提供专业的微博数据分析服务，包括微博电商榜单、优质带货博主推荐、微博数据监控、博主粉丝诊断等功能，是分析微博广告投放数据的专业工具。

西瓜数据微博版提供的服务，包括品牌情报、传播检测、达人优选、电商分析以及对这些功能的简单介绍，同时还开设有其他实用功能，包括智能搜索、历史内容查询、关键词云、收藏对比等。

（2）新浪舆情通

新浪舆情通通常指政企舆情大数据服务平台，为政企用户提供舆情监测、预警、分析、报告等全方位服务。

①微博事件分析：包括事件简介、发展趋势，信息热点词、意见领袖、热门信息、传播途径、情绪分析、博主分析以及数据类型等内容。

②微博传播效果分析：包括信息传播路径、转发评论内容、转发评论者概况、信息发布设备等。

第三节　微博营销模式与策略阐释

一、微博营销模式

（一）微博营销模式种类

微博由于没有相关的交易平台，因此它只是起到营销的作用，不能直接实现商品交易。在进行商品营销的过程中，其逐渐分化出三种营销模式，即产品促销、品牌推广和活动宣传。

1. 促销模式

当企业的某种商品出现销售情况不理想或者需要清库存时，企业会推出商品促销活动。在促销活动开展过程中需要有更大的曝光，因此需要进行促销信息的大量传播，微博承担了这一中介的角色，将信息传播给更多人，在商品和目标受众之间搭起了沟通的桥梁。企业将促销商品的信息、折扣力度、交易方式等在微博上发布，关注相关企业信

① 高源，张桂刚．基于大数据的网络营销对策研究［J］．湖北经济学院学报，2014，11（2）：66-71.

息的粉丝会进行评论与转发，不断扩大信息的传播面，企业可以与目标受众直接在网络上沟通，带动相关产品的消费。比如，在售卖苹果手机时，最新的苹果手机版本推出后，商家会为了清除库存实施旧版手机的促销活动。企业会在微博上发布手机的促销活动相关信息，手机的粉丝受众会被活动吸引进而促进消费。我国的苹果手机用户众多，在微博上的促销信息被大众看到后，会引发更多的转发量，将信息展示给更多的潜在消费者。企业可以通过这样的方式完成一次高质量的促销活动，这一过程几乎没有任何成本。

2. 品牌推广及新品发布

在品牌创立之初，需要赢得更高的知名度，打开市场。企业可在微博中注册新的账号，采取品牌的标志做头像，发布品牌的相关产品信息，可以建立立体的品牌形象。品牌不断在微博发布产品信息，并积极进行产品宣传，就可能实现大范围的品牌推广，获得较高的知名度。企业在进行宣传过程中，还会采取在转发用户中进行抽奖的方式来推动信息的传播，通过这种方式刺激用户进行转发，能获得良好的宣传效果。在企业的新品发布时，同样可以使用微博进行宣传，让关注的粉丝了解相关的新品。比如，在服装业中，做服装的企业会提前进行新品的宣传照片拍摄，然后在相应的季节进行新品的信息发布。企业会选择在自己的官方微博发布相关信息带动部分消费，还会选择一些具有大批粉丝的明星进行带货宣传。明星在代言某商品之后会在微博上进行相关产品信息的发布和转发，其粉丝会积极进行转发和评论，让信息尽快扩散，让更多的受众了解相关信息；粉丝还会追求明星同款，直接在相关的官网进行明星代言产品的购买。因此，微博营销可以提高品牌的知名度，也可以让受众及时了解企业研发新品。

3. 活动广告

企业在发展过程中需要不断增加自己的品牌知名度，推动商品的销售，而传统广告的宣传手段已经不能引起当代大众的注意。现代化技术的进步，营销手段的层出不穷，让更多的企业认识到需要寻找新的广告方式来做商品的深入推广。微博作为现代化的平台，有着大量的活跃粉丝，利用其特性可以真正做到深入营销。一些企业与新浪微博进行合作，在平台进行大量广告的投入，并依托平台进行直播活动，经过大量的信息传播，其企业变成家喻户晓的品牌，可产生巨大的社会效应和经济效益。好的企业在微博中的每场活动都有上万的人参与，上百万的人受到直接影响，越来越多的人认可品牌，企业也会成为真正的大型企业。通过微博进行的营销活动大大突破了传统广告的限制，带来了巨大的广告效益，直接影响了行业的产业布局。

（二）微博营销模式的应用价值解析

1. 微博营销模式可以有效减少交易费用

交易费用是指在商品交易前后所产生的各种关于交易的成本，在微博营销模式下的商品交易可以有效减少交易费用。交易费用包括保障版权的费用、交易对象宣传的费用、经销商之间的交通运输费用、督促合同履行的费用等。微博营销可以简化交易流程，节省部分成本，如在交易之前，可以在微博进行产品的宣传，实现产品信息的低成本传播；在交易之后，微博又可以起到监督产品流程的作用，督促交易的进行。微博在交易过程中只是信息的传递者，与交易双方并没有实质上的订约，也不涉及实体物品的交易行为，因此，它可以比传统的营销节约部分订约成本、监督成本和违约成本，降低交易成本。

2. 微博营销模式可以提高信息的传递效率

在信息时代，信息的传递速度及效率在某种程度上决定了企业的竞争力。[①] 传统的营销方式大多是通过广播、电视、报纸等进行广告的宣传，让人们了解产品的相关信息，但这些传统的方式需要较长的信息加工时间，与当下快节奏的生活不匹配，不能影响更多人，也就不再具备竞争力。企业营销需要新的信息发布工具，这个工具需要有更快的传播速度，有更多的目标受众，可以影响更多人。微博营销模式的诞生契合了当前企业发展的需要，微博成为主要的信息发布平台。在微博的营销模式中，可以发布实时信息，信息发布也不再受到场地限制，信息的传递速度和效率都得到很大的提升。在瞬息万变的市场竞争中，这一模式的适用可以让企业掌握更多的主动权，在第一时间独立发布相关信息，有效防止信息的泄露，保障部分商业信息的安全。

3. 微博营销模式可以提高顾客的忠诚度

微博的互动性使企业可以与顾客进行实时互动，在双方的交流中建立感情基础，这种感情会让顾客增加对品牌的信任，提高粉丝黏性，进而推动品牌的长久发展。通过企业的微博营销，企业可以与顾客建立长期的情感交流，为顾客提供更高质量的产品服务，让顾客体会到品牌的经营理念，赢得顾客的高度认同，进而让顾客可以在繁杂的商品信息中继续支持本企业产品，获得粉丝的忠诚度。一方面，微博直接连接企业和顾客，二者彼此之间可以做到有效沟通。企业的产品在销售过程中可能会发生各种各样的质量或者服务问题，企业微博平台的开通，可以让更多的顾客有情绪的出口，顾客的抱怨和申诉可以引起品牌的重视，解决了部分顾客对于产品提出的疑问，也提高了顾客的满意度。另一方面，微博平台可以收集顾客的具体需求，让企业了解自身需要突破的方向，不断完善自我。企业的微博与顾客进行交流时，需要关注顾客的使用感受，收集反馈意见，并实行改进，为顾客带来更好的服务和体验。相比传统营销方式，顾客在微博营销模式中可以得到更多尊重，也更可能与企业、品牌有长久的联系。

二、微博营销策略

微博营销的策略主要分为四种：内容策略、互动策略、湿营销策略以及整合策略。

（一）内容策略

内容策略中最重要的就是要再三斟酌微博的内容，保证微博内容的精确性。企业的微博营销人员需要充分了解市场，了解当下热点，知道目标受众最想看到的内容是什么样的，迎合市场需求才能制造出“爆款”，让企业的信息脱颖而出。简而言之，在企业微博运营期间要严格筛查信息内容，让信息内容有趣、富有企业色彩，且可以实现有效转化。如果企业一味地只发广告，内容空洞无聊，那么必将会引起用户的反感，用户可能不会再继续关注或者直接屏蔽。微博内容可以尽量生动有趣，企业可抛弃全文字的内容模式，适当添加动画表情、颜文字等，这样的信息内容既可以传达企业信息也提升了企业的亲和力，使用户更愿意与企业微博交流互动。企业的一个长期发展目标就是要建立

① 霍慧智，韩波．浅析微博营销模式及其价值［J］．品牌研究，2014（23）：7，9.

品牌形象，所以在微博发布时也要带有自身的个性特色，并长期保持这种特色，最终让其成为企业品牌形象的一部分。对于别家的优秀案例可以借鉴，转化为带有自身特色的内容，不可全文照搬。实现有效转化意味着发布的信息可以为企业带来一定的收益，可以促进目标用户的消费，具有实用价值。因此，企业在发布微博时可以发布一些有价值的常识，为客户解决现实问题，也可以发布一些抽奖信息、折扣信息等，让用户可以用更实惠的价格获得产品。

（二）互动策略

微博提供了一个让企业和消费者双向互动的平台，双方可以在这一平台进行信息传递。企业在微博上发布信息，就是希望更多的用户看到，希望用户与企业微博进行互动，发表更多真实感想，从而与用户进一步交流。企业如果只注重单向信息的传递，那么将可能会损失用户，只有双方有来有往、双向奔赴才能增加用户黏性，获得更多用户的关注。通常企业在互动时会选择有奖转发或者发送明星福利等活动，通过多样的活动可让更多的用户参与其中，不断传播企业信息。例如，企业推出有奖转发的活动，让用户转发并@三位以上的好友就可能获得转发信息中的产品，很多用户就会抱着试一试的心态参与活动，这一过程就让更多的微博用户看到了相关信息，可能会带来更多顾客。这一种互动方式会让企业信息向更大范围扩展，赢得更多用户的好感。另外，一些企业会直接邀请明星合作，让明星发布微博来与粉丝互动，明星庞大的粉丝群会不断将信息扩散，带来巨大的宣传影响力。企业还会请明星参与发布会，通过活动与粉丝见面，并通过微博平台进行直播，让企业的信息随着明星的知名度不断扩散，达到最佳宣传效果。对于购买产品后的用户反馈，也可以通过@企业官方微博进行沟通，企业也要积极进行回复，了解用户遇到的问题并解决问题，让用户感受到企业的用心，因而会对企业留下良好的印象。

（三）湿营销策略

湿营销是指借由互联网上的社会性软件聚合某个群体，并以温和的方式将其转化为品牌的追随者，赋予消费者力量，鼓励他们以创造性的方式贡献和分享内容，从而影响商家的新产品开发、市场调研、品牌管理等营销新战略。

湿营销是克莱·舍基（C. Shirky）教授提出的。该理论认为，未来社会是湿的，未来的社会组织方式将突破干巴巴的社会关系，变成湿乎乎的人人时代，即人与人要靠社会软件联结，人与人之间可以凭借一种微妙的关系，相互吸引，相互组合，相互分享，协同合作。[①] 在新营销人士眼里，基于湿世界、湿社会和湿生活背景下的"湿营销"将是未来最具杀伤力的主流营销模式。

"湿"主要是指未来社会人际交往将会更具有活性，通过互联网可以将不同地域、不同性格的人因为某一方面的喜好而集合到一起，人与人之间可以通过兴趣爱好连接。企业信息传递的主要方向是引导用户消费，吸引有共同感兴趣话题的人，而不是强制性地将信息施加在消费者面前。因此，每个用户都有自己选择的权利，可以建立自己的小圈

① 王廷伟．营销原来这么简单 2 营销精英必知的全渠道营销策略［M］．北京：中国经济出版社，2018：357.

子，在网络上表达自己的看法。这也促使信息的传播不再是单一的，更多的用户开始加入自己的理解与表达方式，让信息流动具有活性。微博营销顺应了“湿”营销的发展，是比较贴切的诠释。微博营销过程中，可以让有相同关注点的用户集合到一起，各个用户之间可以在微博上表达自己的使用感受，赢得更多人的认同；也可以激发更多用户的好奇心，提升其他用户的消费欲望。成功的微博营销会通过信息的传递积累大量的品牌拥护者，实现品牌的消费升级，并积累好的品牌口碑。企业还可以在微博上实施信息的跟踪反馈，获取用户一线的使用感受，加深与用户的交流，让信息大范围传播。

（四）整合策略

整合策略就是将企业能够运用的所有营销资源都整合在一起，共同发生合力，以达到企业的预期目标的一种策略。整合营销的最大优势就是“以一种声音说话”。① 将各种营销要素进行整合可以集合各个要素的优点，让其发挥出其最大的作用，实现最佳的信息传播效果。微博营销模式的主要作用是可以将信息更快速地传播，但传播信息的有效性却不是企业可以控制的，信息可能会被淹没在互联网中。因此，企业应该将微博营销与其他的营销模式结合，让不同的营销方式发挥其不同的作用，实现最优解。在整合策略中需要注意各个不同营销方式的优缺点，了解最佳的组合效果。在微博营销中主要是线上的信息传递，但也要注意线下活动带来的实际效果，让线上、线下共同创造收益。例如，可以让顾客在举办活动的现场进行拍照和直播，并将活动照片发布到微博，将自己的真实感受记录在微博中，增加线下活动与线上信息传递的互动。企业可以根据微博的内容和评论内容进行跟踪，了解自身活动的不足，不断完善相关服务。整合营销比传统的单一营销更加具有针对性，可以使企业更加精准地了解顾客的需求。通过这些不同策略的实施，可让顾客提高对企业的好感度、信任度与认可度，更有利于双方之间维持长期的合作关系，实现双赢。

三、基于微博营销的创新策略总结

（一）明确产品在市场中的定位，注重营销主题

人们对微博营销产生兴趣的主要原因是通过微博营销能够节省非常多的时间，用户通过获取微博动态，能够发现自己需要的商品。结合当前的微博营销情况来看，微博的用户数量较多，主要的原因是微博的使用难度低，只需要在网络环境下使用手机或是电脑，就能够让各个年龄阶层的人进行便捷的使用，面对如此庞大的用户群体，微博的市场营销具有非常广阔的价值。如何使用微博是当前商家在营销活动中要重视的首要问题，一旦在微博营销中出现了负面影响，那么不仅会对企业造成经济损失，更为严重的会对企业的声誉造成负面影响。

在开展微博营销时，首先，企业要明确自身产品在市场中的定位，全方位地分析微博营销会带来的效果以及可能产生的影响。例如，产品需要在市场当中塑造哪种形象以

① 宋珺．微博营销策略分析及研究［J］．福建质量管理，2018（9）：64-65.

及会在群众中获得怎样的反馈等，这都是产品定位中的重要问题，完善这一工作，才能够有效地开展后续的营销活动。其次，企业要注重营销主题，微博营销的主要原理是通过文字与图片或视频结合来进行宣传，因此，在制定宣传方案时要进行严格的把关，最好不要在宣传方案中出现与产品无关的信息，考虑信息时要全面结合营销主题。① 用于微博营销的微博账号，其用户头像也不能随便地进行改变，一旦改变很可能会对产品的销售量造成影响。因此，对产品的营销信息方面企业要进行严格的把关，因为这样才能够制定明确的营销主题，也不至于在后续的文字图片宣传中出现失误。

（二）结合市场需求，进行针对性营销

伴随着移动互联网技术的不断发展，人们已经对网络产生了极大的依赖，人们每天都会通过网络来了解一些社会中的热点话题，这也是微博的主要作用之一。产品商家也要意识到这一点，充分地运用这些热点话题，因为这些热点话题可能蕴含着潜在的商业机遇，了解人们当前关注的点，才能够做到投其所好。

在制定营销方案时，应结合人们的关注内容与市场需求，充分地使用微博这一社会媒体平台。在微博营销中信息是非常重要的，信息的内容是决定营销活动是否成功的关键。企业在发布信息时，要充分进行市场调研，了解当下的市场动向，并针对目标群众进行营销内容的调整。在微博营销过程中必须牢牢掌握市场信息，对于人们关注的热点进行深入剖析，并结合热点推出相应的营销方案才能抓住目标受众的心，赢得好的营销效果。例如，在微博的话题讨论中，如果针对当前热播的影视剧展开热烈的讨论，商家就可以针对这一影视剧来制定网络营销方案，根据影视剧中出现的形象以及服饰等，对产品进行包装，进行主题营销活动，让人们能够在实际生活中发现并接触与影视剧中相符的产品，这会掀起消费热潮。企业带来能够符合市场需求的产品，同时也能最大化地满足群众的需求，这种营销策略对于群众与商家来说都是非常有价值的，能够极大地促进产品的销量。

此外，要加强对微博信息的更新管理，及时地更新信息使信息具有针对性与实时性，让群众能够及时地了解企业的新动态，这样也能够提升群众对于企业的信任与依赖。在微博营销中使用谨慎的态度来应对，能够避免出现不必要的客户损失，同时也是企业在经营发展中的一项有效策略。

（三）重视情感营销，为顾客留下良好印象

虽然微博实质上是一个进行沟通与交流的平台，商家与顾客之间只能通过图片、文字、语音来展开交流，无法进行面对面地沟通，处理客户关系也是一项非常重要的问题。在无法进行面对面沟通的情况下，要注重建立良好的商家形象，与用户之间形成和谐的关系。在微博营销中要注重情感营销，不只要站在自身的角度思考问题，还要将用户的实际利益放在首位，时刻将消费者作为主体，这样才能够抓住用户的心理，拉近双方之间的距离，让客户与商家之间感受到彼此的信任。在微博营销中，一些商家经常抱着侥幸的心理，认为只要交易成功就不需要对其他方面操心，这是一种只顾眼前利益的错误

---

① 戚萌．微博营销的创新策略分析［J］．现代营销（创富信息版），2020（12）：188-189.

心态，在微博营销中要将目光放得长远。

在网络营销中建立良好的商家形象需要不断完善自身的服务，争取为每一位顾客带来良好的情感体验，满足每一个顾客的合理要求。在品牌长期的发展中，需要不断吸引新的顾客，同时也需要维护好老顾客。每一位顾客在获得好的购买体验后都有可能带来更多的顾客，其身后隐藏着更多的商机，商家要认真解答每一位顾客的问题，提升自身的境界。当前每一位客户都具有自己的朋友圈，在开展微博营销时，商家要认识到微博所带有的连带性，通过一个顾客的推广能够扩大商品的宣传范围，从而获得更多的用户资源，这个过程是持续不断的。因此，在微博营销中，不要一直站在自己的角度来思考，要以用户的角度来进行全方位的考虑，多与客户进行情感沟通，建立长期的合作信任感。例如，在推销产品时，当顾客没有产生强烈的购买需求时，就不要继续推销产品，而要温和地询问客户，与客户展开沟通，明确客户的需求，为其推荐具有较高性价比并且符合客户预期需求的产品，让客户能够感受到商家是为自己考虑过的，从而能够使客户与商家之间建立更深一步的关系。在微博营销中，商家最好要与顾客形成一种类似于朋友的关系，在不断交流中树立商家独特的风格特点，就能够为顾客留下良好的印象，从而获取更多的客户资源，增强企业的市场竞争力。

第四节　微博营销应用分析

一、微博营销在旅游酒店中的应用分析

（一）微博营销在旅游酒店发展中的重要性分析

1. 管理酒店现有客户

在旅游酒店的运营中，可以通过微博平台推出酒店的最新折扣和优惠价格，让更多的用户了解相关信息并促进消费；对于酒店出现的投诉问题，一些客户对酒店的疑问等都可以通过微博进行实时沟通，让大众了解事实，更好地管理现有客户。微博平台的开通让酒店客户可以实时了解酒店信息，也可以让酒店维护自身的品牌形象。

2. 方便产品介绍与宣传

微博的用户群体广泛，信息传播成本十分低，旅游酒店的房型介绍、宣传等利用微博平台来传播是推广方法之一。只要酒店把优惠活动、特色房型、节假日价格等上传到微博平台，关注了酒店官方微博的用户便能第一时间获取最新的优惠信息，其他搜索该酒店的用户也能及时了解酒店的情况，并且有不清楚的地方还可以在线留言或者@酒店官方微博账号出来答疑解惑，这种传播手段性价比和时效性非常高。[①]

---

① 张娜．现代微博营销如何在旅游酒店中得以运用？［J］．营销界，2019（22）：85-86.

3. 吸引旅游酒店的潜在客户

微博平台的内容可以被实时搜索，用户如果在其他平台了解酒店的相关信息，可以在微博关注官方，并了解酒店真实的信息。微博的转发分享功能也比较实用，用户可以将相关信息转发给好友或者亲人等，让更多的人了解相关信息，并与好友等组织相关的旅游活动。酒店可以通过微博平台吸引更多的潜在用户，让更多的用户了解酒店的口碑好坏，维护酒店的正面形象。

（二）微博营销在旅游酒店中的应用策略

1. 构建基于自身酒店企业的微博营销战略

当今时代最佳的信息传播渠道之一就是微博，通过微博可以快速地将信息进行传播，连接更多用户。微博的用户还在持续增长中，每日活跃人群也排在几大网络平台的前列，因此在微博中进行信息发布可以以最低的成本获得最快的信息传播速度。酒店在微博营销过程中要充分分析自身的优缺点，尽量发挥自身的优势；还要在营销过程中提前规划，分析通过营销需要达到的目的。所以在酒店的微博营销过程中要建立长期规划，不断完善自身的营销方案，结合自身优势进行特点的宣传，并明确企业的目的，不断在微博中赢得更多目标用户，扩大企业的影响力。

2. 注重微博内容的设计

首先，酒店在进行微博内容的发布时，要认真考虑自身的发展优势，打造特色化的酒店服务，结合地域特色推出一条龙服务，为顾客提供最大方便。

其次，酒店的微博应该注重自身品牌形象的打造，要有明确的定位，在内容的打造上可以分为不同的模块，满足不同用户的需求，让粉丝阅读更加自由。在发布的微博中，提高内容的质量，增加内容的趣味性，让用户获得美好的阅读体验，加强与粉丝之间的沟通，引导其发表评论，用当下流行的方式与粉丝互动。

最后，微博内容还要具备独特的标签，独特的标签才能展示出旅游酒店与其他同行业的不同之处，突出自己的个性，这样才能被更多的粉丝关注。①

3. 制定规律的发布时间

在微博营销过程中，要保持长期发博的决心，可以根据粉丝的活跃时间确定合适的发布信息时间，以保证信息可以被更多用户看见。在酒店的经营中，微博营销应该是长期的营销策略，要具备持之以恒的心态，不能以短时间内的信息轰炸吸引粉丝，这样的粉丝更多的是短期的，不具备黏性，应该长期与粉丝进行稳定交流，并提高内容的质量，在维护好老顾客的基础上不断吸引新的顾客。所以，酒店应该充分利用当前的大数据优势，分析用户喜欢什么样的内容、活跃的时间段等，选择合适的发布时间，吸引更多粉丝关注。

4. 关注微博舆论监测

微博是相对自由的平台，用户可以在其中自由地发表言论，这会引起不同的反响，酒店在微博营销中应该实时监控微博舆论，及时消除不好的影响。如果用户在入住酒店期间获得优质的服务，对于这趟旅程比较满意，那他可能会在微博上进行推荐，吸引更

① 王彦青．现代微博营销在旅游酒店中的应用策略［J］．当代旅游，2021（2）：65-66.

多的用户前来，这就形成良性循环，实现口碑的传播。反之，如果用户入住体验较差，可能会在微博上进行吐槽，引导舆论向坏的方向发展，毁坏酒店的品牌形象。

5. 加强合作

旅游酒店在进行微博营销过程中要加强与不同领域的合作，合作可以产生更大的能量，获得更佳的传播效果。比如，一些大型的旅游企业会选择与“大 V”合作，让博主来到实地进行考察，并根据现场拍摄照片或录制视频，发布到自己的账号中，通过这样的方式对酒店进行宣传。这种宣传方式可以使企业微博通过名人效应的带动，赢得大批粉丝，获得好的口碑，实现好的宣传效果。

6. 加强营销方式的创新

时代在快速变化，营销手段和方式层出不穷，酒店要想在微博营销中获得良好的效果，就要加强营销方式的创新。在创新过程中要结合网络数据分析，了解用户喜欢的方向，关注用户的实际需求，满足不同用户的消费体验。比如，在微博质量较高的信息中增加房间预定的链接，方便用户在第一时间进行下单，这节省了用户去其他平台翻找的时间，更有利于营销方案的成功。

二、微博营销在电影宣传中的应用分析

（一）电影微博内容营销的内容

为分析电影行业的微博内容营销，按照微博内容特点可将微博内容分为以下四种。

1. 电影内容类

微博内容以电影内容为主，是粉丝所热衷的话题。这个类型的话题主要有三个部分，一是与电影的主题曲、海报相关的微博内容；二是电影预告片等宣传片相关的微博内容；三是有关电影的台词、场景的微博内容。

2. 粉丝互动类

微博内容以与粉丝互动为主，包括关系互动、情感互动以及故事互动三个方面。这些微博内容包括向粉丝提问、粉丝回答问题的微博；转发粉丝观影后的心情感悟的微博；发布明星或粉丝分享故事、经历的微博。

3. 促销活动类

促销类的微博内容包括院线促销和参加活动这两个方面。院线促销类微博指有关电影院线的电影票打折，甚至免费信息的微博内容；参加活动类微博指有关参加电影线下以及线上活动的微博内容。

4. 广告宣传类

广告宣传类微博是指电影官方微博发布关于电影全方面信息的内容。一是关于电影的上映时间的微博；二是关于电影的幕后活动，包括拍摄花絮、电影首映的微博内容；三是关于主创人员包括导演、编剧以及演员的微博内容；四是关于电影票房信息的微博内容。

（二）电影微博营销策略

电影行业在进行电影宣传时往往是有不同的阶段的，在不同的阶段中，其所使用的

营销策略也是不一样的。首先，前期，电影官方一般会在微博制造与电影有关的热门话题，这样做的目的主要有两个，一个是向大众提供与电影相关的各类信息，使消费者对电影有基本的了解，另一个是可以提前使消费者的注意力为电影所吸引。其次，中期，电影导演、编剧与演员们将是宣传的主力，他们这时可以担任意见领袖的角色，用他们的微博来吸引其粉丝去观影。另外，已经观看过电影的影迷通过在微博写影评的方式也能给电影宣传带来不错的效果。最后，微博平台上的互动活动可以充分调动粉丝参与话题的积极性，进而提高营销效果。① 电影行业在微博营销策略选择上具体可以概括为以下三点。

1. 电影宣传前期的话题营销

电影行业的官方微博在宣传前期重视发布热门话题，这些热门话题可以是电影拍摄过程中的花絮，可以是主创人员的相关信息，等等。不管发布的是哪一种话题与信息，只要能让电影受众为电影所吸引，自觉地走入电影院，这些发布的话题就是有价值的。

电影官方微博发布的热门话题都是围绕电影宣传进行的。热门话题让电影在还没有上映前都可以为电影受众所了解，同时也能吸引他们的注意力，刺激他们的消费。另外，为了进一步扩大电影的影响力，电影官方微博还会在发布热门话题的同时制造一些周边话题。

2. 电影宣传中期的口碑营销

电影宣传中期，导演、编剧与演员等主创人员所发挥的意见领袖作用是不能忽视的，他们也能通过自己的微博去宣传电影。尤其是电影主创人员，他们一般都有着自己的粉丝群体，在他们的号召下，粉丝会积极观影，同时也会在看完电影之后主动地分享电影，分享自己的观影感受，对电影进行积极评价。这些都会让那些普通消费者发现该电影的好，进而走进电影院。

3. 电影宣传后期的互动营销

电影宣传后期，众主创们可以与粉丝积极互动，对于粉丝的留言，要主动回应，同时还可以给粉丝讲述自己参演电影过程中的趣事，从而在拉近与粉丝距离的过程中更好地宣传电影，甚至通过一部电影，电影演员还能收获更多的粉丝的喜爱。

电影行业在进行微博营销时通常也会发起微投票活动，这样的一种活动能让其了解电影受众对电影的反应，从而更好地实施营销策略。

三、微博营销在旅游景区推广中的应用分析

（一）微博优势与景区网络营销的契合点

1. 用户特征有利于推广景区信息

当前，各大旅游景区的竞争日益加剧，对于旅游者来说，他们重复参观某一个景区的情况几乎不存在。因此，各大景区要做的首要事情就是要吸引新的客源，否则，景区的人流量就无法保证了。景区营销的目的不仅在于扩大目标市场的信息需求，还在于开

① 张琳，王子敏．电影行业的微博营销策略［J］．电子商务，2020（2）：54-55.

发目标市场的信息需求。现在，微博用户数量激增，对于不少人来说，微博已经成为他们获取、传播信息的重要渠道。经过调查分析，微博的主要用户为学生与白领，前者拥有较多的自由时间，而后者的可支配收入比较多，基于此，这两类群体就成为旅游景区的重要客户源。微博用户之间是可以相互关注的，这让景区的相关信息得以传播开来，景区也能为更多人所了解。

2. 体验分享有利于刺激旅游需求

人们实施的各种旅游消费行为，从本质上来看就是一种异地体验活动。在没有到景区旅游之前，游客对该景区的了解几乎为零，他们无法实地进行考察，对于景区的各类信息，通常都是根据媒体、朋友等来获取的。那些已经到过景区的人，他们一般会将自己在景区中拍的照片、对景区的评价等通过微博传播出去，这就在无形中给景区形成了良好的口碑，促使更多的人去认识与了解这一景区。

3. 互动对话有助于客户关系管理

营销是企业与消费者的一种沟通方式，强势的告知不是最好的沟通方式，在 Web2.0 时代，企业与消费者只有在共同的生活方式中“亲密接触”才能达到更好的沟通效果。营销的精髓在于用户的主动参与，让用户主动传播，达到企业与用户的互动，有助于加强联系、提升品牌忠诚度、增加销量等。[①] 这一营销功能正好就是微博营销具有的一个很大的优势，首先，利用微博可以形成自己的特色品牌；其次，利用微博可以与用户形成更加紧密的联系，甚至一些要购买商品的用户还能利用微博与企业进行联系。企业与用户的积极互动能在很大程度上强化微博营销的效果。

（二）旅游景区微博营销策略

1. 提升运营及管理水平

旅游微博信息的字数不多，但短短几十个字通常就可以引起一些话题，只要发布的话题是合法的，那么，就能得到微博的支持，也能获得受众的青睐。因此，为了更好地帮助旅游景区发布景区信息，也能让受众全面地了解景区信息，必须建立更加完善的微博旅游信息发布机制，要确立信息发布的范围，同时也要确立信息发布的原则等内容。

中国旅游行业出现了新的发展趋势，散客时代已经来临，人们开始重视在旅游过程中的体验，同时对旅游的品质要求也变得越来越高。将来中国应该打造的是融合全面的旅游信息、提供多样的优质服务的旅游服务平台。面对这种情况，旅游景区组建素质较高的微媒体运营队伍，改善自己的微媒体产品，显得极为重要。[②]

2. 提升微博内容质量，吸引用户

微博是否受到用户的关注，直接影响这些潜在的消费者是否能够成为实际消费者。[③] 而如何吸引用户的注意，则与微博信息的内容密切相关。

近些年来，微博也在不断地进行创新，许多网民开始为微博所吸引，他们在微博上发表自己对某件事的看法，寻找与自己有着共同兴趣爱好的人，等等。他们讨论的话题

---

① 王业祥．旅游景区微博营销应用分析：以新浪微博为例［J］．湖南科技学院学报，2013（2）：139-141.

② 周晓雪．微时代的旅游市场微推广策略研究［J］．中国商论，2019（1）：70-71.

③ 宋颖．旅游景区微博营销策略研究［J］．新闻研究导刊，2020（5）：89-90.

多种多样，旅游企业不可避免地也会出现在他们的讨论中，讨论的内容涉及多个方面，有对旅游景区的吐槽，也有对旅游景区的建议，还有对想要去旅游景区的消费者的一些合理的建议。对于旅游景区来说，网民对他们的赞美，其应该虚心接受，同时，对于网民提出的各种需要解决的问题，景区也不能逃避，而是应该积极面对，根据问题找出合理的解决之策。

3. 把握微博发布的时间和频率

微博是社交软件，在这个软件上，人们可以随时在线，能时刻发布、转发各种信息，他们的这些行为都是自由的，不会受到时空的限制。但应该清楚的是，微博的流量也有着自己的规律，一天当中总有一个时间段是人流量最大的时候。据新浪数据中心对微博使用情况的统计，关于微博发布时间，8：00~24：00 这 16 个小时中的分布较为均匀，8：00~12：00 和 18：00~24：00 这两个时间是微博用户最为活跃的两个时段，应当加以重视。这里需要说明的一点是，景区微博发布的数量不能过多，这是因为一旦发布过多就会导致用户反感，甚至让用户直接放弃对该景区的游览。通过对大量的数据进行分析，可以发现，景区微博的发布数量最好可以维持在 8~20 条。

第七章　透视微信营销理论与技巧

微信已逐渐成为移动互联网下最主流的社交媒体之一，随着微信公众平台、微信支付、微信城市服务等功能的推出，微信已经渗透到普通民众的生活和工作中，这也让微信从一个沟通工具升级成一个生态圈，并开始在营销领域“大展拳脚”。本章对微信营销理论与技巧问题进行了分析与探讨。

第一节　微信营销概述

一、界定微信营销

微信是 2011 年 1 月 21 日推出的一个为智能终端提供即时通信服务的免费应用程序①，支持跨通信运营商、跨操作系统平台快速发送免费语音、短信、视频、图片和文字。

随着微信越来越深入人们的生活，微信营销也随之成为一种新颖的网络营销方式。微信并不会为距离所限制，用户在注册完毕之后，就能与其他已经注册的“朋友”产生关联性，用户可根据自己的兴趣订阅信息，商家则能通过用户提供的信息去推广自己的产品，这就实现了点对点的一种营销。微信营销基于移动互联网的发展，并且智能手机越来越普及，微信已经成为即时通信市场的一大霸主。

微信营销的优势突出，发展空间广阔。

首先，微信平台上的交流具有明显的互动性特征，而且，这样的互动是一种非常及时的互动，不会为时间、空间所限制，无论用户身在何方，其都能用微信与其他人进行友好的交流。

其次，微信能够获取更加真实的用户群，博客的粉丝中存在太多的无关粉丝，不能真真实实地为你带来几个用户，但是微信就不一样了，微信的用户一定是真实的、私密的、有价值的，也难怪有的媒体会这样比喻，“微信 1 万个听众相当于新浪微博的 100 万粉丝”②，虽然有夸张成分，但却有一定的依据性。

---

① 林颖．电子商务实战基础 新媒体营销实战［M］．北京：北京理工大学出版社，2018：61.

② 崔学良，高闯世．无微不至　5 分钟玩转微信营销［M］．上海：立信会计出版社，2015：48.

二、微信营销的特点

（一）成本低廉

一般而言，传统的电视、报纸、广播、电话及互联网等营销方式都需要企业投入大量的资金成本，而目前微信的所有功能均为免费，企业基于微信展开的营销活动仅需支付流量费用，相比传统营销活动费用大幅减少。

（二）曝光率高

手机短信和电子邮件的群发越来越受到用户的抵制，容易受到屏蔽，而微信公众号是用户自主关注的，微信平台发送的信息能百分之百地到达用户。相对来说，微信营销的曝光率会更高一些。在微博营销中，只有那些粉丝数量多的微博账号能够发挥营销作用，那些粉丝量少的微博账号所发布的信息几乎会被淹没在信息的海洋中。

（三）即时性强

在移动互联网的快速发展之下，人们现在获取信息大多通过智能手机来实现。与相对笨重的电脑相比，智能手机的功能强大且多样，而且重要的是，其便于携带，能使用户在较快的时间内了解大量的信息。

（四）互动性强

微信出现之后，企业在管理用户上出现的不少问题都被合理解决了。许多企业为了更好地了解用户对他们的认识，纷纷建立了企业微信公众号，用户可以通过微信公众号将自己对企业产品的各种建议反馈给企业。只要用户给企业微信公众号发信息，微信客服就能在第一时间予以回复，同时也能给出相应的解释。可以说，通过微信平台，企业与用户之间建立了紧密的联系，形成了良好的互动，同时，用户关系也能够被很好地维护，最重要的是，企业营销的最终目的也能有效达成。

（五）针对性强

微信营销是一种非常明显的“许可式”营销，这种营销的具体操作方式是，企业会通过以前发展的老客户来建立自己的口碑，进而在老客户的带动下，一些潜在客户也能进驻微信公众平台，并利用微信公众平台获取与企业相关的各种信息。不过，需要指出的是，并不是所有的微信用户都能接收到企业发送的各种信息，只有那些已经关注企业微信公众号的用户才能接收这些信息，而那些主动关注的用户恰恰就是企业要关注的目标人群。可见，微信营销的针对性非常强。

三、开展微信营销的优势分析

（一）微信平台拥有大量用户

微信平台使用者很多，为微信营销提供了顾客来源。微信作为一种社交工具，可以时时实现好友间资讯沟通和共享。基于身边众多亲人、朋友、同事启用微信，为了联络、共享方便，越来越多的人申请使用微信，微信使用人数快速成倍增长。微信用户是企业的潜在利润源，微信平台成功吸引广大客户使用，随即获得了众多客户信息资源①。企业可以通过有效管理客户信息资源，甄选潜在顾客，而这些潜在顾客是企业顺利开展微信营销的重要基础。此外，微信使用者遍布世界各地，企业不管通过朋友圈、公众号抑或其他微信营销手段开展营销，营销信息极有可能快速传播开来，加速营销信息遍及各地，实现良好的宣传成效，从而为微信营销奠定坚实的基础。

（二）能帮助企业节约费用

企业实施微信营销节约费用。首先，前期所需资本注入较少。企业使用微信平台基本不用支付费用，无须实体经营店面，省却了场地购置费用，与之相伴的固有营销费用一并不再需要注入②。因此，微信营销的前期投资少很多，节省了相应资本注入。其次，营销费用更节省。企业开展微信营销只需少量员工，其主要工作是：借助微信公众号、朋友圈等撰写、发布宣传文章，配以图文、视频的创作、美化，表达、提炼、再现微信营销主旨，与微信使用者的交流也主要在线上进行。上述微信营销工作只需少量员工即可胜任，通常情况下也无须人员出差，相应的差旅费、人员工资都有所节约③。因此，从前期投入到后期运作，都为企业节约了费用。

第二节 揭秘微信营销模式

一、微信营销基础模式

（一）O2O 营销模式

O2O 模式，即客户实现在线预订或支付，并在线下接受服务或产生消费的一种经营模式。④ 随着互联网的快速发展，O2O 模式也迅速发展，在微信端主要是通过二维码予以实现，客户只需要通过微信“扫一扫”识别二维码，就可以获取商家的服务信息，并通过在线支付获取服务并享受会员折扣等（如微信订餐/挂号、微信订车票/电影票、微信交水电费等）。以飞利浦为例，其在自己的微信公众号“健康生活飞友会”中实施了一场微信 O2O 突围战，通过微商城进行引流，不仅可以微信直接关注官方微信号，更可以在飞利浦专卖店或商品包装盒上扫描二维码，进入微信活动专区获取折扣及优惠金，并在实体店面下单拿货。通过这样的线上线下互动活动，可以激发潜在消费者的消费欲望，

---

① 王千．微信平台商业模式创新研究［J］．郑州大学学报（哲学社会科学版），2014，47（6）：87-91.
② 詹巧珍．移动电商背景下的微信营销现状及策略［J］．现代交际，2020（14）：246-247.
③ 王存．企业微信营销现状及优化策略研究［J］．农家参谋，2020（6）：211-212.
④ 戴昕哲．浅析企业微信营销的模式与发展前景［J］．中国商论，2017（3）：15-16.

更可以通过商品组合优惠来吸引消费者关注更多的商品，享受最优质、最便捷、最优惠的购物服务。除了飞利浦以外，目前还有许多传统企业开始尝试通过微信营销 O2O 模式进行市场突围，这也充分说明了这一模式的重要影响力。

（二）F2F 营销模式

F2F 营销模式就是我们通常所说的面对面营销，企业与客户进行面对面的交流可对客户的各种实际的需求予以了解，从而有针对性地向客户提供营销服务。目前，不少企业已经在微信平台上开设了自己的公众号，用户只要扫相关二维码就能获取关于企业的信息，并加以关注。事实上，用户对企业账号加以关注往往是建立在基本的信任环境下的，基于这种信任，用户会对企业及其产品产生购买的兴趣。企业则可以通过微信平台了解客户的实际需求，进而可以针对性地给用户提供合适的产品。

（三）微信自媒体营销模式

微信平台的普及加速了自媒体时代的快速发展，许多用户都可以通过微信平台表达和分享自己的观点。不同于传统媒体，自媒体传播方式并非单向传播，而是基于互动交流、平等对话的双向传播方式，且这种传播方式已经突破了时间和空间的限制。加之传播者不需要具备专业化知识储备，只需要在微信上建立自营平台并发布相关信息，即可以进行自媒体运营。而且，自媒体运营过程中可以通过大量原创或转载内容来聚集阅读者对某一事物的观点及情感，更可以由此获取大量忠诚粉丝用户，从而通过自媒体获取口碑效应及商业回报的机会。

二、微信营销模式变革：复合型营销模式

众多的用户基数、广阔的运营空间再加上诸多的应用功能，微信蕴涵着巨大的营销潜力和商业价值，微信的消息源可以根据行业的不同、客户定位的不同进行定向性开发，例如，航空公司利用微信发布气象消息、航班动态，出租车公司利用微信同客户进行呼叫打车业务，酒店可以在微信发布图片对自身进行展示、推荐优惠项目等。鉴于此，未来的微信营销应该形成多重样式的复合型营销模式。

（一）“朋友圈”营销

商家营销的“灵魂”就在于它的口碑与声誉，所以商品的声誉一直为众多商家所重视，而微信中的“朋友圈”则是一个扩展商品声誉的出色平台。[①] 一般情况下，微信用户有着十分稳固的关系，因为建立起朋友圈的人大多数都是朋友，同时，关系的黏合性非常强。因此，在朋友圈进行商品的转发与评论，能让朋友最大限度上去认同与接纳。不少淘宝商家也认识到了朋友圈的重要性，纷纷利用朋友圈发布产品信息，同时也使自己的店铺获得了宣传。更为重要的是，朋友圈具有复合功能，其不仅能用文字与图片进行推广，而且还能用语音、视频等进行推广，这样丰富的宣传手段可以让朋友圈用户感受

---

① 秦泽宇．微信营销模式的“多元化”时代［J］．营销界，2021（22）：32-33.

产品的多面性，从而对产品更加认同，甚至激发购买欲。对于那些已经在朋友圈购买产品的老客户，商家应该做出一定的回馈，比如，可以让他们在朋友圈晒单，同时，对于那些晒单的老客户，可以给他们一定的奖励，一方面可以让这些老客户产生更高的忠诚度，同时也能达到宣传产品的效果。

（二）“宣传牌”营销

在微信中有两项功能：“查看附近的人”和“向附近人打招呼”。此类功能可以使用户以自己的地理位置为中心，搜索到周围两千米范围内同样开启此功能的使用者。所以，利用这一功能，各商家可以建立独立的账号，通过微信昵称和个性签名，使用生动形象、个性鲜明的语言进行宣传，保持微信 24 小时不停歇的运转，并保证此功能一直在开启状态，就可以形成立体式活动型的广告“宣传牌”。只要用户在某一时刻或地点打开了“查看附近的人”这项功能，附近微商的店铺就会被手机自动搜索到，届时用户就可以根据微商的广告内容自行选择所需要的商品或店铺，进行消费与体验。商家还可以根据用户所处的地理位置，利用“向附近人打招呼”功能，主动向用户推介店铺内容及商品信息，即可使用户第一时间得到实用的信息资料。对于广大“驴友”以及经常出差在外的人士来说，此类消费模式是非常方便实用的，在一个陌生的城市中，微信用户不用查看电子地图，不用登录网页，就能找到合适的店铺购买所需要的物品，这无疑是既快捷又有效的消费模式。例如，海口 K5 连锁便利店在 2018 年推出营销新模式，在该连锁便利店新店开张时，利用微信中“查看附近的人”与“向附近人打招呼”两个应用功能，进行了灵动型的“宣传牌”营销。K5 新店在经过数据分析后，根据自身的地理位置，点击“查看附近的人”，查找出了周围的微信用户，之后根据微信上的客户资料以及相应的地理位置，将即时适用的促销信息发送给附近用户，进行精准的广告投放。

（三）“微扫描”营销

移动媒体的技术日新月异、二维码时代的来临，将是移动网络的一次机遇。之前网络线上与线下一直无法自动连通，而二维码的出现则改变了这一切，成为线上与线下的重要入口。二维码已经成功“登陆”微信平台，它使得线上与线下完美融合，形成了“微扫描”营销模式。商家提供的二维码经过微信扫描之后，会直接且直观地呈现在用户面前，从而对商家网站信息与产品质量进行深度了解，并由此推出会员增值服务以及打折促销活动，吸引客户进行消费体验。手机微信钱包功能的应用又进一步强化了该模式，客户可以完全在微信这个独立的平台中完成商品交易，一个完整快捷的消费空间就形成了。例如，在平时生活中，商家可以在街上、电视甚至网络上，发行自家独有的二维码，经用户扫描之后，该用户就能获得一张存储于微信中的电子会员卡，即可享受商家提供的会员折扣和服务。商家可以设定自己品牌的二维码，用折扣和优惠来吸引用户关注，开拓“微扫描”营销模式。2019 年深圳大型商场海岸城推出“开启微信会员卡”促销活动，微信用户只要使用微信扫描海岸城专属二维码，即可免费获得海岸城手机会员卡，凭此享受海岸城内多家商户优惠特权。

（四）公众账号精准的“标靶式”营销

在微信的诸多应用中，“公众账号”可以说给予了各商家一个具有专业性质的营销平台。由于微信用户既有很高的活跃度又有稳定的质量，所以商家可以进行“标靶式”的精准营销，与客户进行“两点一线”式的精确服务。比如，客户添加了该商家的公众账号之后，商家就可以针对客户的性别、年龄、个人习惯、爱好、消费需求等进行精准的把握，然后进行有效推送，之后再根据客户在公众账号上的留言，进行产品的改进和销售。诚然，想要达到这个目的就必须记录大量的数据作为支撑，并进行高效分析。在推送信息时，商家必须注意发送频率，频率过高可能会遭到客户的反感，对商品产生负面影响。所以，许多商家每日、每周甚至每月只推送一条有效信息，然后根据实际情况再有所调整，而客户接收到有针对性的信息之后，一定会认真观看且善加利用，这样“两点一线”的标靶式营销，会不断增强商品的宣传力度与效果。例如，众所周知的“小米”手机公司，该公司就应用了公众账号粉丝管理运营模式，在建立了自己品牌的微信公众账号之后，小米微信的运营工作人员每天早上都会准时打开电脑，查看并回复账号粉丝的留言，原本小米自身开发的软件系统后台可以自动抓取关键词回复，但小米的工作人员还是认真地进行一对一回复。小米通过这种方式精准地抓住了客户的爱好和需求，大大提升了客户对品牌的亲切感与忠诚度，市场销售份额直线上升，公众账号营销模式的效果可见一斑。

总而言之，微信的快速发展让更多企业看到了营销发展空间。当前微信对人民日常生活的影响或许只是冰山一角，其未来发展方向会更多、更广泛，随着未来微信诸多功能的相继开放，微信平台将会给更多企业用户带来多样化的营销模式。相信在不久的将来，会有越来越多的企业开始通过微信营销进行产品营销及用户推广。

第三节　微信营销平台的规划与运营

一、微信营销平台的建立

（一）定位微信公众平台

建立微信公众平台，必须主题明确、目标清晰。明确建立的初衷是为了彰显品牌，进行传播；还是立足于服务，为用户提供售后以及咨询服务。前者适合使用订阅号，每天对用户推送信息，进行沟通互动，提高品牌曝光度；后者适合使用服务号，可以实现拓展性、个性化的增值服务。微信营销的应用定位归纳为以下五个功能方向。

自媒体平台，即内容的推送与交互：主要是针对某一类特定用户群体持续推出高质量的原创内容，吸引粉丝的增长。例如，海淘品牌小红书的公众号专注于海外购物经验分享。

智能服务平台，即为用户提供服务：主要是为品牌、产品或服务的使用者提供售前或售后服务，提升品牌形象。例如，小米的微信公众平台采用人工客服形式对用户采取一对一的回复。

交易促成平台，即微信销售平台：这类微信公众号主要是以纯粹的产品销售为定位，如开设微店、微商城等，其运营模式的目标就是吸引粉丝，进而销售产品。如麦当劳、肯德基的微信销售平台。

客户关系维护平台，即微信 CRM（客户关系管理）：主要以会员维护、会员营销、活动推广为运营目的。如一些银行、酒店、美容院等行业的微信营销平台。

品牌宣传平台：这类微信公众号既不销售，也不做客户维护，只是用来作为企业品牌展示的一个窗口。如品牌新闻、新品上市。

（二）定位目标人群

结合自身对于营销公众平台的期待，寻找符合自身平台定位的目标人群特征。特征包含用户属性，如性别、年龄、地域、消费习惯、生活习惯等，同时包含目标人群的需求。对此可进行以下针对性的调研。

（1）内容偏好分类：科技、人文、美食、旅游或其他。

（2）活动喜好分类：如抽奖活动或是征集活动等。

（3）接收时间偏好：具体喜欢、习惯什么时间段接收消息。

（4）参与活动方式偏好：喜欢是在线上微信端或是在线下参加活动。

做好目标人群调研后，选择某一类目标人群作为营销的倾向人群，即营销倾向于哪类粉丝人群，倾向于哪类活动，在什么时候做内容群发推送等，做一份详细的安排表。

（三）构建微信运营团队

微信营销的目标是利用微信与客户建立连接，在客户分类筛选和信息互动中获得品牌影响力或业绩订单，或两者兼获。常见的微信营销目标主要有以下几个。

（1）与客户建立连接：涉及品牌推广范畴的工作。

（2）客户分类筛选：涉及 CRM 客户管理范畴的工作。

（3）与客户沟通互动：涉及社会化营销范畴的工作。

（4）提升品牌影响力：涉及品牌传播层面的工作。

（5）提升业绩订单：涉及促销规划方面的工作。

因此，一个专业的微信营销运营团队应有以下人员配备。

微信营销负责人：负责公众号的定位、全年微信营销的目标设定，以及运营的整体规划及调整工作。

技术支持人员：需要熟练操作微信公众号后台，并随时了解新增功能，最好还可以支持技术开发工作。

公众号运营人员：负责公众号内容规划，微信图文内容的发布、内容的推广，以及与客户的互动交流。

策划人员：负责营销活动的策划（包括线上和线下的活动），以及商务合作的工作。

平面设计人员：负责公众号的一切视觉设计内容，包括推广内容页面设计以及视觉营销。

二、微信营销平台的推广

（一）渠道推广

1. 人员推广

人员推广即利用自身的人际关系，如亲朋好友、员工等，要求其进行关注并发动其进行下一级推广，类似于多级传播网络，层层扩散。

2. KOL（意见领袖）推广

寻找与营销内容定位相一致的意见领袖，并让其成为第一批模范用户。意见领袖本身就有众多粉丝，他们乐于模仿和分享领袖的行为。同时，利用意见领袖进行推广，也有助于提升微信公众平台的地位。

3. 内部资源引流

微信本身内部的资源如搜索、关注导语、微信号推荐、二维码、“附近的人”等功能，都可以用来进行推广。

4. 内容传播

内容是微信公众平台的灵魂，创作出优质内容后，将内容效益最大化，推送给更多目标用户。微信内容推广渠道分布广泛。

5. 群推广

在微信公众号打开率持续降低的情况下，在目标用户集中的 QQ 群、微信群进行互动推广，是较为精准且稳妥的推广方式。

6. 微信公众号互推

找到与自身微信公众号的目标用户群相匹配的其他公众号，进行合作互推，优点是简单、快捷、精准、效果良好，但互推的要求是资源平等互换，如粉丝数应相差不大，所以门槛较高。

7. 微信自媒体联盟推广

与微信公众号互推形式类似，自媒体联盟推广是指与其他微信公众号组成联盟，进行资源互推。微信联盟有两种：综合性联盟和行业性联盟，综合性联盟如 We Media、微媒体等，行业性联盟如亲子生活自媒体联盟、汽车行业自媒体联盟、地产自媒联盟等。

8. 导航网站推广

将微信公众号登录到 hao123、360 导航等导航网站，其设置有专属的微信导航网页，借助其巨大的流量进行引流。或者登录到专业的“聚微信”“微信导航大全”等微信导航网站。

9. 地推

地推是地面推广的简称，即找到目标用户聚集的地方举行现场营销展示活动，通过“展示服务+奖品赠送”等方式去获取精准用户的关注。例如，如果微信公众号的目标受众是年轻群体，可选择到大学校园开展现场活动吸引大学生群体。

10. 行业互助推广

有团队运作的企业公众平台，可以通过参加一些行业性会议展览，进行微信公众号推荐，或者与找到与微信公众号定位相关的行业进行合作。例如，“美味不用等”公众号是专注于给用户到火爆餐厅吃饭时提供远程取号、到号提醒的服务号。它的目的是节省用户等候吃饭的时间。在推广期间，其与各个热门餐厅合作，将其公众号二维码印制在餐厅的排号小票上，方便用户“扫一扫”进行关注。

11. 线上广告推广

如果预算足够，可以采用线上广告推广方式，将公众号更大规模地展现给潜在用户，寻求潜在用户的主动关注。例如，选择微信广告或广点通（腾讯社交广告的核心数据和技术系统）进行微信内部广告投放。

12. 智能科技推广

与微信打印机、微信咖啡机、微信娃娃机、微信摇摇车和微信摇摇马等微信周边智能科技产品进行合作推广。例如，让用户关注微信公众号，便有机会免费获得这些智能科技产出的产品，实现线下快速吸粉。

（二）营销活动推广

利用营销活动推广微信公众平台的关键在于，营销策划人员是在了解目标用户需求的基础上，充分利用微信多样化的功能，发挥创意，提高公众平台的曝光度。常见的活动形式有以下几种。

1. 热门事件营销

通过热点或数据分析抓取，去挖掘近期内最受关注、最流行的话题进行内容创作发布在公众号，通过用户对热门事件的关注度进行引流。

2. 分享活动营销

利用微信公众号开展举办行业相关或专业性内容分享活动，用户需通过微信号报名才能参加。

3. 投票活动营销

利用微信公众号开展与用户相关的投票活动，如选美、选萌宝、选最佳员工、选优秀团队等，利用人类趋利、希望被认可的本性在积极配合推广投票活动的同时，吸引更多用户关注。

4. H5 广告传播

设计开发与微信公众号相一致的 H5 广告，如趣味游戏、有奖猜谜、互动场景等投放到用户的朋友圈，引发用户的扩散传播，不断地形成分享链，扩大宣传力度。

三、微信营销平台的运营

（一）平台运营初期

微信营销平台在运营初期，与目标客户群体仍处于相互认知的阶段。在这个阶段的营销目标应是提高公众平台的曝光度，增强用户对公众平台的认知。所以，营销重点应为提升微信信息推送的及时性和互动性水平，把握目标用户获取信息的偏好习惯，按预定周期向该目标群体推送让对方感知度较高的信息内容，来赢得目标客户群体的高关注度。这涉及微信的内容营销。

内容对于微信来说，也与微博一样，是营销的核心与灵魂。微信的内容营销与微博有很多相似之处，但是基于微博是弱关系的平台，而微信是强关系的平台，在曝光率和私密度等方面有着明显的区别，也存在其需要特别注意的地方。

1. 原创是内容营销的核心

在微信，内容营销可以通过文字、图片、音频、动画、声音等介质呈现出来，形式丰富、吸引力强，但是“言之无文，行而不远”。如果用户通过公众平台看到的都是些空洞的、雷同的甚至是抄袭的内容，不但不能起到营销的效果，还会适得其反。所以，原创是微信内容营销持续发展的核心所在，通过提供优秀、有价值的信息来驱动消费者的认知、购买行为，可以更好地保留客户，提高品牌忠诚度。

2. 互动化和娱乐化赢取关注度

互动化和娱乐化都应从消费者需求的角度出发。互动化是基于微信点对点的互动机制，找出品牌所需传播内容中契合目标消费者的兴趣点，创设引导性讨论交流话题，激发、驱动用户 UGC（用户自生产内容），调动用户去讨论、点赞、分享和评论。

同时，在这个全民娱乐的年代，追求更多的乐趣也成为不可或缺的内容消费主题。将娱乐的元素或形式融入内容中，与客户的情感建立联系，从而达到娱乐客户，建立忠诚客户的目的。

3. 内容要精简，形式要多样

虽然微信不像微博会限制字数，但微信是移动化、碎片化的承载体，所以微信内容也应精简，符合用户在移动端的阅读习惯。如果界面布局杂乱，内容烦冗复杂，很容易流失粉丝的关注。在微信上，内容的形式因其承载的介质而多种多样，所以在内容精简的基础上丰富内容形式，优化用户阅读体验。

4. 多渠道助推，扩大影响力

微信营销与传统的网络内容营销一样，在完成内容之后，也需要进行推广，结合公众号的定位和用户群体，在他们集中的平台，去发布内容。多渠道助推是指不必局限于微信平台，可在平台外进行引流吸粉以扩大影响力。

（二）平台运营巩固期

当营销平台运营到一定的阶段，大多数已形成与最初的营销定位相一致的内容推送风格。但单一的内容推送风格，易造成用户阅读疲劳，因此应整合用户需求，进行多风格组合推送或建立客户分组，根据不同的分组用户发送符合其需求的内容，这样信息的精准度也会相对较高。

同时，到了这一阶段后，微信营销平台也拥有了较为固定的粉丝群体，双方处在关系巩固阶段。所以，这时微信营销平台的营销重点在加强互动性营销，借助即时化的聊天系统来建立密切关系，有甄别地、针对性地推送微信信息，以确保客户群体可以获取具有较高服务含金量的微信信息，甚至用客户喜闻乐见的方式给予他们个性化、定制化的服务，从而有效保留目标客户群，并巩固其对微信账号的美誉度。

四、微信平台营销力的评估

（一）用户数量评估

用户数量指标考核包括两个方面，分别是关注公众号的用户总数量以及目标用户的占比率，如果目标用户数量占总人数的比例低于 50%，那么该指标考核不算合格。

（二）用户状态评估

用户状态可从两个层面进行评估：第一，是否有用户取消关注或者取消关注的用户占比是多少；第二，用户并没有取消关注，但该用户几乎或从未浏览过公众号的内容。

（三）用户类别评估

用户类别指标是指是否对微信平台的目标用户及潜在用户进行了细分，该项可以作为评估精准营销效果的指标。

（四）互动性评估

互动性的指标可以评估用户在公众号的活跃程度，体现在推送内容的阅读数、点赞数、评论数以及分享链接数，该指标体现了用户对内容的兴趣程度。

第四节　掌握微信营销技巧与策略

一、以企业特点为依据，重视微信服务

好的微信创意往往具有以下三种比较鲜明的特点：第一，品牌定位清晰；第二，重视服务；第三，强调技术与认知。也就是必须对微信用户有清楚的了解，同时对他们的产品需求有精准的把握，只有这样，才能给用户提供更加多样的服务，同时了解用户真正需要的是什么样的技术。因此，在进行微信主题设计时，设计者不能过于依赖自己的主观判断，而是应该站在用户的角度去反映用户需求与微信内容的关联性，同时在微信主题的选择上要尽量选择那些具有十足吸引力的主题，用有趣的内容来吸引客户的注意力。

二、整合线上线下媒体

（一）整合线上媒体

QQ、微博、论坛都是拥有大量用户群体的平台，并且许多用户容易因为某种爱好、某种专业、某种需求聚集在一起。因此，可以利用这些平台用户群的共性进行宣传推广。

如可以在比较有影响力的高质量的QQ群里宣传企业或产品，将企业的Logo、海报、微信公众号二维码以图片或文字的形式在QQ群里宣传，分享标有企业Logo、二维码的有用资料，或者在QQ群里解答群成员疑惑，积极与目标群体交流，让群用户提高对企业或产品的好感度。

还可以让微博大V为企业进行代言，提高大V粉丝对企业的认可度，增强产品影响力，这是最直接的宣传方式。也可以通过与大V的微博信息交流来进行宣传，企业将Logo作为自己的头像，昵称为企业名字，企业与大V的交流越多，就能越多次在微博中出现，从而达到推广宣传的效果。

除了上面两种方式，还有一种有效的宣传推广方式，就是与相关行业协会进行交流。对于任何行业来说，其都会有自己的行业协会，甚至有些行业为了促进本行业之间的交流，还建立了有效的行业交流平台。比如，有些行业都在积极建立自己的门户网站，同时也在论坛建设上投入了许多，这些门户网站与论坛不仅为本行业人员的交流提供了不错的平台，而且还可以使平台上的人员成为潜在的客户。

（二）整合线下媒体

要进一步拓宽媒体资源宣传渠道，在海报、宣传单等载体上将企业的微信公众号二维码展示出来，这样，用户就能非常方便地识别二维码，关注企业，了解企业的发展动态与产品信息。[①] 此外，企业还可以在线下实体店面组织多样的扫二维码打折促销活动，这能进一步吸引用户，同时也能促进消费。例如，艺龙旅行网曾与多个酒店、机场合作，以各种奖励为诱饵，鼓励用户通过"扫一扫"方式成为他们的新增订阅用户。艺龙网用这样的一种方式使自己的粉丝数量不断增加。因此，在选择宣传手段时，商家要结合自己的需求选择那些有效的利器，这样，良好的宣传效果才能达成。

三、营造微信情感氛围，提高品牌亲和力

微信不只是向用户介绍产品与服务，也是与用户进行情感沟通的一种方式。[②] 如果在微信营销中能始终保持浓郁的情感，那么，用户就可以在营销中找到情感的寄托，甚至能与相关产品产生情感上的共鸣，从而使自己对产品形成一定的情感依赖，产生浓浓的购买欲。情感在微信创意中的融入让微信变得具有人文性，更加关注客户的情感与心理，能为其提供更加符合其心理诉求的产品。

在微信营销过程中，公众平台在企业与用户之间起着桥梁的作用。[③] 要使微信营销的效果更好，需要增加用户的依赖感，同时还应该让用户更加主动地关注企业微信平台，并能为企业推送的信息所吸引，从而能自觉地向自己的亲戚朋友推荐企业相关产品，这样，企业的知名度提高了，企业产品获得了更好的宣传。当用户在企业微信公众平台上能获得自己需要的大量信息之后，其就能获得满足感，这时企业微信平台的价值便能体

① 林颖．电子商务实战基础 新媒体营销实战［M］．北京：北京理工大学出版社，2018：69.

② 刘兴荣．微信营销的技巧［J］．宁波经济（财经视点），2014（8）：58.

③ 李桂鑫，张秋潮，林颖．电子商务实战基础：新媒体营销实战［M］．北京：北京理工大学出版社，2019：70.

现出来了。

（一）提高内容的实用性

随着微信公众号的普及，微信用户拥有微信公众号的数量越来越多。根据微信公众号关注用户行为分析，多数受访者关注了6~20个微信公众号。受访者关注的微信公众号中首先是兴趣爱好类（如运动、美容服饰、俱乐部等）和新闻资讯类（如城市新闻、名人新闻、娱乐新闻等），其次是个人服务类（如信用卡账单查询账号、快递包裹查询账号等）、公众服务类（如公共事业、电信、交通等）和职业相关类（如用户、供应商、雇主等）。

根据使用与满足理论，我们可以认为用户使用微信并关注企业微信公众平台，是基于满足自身对信息、娱乐或者其他各种内在需求。为用户所选择的微信公众号，应该是对用户最有用、最有价值的公众号。因此，对于所有的企业来说，其都应该认识到信息的重要性，多向用户提供有用的信息，这样，用户就能了解微信平台的价值，甚至可以对其产生较大的依赖。具体来说，企业要对目标人群进行详细的分析，不仅分析其基本特征，而且还要分析其对产品的喜好，从而最大限度上了解用户的信息，向其推送适合他们的产品。

（二）增加内容的独特性

当前营销手段形式愈加丰富，大多数用户都对营销信息的质量要求非常严苛，希望接收到的信息能够拥有个性与创意。例如，星巴克中国在推送的信息内容中，设置“星享卡”“美食”“杯子”等特殊选项，供人们依据个人喜好随意选择。当用户发送不同的代码时，则会得到不一样的反馈，形式非常有趣。

当然，企业在推送信息时要注意两方面的内容，要注意推送内容的独特性，同时还要注意内容应该紧密联系自己的产品。企业应该明确的一点是，迎合用户的喜好固然重要，但如果推送的信息与自己的产品并不关联，那么，用户依然无法对企业及其产品有清楚的了解，也不会刺激他们购买相关产品。因此，企业在推送一些独特的信息的同时，也应该将产品信息置于其中，从而使用户在被信息吸引的同时也能为产品所吸引。

四、组织有奖参与的品牌活动，增加微信的趣味性

微信创意需要一个突破口，这里的突破口主要有两个，一个是用户对自身利益的关心，另一个则是娱乐取向。企业在微信平台上发布品牌信息时一定要注明参与这项活动可以给用户带来的好处，这样，许多用户将会被吸引进来。天猫商城就是抓住了这一点，经常给用户送红包，吸引他们去收红包购买产品。

五、以微电影为辅助，提升企业品牌形象

企业运用宣传片的形式进行自我形象的塑造与宣传是常用的一种方式，不过，应该清楚的是，如果企业只是单纯地宣传自己就可能会引起大众的抵触，因此，在宣传片的形式上，企业应仔细斟酌。微电影是一种能更加生动地展示企业形象的宣传方式，具有

吸引力与亲和力，因此，企业可以着重考虑这一形式，同时将拍摄的微电影在微信平台上发布，加入了与企业有关的电影剧情，可以使企业通过微电影的形式为更多人所熟知。小米手机就曾经推出过一个叫《1699 毕业季》的微电影，电影主题确立为纪念青春，同时官方还推出了分享内容送小米盒子的抽奖活动，就是通过这一活动，许多用户喜欢上了小米，小米的品牌形象也得以建立与传播。

第五节 微信营销应用分析

一、服装品牌的微信营销应用分析

微信平台的用户群非常庞大，通过微信公众号来推广产品，能够快速地让广大消费者接收到产品信息。越来越多的商家，也开始应用这种方式来推广自己的品牌。服装行业在互联网的平台上找到了新的切入点，微信营销将会是服装业新的发展契机。

（一）服装微信营销的优势分析

1. 庞大的用户数据

微信用户数量多、覆盖广、层次丰富、用户之间传播性强，甚至我们周边几乎没有人不用微信。因此，微信可以为服装企业提供丰富的用户数据，帮助企业分析消费者需求。

2. 精准营销

企业可以用微信公众平台将用户信息回收，对用户信息进行整合分类，借助数据分析、数据挖掘等技术进行针对性地分组服务。并能够通过移动终端、社交群和位置定位，将消息精准地推送给每个消费者，从而实现精准营销。

3. 节约成本

微信是目前用户人群最广的社交平台，其覆盖面极广、信息的传播速度快，掌握适当的方式可使企业在低成本下实现产品的宣传。此外，微信平台还能通过朋友圈，通过客户的口碑让消费者建立信任感。

4. 媒体平台丰富

客户可以利用手机终端，获取所需要的服装商品的相关信息。此外，微信还可以通过文字、图片、语音、视频等方式交流，让品牌的宣传更加多元化，不再停留在单调的文本交流。

（二）服装微信营销中的问题分析

微信的广泛应用使得服装企业在网络营销领域找到了新的突破口，然而很多企业对微信营销的了解并不透彻，运营不完善，抓不住客户的需求点。

1. 难以吸引粉丝

在微信公众号的用户调查中发现，订阅用户数量多并不能代表平台的活跃程度。微信用户平常更多的是关注资讯类公众号，再就是娱乐八卦、科技和本行业类资讯。而对服装品牌类的公众号则关注量有限，并且一些知名品牌的关注量占据了较大的比例，对于中小服装企业来说只能在有限的空间寻找流量。

2. 难以激发用户的兴趣

微信用户较少关注一些服装品牌，主要体现在用户觉得有用的信息很少、没有实际的意义、提不起兴趣、体验不佳等。即使关注了该企业，也很难对一些活动有兴趣。比如笔者关注了某一家服装品牌的微信号，自从关注之后，便没有收到持续的推送消息，微信订阅号处于一种无人运营的状态。当然也有一些企业订阅号每天坚持推送消息到客户手机，但推送的消息既无价值也没有意义，无法勾起阅读的欲望，也使得微信营销的有效性无法得到保证。微信营销是一种新的营销模式，必然需要在原有营销理念上进行改进，做出更符合传播途径的营销策略，而很多企业并没有真正意识到这一点，仅仅将公众号当作一种信息的发布地，没有深入研究用户的关注点、需求点，公众号也就成了一种象征，失去了活力，渐渐地变成一种信息骚扰，用户也没了兴致，取关是迟早的事。

3. 缺乏深入的互动

很多企业都有自己的公众号，但对于如何制作出能吸引用户目光的软文，缺乏相应的技巧，企业也没有配备专门的微信营销人才，管理和推广自家的微信公众号。相对于其他社交平台，微信的开放程度是有限的，这能够更好地保护用户信息的私密性，但同时也在某种程度上限制了信息的流通。这也给了很多想要在关注度上有所斩获的企业一些考验：如何吸引用户的关注？如何与用户产生更直接的交流？如何呈现出企业与用户互动的热情？这都是服装企业需要考虑的。

4. 销售转化率低，营销效率低下

消费者在微信上看到一些感兴趣的品牌，通常不会马上下单，更多的是了解和观望，实体店和电商平台依然是消费主阵地。很多企业都紧跟趋势，开启了自家品牌的公众号，试图在新的平台上有所收益，但都需要面对销售转化率偏低的事实。微信营销是当前很新很热的营销手段，不进行微信营销就好像跟不上潮流，但企业最终是要生存的，是要盈利的。好的微信营销，需要投入相应物资，劳心劳力，企业担心前期投入在后期难以达到预期收益，进退两难。

（三）服装企业微信营销策略及运用

1. 推广账号、扩大用户群

固定的消费群体是企业进行微信营销的基础，企业还需要不断地吸纳新的消费者，通过不同的渠道宣传自己的产品。微信营销中也有不同的方式，除了企业自己的订阅号、公众号外，还可以在时尚资讯类的知名公众号上进行广告宣传，与其他公众号相互推广等，还可通过营销人员以及客户的朋友圈进行口碑宣传，培养用户社群等。在公司资源推广中，公司也可在线下实体店通过营销活动吸引粉丝。

2. 微信内容的运营

要抓住消费者的眼球，首先得了解目标消费群体的兴趣点，掌握他们的阅读习惯，进而开展有针对性的微信公众号内容营销。通常来讲，吸引眼球的图文配以适当的促销以及产品推介是比较容易让人接受的。

在内容方面，大致可以从三个方面入手：一是生活资讯。热点事件的追踪、时尚潮流的趋势、生活乐趣的演绎等都是能够引起大众关注的内容，再结合客户群体的特征用适当的方式呈现出来。二是促销内容。打折扣是能够激起客户购买欲的促销方式，通过价格的对比、限时的抢购，通常能获得较好的销量。三是产品推介。产品推介的内容要足够吸引人，让客户愿意花时间看。把一些关键词放在醒目的位置，让人一眼就能捕捉到关键信息，比如价格、季节、好看的模特等。①

3. 加强互动营销，培养忠实用户

微信营销之于传统媒体而言，不同之处在于微信营销是灵活的，直接面对屏幕另一端的客户，沟通起来方便、快捷。企业也需要充分利用这一优势，加强与客户之间的互动。营销不仅仅是产品的营销，也是一种信任的营销，倘若天天聊产品，也将变得索然无味。产品营销的同时可以进行相应的情感培养，建立信任的纽带，让整个营销过程充满人情味。好的用户体验可以培养稳定的客户群，客户黏性较高，在转化消费上有着比较好的效果。

4. 注重用户分享

在网络上，用户对产品的评价很大程度上决定了潜在购买者的购买意向，企业和营销人员需要引导客户对产品做出评价，并将这些评价做适当的整理后将它们展现在消费者面前，通过一系列的分享营造出良好的营销氛围，提升整体营销效果。

企业需要注重用户评价，倾听用户声音，通过微信的互动优势建立与消费者长久的信任关系。企业整体战略营销应涵盖线上线下，除了微信营销，还有线上其他平台比如微博、淘宝、线下实体店等，通过多种渠道全方位、立体地进行营销，做到线上线下相互结合，相辅相成。

二、汽车的微信营销应用分析

（一）汽车采用微信营销的可行性分析

1. 汽车的微信营销，是汽车市场竞争催生的营销模式

传统的营销方式中，汽车用户和汽车企业的交流很少，沟通存在很大的问题，而我国的汽车市场竞争非常激烈，如何吸取更多的目标客户群，获得更多的市场份额，是汽车企业必须从销售策略方面做出的思考，微信营销，是互联网渗透人们的生活后催生出的一种新的销售模式，也是汽车企业在互联网时代催生出来的一种新的营销模式②。

2. 符合年轻客户的需求

中国人民的生活水平不断提高，尤其是年轻人，他们的收入有了明显的增加，这让他们开始扩大其消费视野，车就是他们消费的一大方面。从这里其实也可以看出，中国私家车主的年龄正在呈现年轻化趋势，年轻人对各种新生事物总是有着很强的好奇心，

---

① 尚平泉，黄毅．服装业微信营销策略［J］．合作经济与科技，2017（13）：70-71.

② 黄河．互联网时代微信营销在汽车销售中的应用［J］．经济师，2020（2）：261-262.

因此，在驾驶车辆的过程中，这些年轻的车主们也都喜欢运用各种智能软件，以获取他们想要的、更加多样的信息。

当前互联网飞速发展，微信就是在这一时期涌现出来的重要社交 APP，它的私密性较强，同时也具有其他多样的功能，因而吸引了不少年轻用户，这些用户往往对汽车有着很大的欲望。因此，汽车企业采用微信来进行营销将会是一个不错的选择，也能取得不错的效果。

（二）车企微信营销策略分析

1. 构建和维护精准圈层

微信的圈层功能是一个交流和分享朋友圈层信息的重要平台，汽车这一商品有着其特殊性，汽车用户会有着强烈的欲望去交流产品使用经验。在汽车产品这一纽带的作用下，有购买欲望的准用户、同车型用户、同品牌用户之间就会很快发展为朋友关系，这也成为车企宣传产品和品牌推广的重要平台，建设精准圈层微信公众账号能充分利用这一资源。多数车企通过汽车俱乐部和车友会的形式来建立企业层面圈层微信账号，如北京现代俱乐部、漫画奔驰、丰田汽车车友会、奥迪汇等。建立精准圈层只是起步，只有有效的维护和利用才能使该平台发挥最大作用，为用户与企业之间、用户之间架设高效沟通桥梁，成为友谊的纽带。

2. 增强互动，设立并完善微信人工客服平台

相对于其他的网络营销工具，微信在沟通互动方面有着更强的即时性，汽车企业在微信营销过程中要加强与用户之间的互动，利用沟通互动来提升用户的参与热情，提高对营销平台的依赖和信任。① 当前，汽车企业与用户之间的互动主要是通过平台的自动回复和微信活动这两个途径实现。汽车的微信活动主要是有奖问答和测试题类，以此来激发受众了解产品的欲望和对用户的需求进行调查。自动回复是通过设置固定的快捷回复内容来应对用户的相关操作。通常情况下，这样设置的回复内容不可能有太强的针对性，同时也会让受众缺少人性化关怀而显得过于机械化。在微信这个点对点沟通平台，车企逐步将其发展为消息推送、群发的工具，而忽略了在客户关系维护中应有的作用。多数受众并不喜欢收到传单，他们想得到的是与企业能进行即时、有效的交流和沟通。车企应跳出这一误区，结合微信功能特征建立微信人工客服平台并不断完善，能真正通过微信来受理意见和咨询产品信息，使其作为重要渠道来进行老客户维护和新客户开发。人工微信客服是人与人之间的即时沟通，客服人员会以其优秀的服务质量和专业知识来解决受众的疑惑，提升品牌在客户心中地位。

3. 增强微信营销的内涵，提升整体应用水平

微信营销在大部分行业和企业中都有所应用，也进入了营销传播体系，但是其应用历史不长，从整体水平上看还需要不断提升，以此来实现用户与企业之间的深度、高效互动。当前，车企利用微信推广更多地侧重于产品信息和品牌信息方面，还需要打通与其他传播渠道间的联系，实现真正的互动。这就需要加强研究微信传播规律，对其细节进行完善和优化。对于汽车产品和汽车企业，用户最需要获得的项目主要是预约服务和

① 刘婷．提升汽车企业微信营销效果的策略探讨［J］．全国流通经济，2017（23）：5-6.

促销信息，但车企微信平台在此方面还未达到消费者满意的程度。从车企营销特点来看，促销信息是车企官方微信的薄弱环节，这需要加强与具体经销商之间的联动来完善这一平台功能。不管是售前还是售后的预约服务，这类用户在车企营销传播和产品销售方面都有着重要的战略意义，这也是车企微信急切需要完善的内容。

总而言之，微信是一个高效的即时沟通平台，对于车企的微信营销，在用户与企业之间信息交流和情感沟通方面发挥了重要作用。因此，车企要从微信营销的优势出发，对其功能进行深度挖掘，使其在整体营销战略中发挥更重要的作用，成为提升企业销售的重要途径。

三、农产品微信营销应用分析

（一）农产品微信营销模式分析

1. 以微信公众号微商为基础的 B2C 营销

商户以微信公众平台为基础进行微信公众号的申请，指定时间给用户发送企业与其产品信息，发掘用户兴趣、实现其实际需要，有效管理客户关系。譬如 XX 水果企业，经由订阅号、服务号这一双号战略，不但能将线上、线下营销有效结合，也能进一步发掘潜在用户，为其提供优质服务。该企业订阅号囊括三大板块：一是“好物尝鲜”，二是微信商城，三是会员中心。并且，订阅号具备四大功能：依照设置的时间借助聊天页面给用户推送相关软文、科普知识等吸引用户关注；经由“好物尝鲜”板块对当季特色水果进行推荐；基于微信商城实施营销；构建会员中心，依靠实体店引流把线下营销面向线上支付发展，为会员设置独有的卡号，由积分享受较大折扣，当前需先关注企业公众号。就服务号来看，具体针对产品线上营销，此 B2C 营销应在规模大且具备企业资质的中小商户中运用。

2. 以第三方平台为基础的 B2C 营销

商户可以加强与第三方平台的协作，把运营店铺的链接置于微信公众号中，用户就能借助商家的微信公众号与商家达成交易，而利用微信平台达成的交易往往消耗的成本并不高。

3. 以朋友圈为支撑的个人微商营销

商户可以通过下载微店 App 进行产品的营销，同时借助朋友圈渠道完成对产品的宣传，当朋友圈中的好友看到商户宣传的产品时，其就会主动地询问产品信息，甚至购买产品，这样，借助朋友圈商家就完成了产品的营销。

4. 以微信群聊为基础的个人微信营销

该营销模式对微信具有的群聊功能进行了有效运用，可和用户实时交流，确保服务更加优质。现阶段具体包括如下情形：其一，商户未构建微店，在群里对农产品信息直接发布，此模式不管是找寻货源抑或产品运送等均需商户自行负责，没有库存风险，可视为分销方式之一；其二，商户经由注册成立虚拟店铺，取得农产品分销权，由产品池内选取所需农产品，且经由微信群进行分销以获得分销佣金，此模式不具备库存风险，不用配货，通常适用于个体的零碎时间兼职。①

（二）发展农产品微信营销策略分析

1. 提高产品质量

倘若进行农产品微信营销的产品是自己生产的，那么，商家需要从地块选择、原材料采购等多个环节把关产品质量；如果是从其他人那里进行采购，那么就应该合理地选择合作对象，同时要与合作对象就相关产品的质量及销售情况进行洽谈，并做好过程管理工作，从而使采购产品的质量获得保证。一般来说，最好可以选择离生产地比较近的场地进行农产品的生产，这不仅能保证农产品的新鲜度，而且还能有效降低农产品的各项成本。

农产品中有一类特殊的产品，那就是生鲜产品，对于这类产品，必须考虑其存储条件，应根据实际的规模选择冷藏设备。当然，在具体冷藏时还应该合理控制冷藏的温度与湿度，最好要仔细地做好各项微生物检查，这样就能有效防止食物变质。

2. 完善营销平台

在进行微信营销时，微信公众号平台是一个商家经常使用的手段。商家借助微信公众号平台能将农产品的各种信息传播出去，客户也可以借助这一平台了解与购买农产品。另外，商家还能借助微信公众平台与不同的客户进行详细的交流，以了解客户的实际需求，进而在加强与客户良好互动的同时，也能不断提高客户对相关产品的忠诚度。商家在公众号上可以发布与农产品有关的文字、图片，甚至是语音、视频，从而使客户可以全方位了解产品，这样，品牌宣传与产品推广的目的就达到了。只要是关注了公众号的用户，其就能接收商家推送的关于产品的信息，因此，商家要保证推送的信息的标题能吸引客户的注意力，同时也要保证内容的别致性与有趣性。

客服应该随时在线，能为客户解答各种疑问，同时还要做好售后服务。农产品营销主体应该通过微信公众号数据分析平台对客户进行分析与管理，根据客户关注内容的不同判断客户的个性与偏好，建立客户档案，以客户档案为依据进行精准推送，给客户个性化的信息，节省客户的选择时间，降低客户的消费成本，更好地满足客户需求，进而培养客户的好感和忠诚度。②

3. 充分使用微信的各项营销功能

要最大限度上使用好朋友圈。商家利用朋友圈进行微信营销是一种非常不错的渠道，一旦用户将商家在朋友圈发布的信息转发出去，那么，将会有更多的用户了解商家的产品，甚至会产生购买产品的欲望。因此，商家在进行微信营销时可以根据客户档案对其进行针对性营销，将一些与之适合的产品信息推送给他们。商家在进行具体的营销时还可以设置一些小活动以吸引用户的注意力，比如可以准备一些小红包或者礼品，从而使用户在参与活动的过程中了解产品，也能获得一些实惠。

在进行农产品微信营销时，商家可以通过组建各种各样的营销群来维护客户关系，群的数量多了，那么，客户的数量也就多了。这时商家就可以运用富媒体进行信息传播，

---

① 马燕利．农产品微信营销的途径［J］．市场研究，2019（6）：36-37.

② 施学奎．农产品微信营销分析［J］．营销界（农资与市场）农药版，2019（25）：97-98.

富媒体能提供动画特效，用户在看到被制作成动画特效的农产品时就会更加对农产品产生兴趣，这样，农产品的销量就会在不知不觉中增加。此外，还可以在富媒体中加入一些小游戏或者砍价活动，以增加商家与用户的互动，在频繁的互动中，商家与用户之间的情感交流也会变得更加顺畅。

4. 增强微信使用的安全性

腾讯公司应该不断地对微信的各项功能予以完善，同时还应对微信漏洞予以弥补，保证用户在微信平台交易的安全性。此外，商家还应掌握各种与营销、销售有关的法律知识，要在法律允许的范围之内去操作。用户也应适当了解法律知识，以合理地维护自己的权益。

四、旅游企业微信营销应用分析

（一）微信营销对旅游企业的作用分析

1. 有利于优化旅游企业的形象

过去，不少旅游企业进行营销的方式主要为广告和网站，这两种方式相对来说不够灵活，更为重要的是，各种旅游信息的更新速度跟不上，因而消费者无法及时了解各种旅游信息，同时也不利于旅游企业形象的构建与维护。相比广告与网站营销的方式，微信是一种非常灵活的方式，且因为每个人几乎每天都要登录微信，因此，运用微信平台进行营销还能最大限度上降低营销的成本。每个公司还可以根据自身公司的实际去制作自己的微信主页，这样，就能将公司的优势展现出来，用户点进主页就能一目了然。另外，公司在介绍自己的产品时可以多用一些有趣的文字，这样的文字能在第一时间吸引用户的注意力。进行微信营销之后，公司的宣传也由以往的单方面营销转变为多方面的沟通型营销，改变了公司内部以往的工作机制，微信营销有助于旅游企业提高自身对客户需求信息的反馈能力，这样旅游企业就能将微信打造成一个集在线客服、信息提供、互动营销、形象展示以及关系维护等功能为一体的多功能营销平台，从而优化旅游企业的整体形象。①

2. 有利于加强企业与客户的互动

旅游企业利用微信进行营销的效果如何还要看企业是否能与用户建立一个长久的良好的关系。笔者认为，企业应该主动地与用户加强互动，只有在持久互动的基础上，用户才能时刻为企业所吸引，企业才能找到稳定的客源，持续地售卖自己的产品。旅游企业借助微信平台推广自己的业务，客户能第一时间了解企业的产品，甚至可以在体验过产品之后对产品进行有效的反馈。长此以往，企业就能与客户之间保持比较密切的联系，客户也能获得更加丰富的旅游产品体验，那么，之后其就会自觉地在朋友圈中反馈旅游产品的好。旅游企业进行微信营销时，不仅能保证营销的效果，还能使企业获得更好的发展。

3. 微信营销有利于建立旅游企业的口碑效应

微信用户中的大多数联系人都是自己的朋友、同事等，这些人共同组成了一个非常

---

① 郭秀峰．旅游企业微信营销策略探讨［J］．经贸实践，2015（10）：178-179.

大的关系网。旅游企业利用这个关系网可以打造更好的口碑，同时还能将自己的产品宣传出去。此外，因为朋友圈中的人的关系相对来说比较“亲密”一些，因此在利用朋友圈进行营销时，其他人将会更加认同。尤其是对那些已经体验过相关旅游活动，对旅游企业赞不绝口的消费者来说，他们会在朋友圈中主动地传递旅游企业的利好消息，同时也会鼓励朋友们去参与旅游企业的活动，到旅游地旅游。

（二）旅游企业微信营销策略分析

1. 建立科学化的微信风险预警机制

在微信营销过程中，或多或少会出现一些不好的情况，旅游企业还应该建立非常完善的风险预警机制。一旦建立了完善的风险预警机制，那些通过微信平台进行的投诉、负面消息将会大量减少，这对于企业的长期发展来说至关重要。当一些危机事件发生之后，旅游企业要积极面对，主动与相关客户加强沟通，让其在感受旅游产品质量的同时，将心中的疑虑消除。

2. 加强政府监管，加强客户信息管理

政府在旅游企业微信营销过程中还要发挥监管作用，尤其是市场监管部门，必须发挥自己的作用，制定合理的监管政策与制度，加强执法力度。此外，旅游企业还要加强客户信息管理工作，对每一位客户的旅游信息进行分析与整理，从而最大限度上挖掘潜在客户，吸引更多优质客户。

3. 提升客户关系管理（CRM）水平

旅游企业可以充分运用 CRM 实现企业与客户之间的沟通与交流，同时对各种客户的旅游信息进行合理的分析、整理与归纳。这样做的主要目的就是了解客户的旅游需求，从而为客户提供更加符合其需求的旅游产品，更重要的是，在客户体验到了旅游产品且非常满意之后，其还会信赖旅游企业，从而对旅游企业更加忠诚。企业应该秉持人本理念，加强对消费者的人文关怀，尤其是在一些节日期间可以举行打折活动，让消费者能体会到自己是被重视的。在消费者旅游结束之后，旅游企业还应该积极地对这些消费者进行回访，从而了解他们在旅游过程中的感受，了解他们是否可以给旅游企业提供建设性意见。

4. 打造定制化服务平台

旅游企业应通过微信平台实现与消费者点对点沟通，根据个性化的需求，提供定制化服务。① 客户在了解旅游产品的过程中肯定会产生一些疑问，要有耐心地帮助客户解决问题，同时还要了解客户的实际消费需求。笔者要指出的是，不少企业也在微信平台上开设了公众号，但其只是单纯宣传自己，并未充分认识到微信平台在营销方面的优势。旅游企业在微信平台上只是机械地向用户推送一些企业信息，并没有针对性地推送一些旅游信息来吸引用户的注意力，因此，营销的效果并不好，甚至有些潜在用户也在这种宣传中离去了。旅游企业要想获得不错的营销效果，笔者认为，其必须基于自身优势打造定制化服务平台，同时对不同的消费者进行采访，获取他们对于旅游企业的诉求与需求，还要对整个旅游市场进行分析，进而比较全面地掌握消费者的旅游需求，为其制定

---

① 乔玉芳 . 旅游企业微信营销策略研究［J］. 内蒙古财经大学学报，2017（5）：65-67.

更加合理的服务方案。也就是说，旅游企业必须重视服务的细节，从细节出发让消费者体验到舒适的服务。

5. 建立火炬传递式微信营销团队

微信营销的方式主要有以下三种：第一，沟通营销方式，这是一种充分利用文字、语音等与客户进行沟通的方式；第二，推送营销方式，这是一种通过在朋友圈发送链接、图片等进行产品宣传的方式；第三，社群营销方式，这是一种通过建立微信圈挖掘潜在客户的营销方式。旅游企业可以利用多种手段在朋友圈、微信群中宣传自己的品牌与产品，同时，要做好微信营销策划，要较为合理地传递各种营销信息，不能让用户感受到不舒服，最好可以使营销在不知不觉中渗透。

第八章　挖掘短视频营销理论与技巧

技术和资本的加持下，我国短视频影响领域逐渐拓宽，内容价值得到多元呈现，社交功能继续助力内容营销；深度挖掘数据价值，用户推动平台营销；营销方式创新多样，效果显著。未来，内容营销仍为核心力量，优质短视频产能继续增强；将突出利用短视频场景营销，发挥用户体验价值；“短视频+”新生态方式受追捧，短视频营销将向跨平台发展。本章对短视频营销理论与技巧进行了分析与探讨。

第一节　短视频营销概述

一、短视频兴起的原因分析

（一）宏观原因分析

短视频受欢迎的原因有七点。一是技术，各大平台的技术已经趋于完善，有很好的运营方式，提高了用户的参与性；二是随着移动互联网的发展，流量的费用减低和观看顺畅度提升，大大推动了短视频的传播；三是大众阅读时间碎片化趋势越来越明显，通过短视频了解新闻、获取信息大大节约了时间；四是“90后”和“00后”成为网络主流用户，他们更易接受短视频这种娱乐化的信息传播方式，特别是年轻人制作的带有恶搞性质的搞笑类视频，都会有很高的点击量；五是短视频是平台化的运营发展到一定程度之后，内容更加精致的一种表现形式；六是短视频给草根人物更多展示自我的机会，这对于长期无法进入大众视野的草根人物来说，是一个非常好的机会；七是资本是短视频行业的一个最大推手，粉丝和IP经济出现之后，短视频就成为很大的引流工具，资本的介入推动了短视频在市场上的模式化运营。①

（二）微观原因分析

人生来就能看见与听见事物，但是识字这项本领并不是天生的，是需要后天练就的。

① 王竹君．短视频时代的营销红利［J］．国际公关，2017（4）：60-67.

从传播的角度来说，人类利用言语进行传播要比利用文字传播早得多。

短视频在今天成为人们普遍喜欢的一种娱乐方式，主要在于它具有明显的碎片化优势，能实现人们碎片时间的最大化的利用，同时，现在是一个快消费的时代，短视频也恰恰满足了人们快消费的实际需求。短视频的内容十分丰富，人们在观看的过程中可以体会到无穷的快乐，也能开阔自己的视野，学习到更多的知识。抖音是目前最受欢迎的短视频平台之一，它利用特效滤镜、多样的音乐表达等给人们带来了丰富的娱乐体验，同时，其还会制造热门话题吸引人们的注意力。短视频平台通常都是AI驱动的，在这一过程中，平台会收集用户的数据，了解用户的基本需求，从而会不断给用户推送他们喜欢的信息。

抖音推崇去中心化，抖音生产激励机制“中心化”，内容分发机制“去中心化”，去中心化带来的好处就是：分发以内容质量为核心，不设置分发特权，通过算法持续挖掘爆款内容，且普通用户持续生产UGC有利于沉淀关系链，维持用户活跃度，这对于一个产品的长远发展是至关重要的。比如微博就因为太过于中心化，成了明星大V的营销阵地，普通人根本无法发声。总之，内容社区若围绕PGC、达人“中心化”，将影响普通用户UGC热情，用户活跃度将下降。

二、短视频营销的概念与特点

（一）短视频营销的概念

充分利用新媒体手段将制作的一定时长的、目的为推广产品的视频看作营销手段的营销方式就是短视频营销。

（二）短视频营销的特点

新媒体迅速发展，短视频营销之所以能腾空出世，为人们所接受，主要的原因就在于以下几点。

1. 通过移动客户端传播

目前，移动互联网发展迅速，新兴的短视频平台在传播信息方面发挥了重要作用，成为信息获取与传播的重要阵地。尽管我们只要一部智能手机就能了解来自世界各地的信息，但实际上这样的一部手机能让各种应用场景发生激烈变革。过去，台式电脑或者笔记本电脑必须连接有线网络或移动WiFi才能实现对场景的观看，这在很大程度上带来了安装的限制问题，同时也不方便人们随身携带。但现在移动设备发展迅速，人们利用智能手机或者平板电脑就能完成对信息的随时获取。

短视频APP操作起来非常便捷，上下滑动就能完成不同内容的切换，点击屏幕就能点赞作品，表示对作品的喜欢，对创作者的认可。另外，平台上一般还会设置分享按钮，这样用户就能特别容易将自己喜欢的视频分享给自己的朋友，这种分享并不仅仅在短视频平台内部完成，人们还可以将视频分享到其他平台上。

2. 内容短小精悍，充分利用碎片化时间

随着社会生活节奏的加快，人们的休闲时间呈现出碎片化的特征，而短视频“短平快”的特征，更容易获得用户的青睐。① 短视频的时长是有一定限制的，在几秒到几分钟之间，这样，人们在等公交、排队买早餐等这样的碎片时间里就能完成对视频的欣赏。而视频内容生产者则需要明白的是，因为视频时间不能过长，因此其必须保证在短短的时间之内内容都是精华，是可以在第一时间为人们所吸引的。如果做不到这一点，所谓的短视频营销就是不成立的。

3. 操作方便，内容生产难度低

中国当前的短视频平台已经完成了内置功能的开发与应用，普通人也能完成视频的拍摄与上传，同时，视频制作的质量也在大幅提升。笔者以抖音平台为例，软件内部设置了多样的功能，有分屏功能，也有裂变功能等，同时还给用户提供了不同的滤镜、音乐模板等，正是多样的形式为用户生产内容提供了诸多可能性，让其可以更加便捷地进行视频的处理。短视频平台给用户提供了多样的操作，同时也给予其丰富的体验，这些都促使他们更加积极地参与视频创作，而他们创作的优质的视频又能为短视频平台吸引更多的用户。

4. 分享便利化，可实现裂变式营销

中国智能手机用户数量显著增加，尤其是在抗击新冠疫情期间，“健康码”的使用让许多老年人也开始用上了智能手机，这其实在无形中对短视频平台的营销带来了很大的益处。另外，短视频平台上的视频不仅仅可以在其内部进行流通，短视频平台也能与QQ、微信相连接，进而使相关视频可以被分享到 QQ 与微信平台上。而接收别人分享的视频的人也能进行视频的再次分享，这样，视频就在一次次的分享中完成了其快速与大规模的传播。

5. 运用信息化技术，营销精度高

利用大数据与人工智能技术，短视频平台可以合理地分析用户观看哪一种类型的视频的时间比较长，用户对哪一类视频的评论、点赞等比较多。这样，在以后的视频推送中，短视频平台就能根据用户的实际需求进行推送。这样的一种精准推送有利于商家展开精准营销，同时也有利于提升营销的成功率。

6. “可持续性”的传播时限

传统的电视营销是有一定限制的，电视播放的广告的时长是有限的，人们很难反复观看，电视台只在固定时间播放某一种广告。但是短视频平台则不一样，其在进行内容推送时并不会受到其他外在条件的影响，只是根据用户的兴趣进行推送，这样，用户总是能接收到自己喜欢的视频，同时也能更加喜欢短视频平台。

7. 良好的交互性，提升用户黏度

与传统的营销模式存在显著差异的是，短视频营销有着极强的互动性，视频的创造者与观看者之间可以互动，观看者彼此之间也可以互动，尤其是那些比较优秀的短视频，其如果被短视频平台的算法识别到，那么，短视频平台就会将其置于优先展示与播放的位置，这样，这些视频就能在更大的范围内获得传播。有些短视频平台还允许观看者发送弹幕，那些优质的弹幕内容会为平台所识别，平台就会用不同的颜色将其标示出来，其他用户就能迅速识别这些弹幕，同时也能与弹幕发送者进行友好的互动。这种多向的

① 胡婧．移动互联网时代新媒体营销的现状与前景展望［J］．新媒体研究，2017，3（23）：36-38.

互动模式，一方面可以让视频的创作者了解用户的反馈，从而做出针对性的调整；另一方面也可以让用户的表达需求得以满足，进一步提升用户的黏性。①

三、短视频营销的关键方面

短视频的制作门槛低，不需要专业的拍摄设备，而且，其社交属性强，营销成本和预算比较低，因此尤其适合资源有限的中小企业。

短视频营销是视觉营销的一种形式，它更契合人类作为视觉动物所具有的信息接收习惯。企业如果希望短视频营销取得好的效果，需要注意以下五个关键点。②

（一）根据品牌与产品的特点调整短视频的内容

根据品牌与产品的特点，短视频的内容也要进行相应的调整。一般来说，内容要结合产品的价值，将产品、功能属性等融入拍摄创意之中；也可以结合当下流行的文化趋势或者热点，拍摄一些与产品相关的视频，从而提高视频的点击量与传播量。

比如，索尼就模仿著名电影《盗梦空间》的样式，将两款产品（相机和智能手机）的优点结合在了一起，通过画中画的形式使观众产生一种思维旋涡的错觉，给人带来一种科技感，十分炫酷。

（二）不能进行硬性推广

很多人都不喜欢看广告，如果看到这些短视频是广告，人们就会本能地排斥。因此，在短视频中，产品的植入要巧妙，不要生硬地进行推广。当然，你可以选择在视频中展示品牌的历史、价值观或者使命，但如果可以将广告做到“润物细无声”的程度，则会大大消除用户的反感，增强营销的效果。

（三）短视频的时间不应太长，承载的内容不应过大

由于时间的限制，短视频不适宜承载信息量过大的内容。而且，短视频的时间也不应太长，节奏不能太缓慢。在如今的快节奏时代，人们是很难有耐心去看一段时间长、节奏又缓慢的视频的。

因此，我们只有很短的时间可以用来吸引用户的注意力，每一秒钟对于品牌来讲都至关重要。企业需要在有限的时间内用具有创造力、独特性和原创性的视频来表现出产品的特性，从而征服看这些短视频的用户，让他们在看完后愿意去转发分享。

（四）对标题予以优化

短视频的标题会给用户留下第一印象。一般来说，用户是否会点开一个短视频，往往会受到标题的影响。如果标题比较吸引人，比较符合用户的需求，那么短视频被点开观看的概率就会高一些。因此，优化短视频的标题是十分必要的。

通常情况下，视频标题应该包含与视频内容相关的 1~2 个关键词。如果关键词堆砌

---

① 赵学华．新媒体时代短视频营销特点及优化建议［J］．声屏世界，2022（3）：59-61.

② 董小白．流量营销［M］．苏州：古吴轩出版社，2021：145-147.

过多，会有“剧透”的嫌疑，用户很可能会猜出视频的内容，因而不会再点开视频观看；如果关键词与视频的内容不相符，用户在点开视频后可能会产生“被欺骗”的感觉，因而对这个账号所发的内容产生抵触情绪，甚至屏蔽、拉黑这个账号。

（五）定期发布视频

发布短视频时最好是定期发布，这样可以获得稳定的用户流量。而且，有计划地发布短视频，经过一段时间的试验和传播效果评估后，还可以对最受欢迎和最不受欢迎的内容、每日发布内容的最佳时间等有比较清晰的了解，进而可以以受到用户喜爱的视频内容作为切入点，接下来着重拍摄这方面的内容。

当然，每一段短视频都要有一个主题，确定了宣传主题，短视频的拍摄才会更有针对性。企业可以定期组织选题会，让团队成员之间在彼此交流中发表自己的看法，同时对本周要宣传的主题形成一个固定风格，展开一个明确的构思。视频制作人员要在构思的基础上不断地融入创意，从而制作出更加优质的视频。

短视频营销是流量时代比较常见的一种营销方式，由于制作短视频的准入门槛低，有些企业就产生了一个误区，认为短视频营销就等于植入广告，因而不注重视频的质量。其实，随着众多互联网企业布局短视频市场，市场的成熟度逐渐提高，内容生产的专业度与垂直度不断加深，优质内容成为各平台的核心竞争力。因此可以说，短视频营销的爆发点在于内容，将产品包装成内容，用内容来巧妙地推广产品，这才是正确的理念与做法。

四、短视频营销的误区分析

短视频作为如今一个重要的自媒体营销渠道，在视频营销之中，发挥着不可替代的作用。对于大多数自媒体营销者来说，短视频花费的时间相对更少、成本也相对更为低廉，也更加符合自媒体发展之路。

越来越多的企业也开始将短视频营销作为一个重点的营销发展方向。在短视频营销之中，视频所代表的是一个产品、品牌的形象，是面对用户的最直接的视觉性方式。[①] 视频的营销成功与否直接影响用户对产品、品牌的最终印象。因此，了解并避免短视频营销之中应该注意的问题是自媒体人成功的关键之处。

误区一：仅仅将产品和品牌植入，而不是真正将产品包装成内容。2016 年，伴随着直播视频的出现，网红一度成为热议的话题，同时也使得一些网络名人因为视频营销取得了较高的知名度。但与此同时，在短视频的制作过程中，用户的兴趣爱好决定了视频的内容，而内容又在一定程度上与用户的兴趣相投。如果在这个过程中，制作者仅仅将产品和品牌植入视频之中，而不是真正让视频具有内容，也就是带有一定产品和品牌形象，那么，这个短视频也就失去了本身的营销价值，甚至还可能引起用户的反感，使得营销效果适得其反。

如何做：短视频营销肯定是需要将产品和品牌融入视频的内容之中，才能达到营销

① 燕鹏飞，黄周城．一看就懂的自媒体营销 粉丝无限，平台够大，自媒体开启营销新格局［M］．北京：民主与建设出版社，2017：207.

的效果，也就是视频之中的内容营销。但是，在很多人眼中，内容营销就是植入广告。其实不然，内容营销是把你的产品或者品牌包装成内容，让内容植入你的产品，这才叫内容营销。

因此，确定好视频的营销主题，最好是与营销的目标一致；再寻找产品、品牌和视频主题的相关点，让两者巧妙地融合到一起去，从而更好地做出与以营销主题相关的视频内容，达到最终的短视频营销的效果。

误区二：为了内容而内容，为了创意而创意，忘记了营销的最终目的。在制作短视频营销的时候，为了一味地追求点击量和播放量，很多人都会犯这样的错误——与当初进行视频营销的最终目的相违背。视频营销之中，没有将真正的产品或品牌的内容融入视频中，这就脱离了营销的主题，显然是一个没有营销价值的视频。尽管，这个视频可能会有很多好的内容，有很多新奇而又新颖的创意，但是对于营销来说，是没有任何价值的。

如何做：要知道，在所有的视频营销之中，只要有着营销的目的，那么，所有的内容以及创意都需要为产品或品牌而进行设计，只有这样，才能真正将信息传播给用户，让用户了解到产品或品牌的价值，真正给用户以视觉性和感官性的刺激，将营销深入用户心中。

误区三：认为短视频营销可以一夜爆红，一蹴而就，而没有整体运营的思路。在当今社会，的确有很多短视频做到了一夜爆红，如同病毒营销一样，让很多人有了一个简单的认识和了解。但是，当短视频一旦有了营销的目的之后，这种短期的营销思路显然就已经不适合了。在短视频营销之中，它的主要目的就是宣传产品、提升品牌形象，而不仅仅只是做一个视频，做完之后就没事了。如今的营销格局已经使得营销变成一件需要长期去做，并且不断维护的事情了。因此，这种一夜爆红，想要一蹴而就的想法不是短视频营销的正确做法。

如何做：在营销之中，都要学会细水长流，不断转变营销想法，把短视频营销当作一个营销的常态去做。宣传一个产品或者提升一个品牌的形象，都需要从点点滴滴做起，每天在日常的坚持中，一点点地增加影响力，而不是想一出是一出、东一榔头西一棒槌地去进行视频制作。因此，在短视频的制作中要学会配合媒体、文字和图片的辅助，确定一个长久的营销主题，形成每个阶段应该完成的营销计划，有一个整体的运营思路，只有这样，才能让短视频在营销之中达到最佳效果。

以上就是在短视频营销之中经常会遇到的一些问题和解决办法。只有在短视频营销之中避免这些误区，才能使得它有着初步的成功。但是，这并不代表在视频营销之中一切都“OK”了。只有真正地将短视频营销和产品或者品牌的信息完美地融合到一起，才能在未来的营销发展之中，让短视频占据重要的一席之地。

第二节　短视频营销的不足、优化与未来发展

一、短视频营销的不足

中国的短视频行业的发展时间并不早，但是一直以来依靠中国强大的人力基础以及先进的技术，其已经后来居上。中国许多互联网巨头都已经将目光锁定在了短视频市场，腾讯的微视，今日头条的抖音、西瓜视频，等等，在今天都为人们所关注与喜欢。这些短视频平台积累了大量的用户，因此，对于企业来说，这些平台就成了其进行营销的最佳渠道，而且在快速浏览视频的过程中，用户非常容易产生消费行为。也正是因为这个原因，许多企业开始调整营销策略，纷纷利用短视频进行营销。不过，笔者也需要指出的是，短视频营销在给企业带来不少益处的同时也存在一些问题，这些问题主要体现为以下几点。

（一）视频内容低俗，同质化严重

由于当前国家对短视频行业监管力度不足，不少短视频创作者为引大众围观以创更高收益而不惜采用低级手段，生产低俗内容，严重破坏社会和谐氛围与社会文化美感。尤其是在当前互联网技术进一步提升、终端技术更新速度进一步加快的时代背景下，网民间距离不断缩小，良莠不齐的网络信息同时存在，平台用户既可以是受益者，也可能成为受害者。① 此外，许多企业在制作视频时，只一味跟风而不注重创新，因而难以抓住用户眼球，最终导致用户流失。

（二）社交捆绑程度高，用户忠诚度也不高

传统视频网站的形成时间相对较早，而且其内容相对来说比较优质，因此早就吸收了不少固定用户，这样的一类用户往往有着极高的忠诚度。短视频平台的问世时间不早，而且更为重要的是，其一般是允许用户运用其他平台的账号进行登录的，这样的一种利用黏性绑定用户的行为可能只能在一段时间内有用，当用户厌倦了短视频，他们将随时可以退出。因此，短视频平台应该建立相应的机制来留住用户。一旦用户大量流失，短视频营销势必会受到很大的影响。

（三）法律法规不健全，政策监管不够

21 世纪以来，国家经济水平飞速提升，网络技术特别是终端技术的更新速度日益加快，如此背景下，短视频进入人们的生活，发展成为一种网络文化。然而，这种发展只是“野蛮生长”——短视频平台携各色内容涌入大众生活，而国家却未能及时建立健全

① 吴丽娟．新媒体时代短视频营销发展现状及应用探究［J］．现代营销（下旬刊），2020（1）：72-73.

相关法律政策对其进行有力监管。[①]

二、短视频营销的优化

（一）精准定位，坚持“内容为王”

与个人短视频不同，企业短视频的主要目的有两个，一是能让更多的人了解企业产品，二是能最大限度上提高品牌的知名度。一旦实现了这两大目的，企业的营利目的也就实现了。企业在制作短视频时不能一味地去跟风，别人怎么做自己也怎么做，应该从营销的本质出发，结合受众需求，向受众传播有价值的信息，这样才能留住更多的用户。具体操作就是企业应对自己的产品优势有清楚的了解，同时，还要结合用户需求了解产品卖点，最后还要结合企业价值观来明确视频的内容。

（二）优化渠道，重视流量的引入

企业短视频营销以推广品牌与产品，实现效益增收为目的。因此，企业万不可将营销活动放在单一短视频平台上，而是要在做好精准定位、具备优质内容的基础上，进一步推动视频向整个目标市场渗透，优化渠道，并注重引入流量。具体来说，可以构建多渠道营销矩阵，推动短视频营销与其他线上、线下营销渠道（如微博营销、微信营销、实体店营销等）间优化整合，实现企业营销信息最大化传播并最终取得最佳营销效果。比如，企业可以构建“两微一抖”（即微博、微信、抖音）营销矩阵，[②] 在通过“两微”公众平台及时捕捉用户最新需求的同时，进驻抖音平台开设账号并利用此账号向用户推广产品、与用户展开互动，以此来留存用户，提高用户对于品牌的忠诚度。

（三）丰富视频使用场景，加强企业与用户的互动

互联网时代背景下，互联网思维与各传统行业间融合推动行业发展新形态确立形成，也即“互联网+”。短视频行业也不例外，在经历了为时两年的野蛮生长后，“短视频+”出现并开始普及。[③] 企业在进行具体的营销时可以结合旅游、美食等人们感兴趣的内容，同时，这样还能最大限度上拓展短视频的使用场景。短视频营销的效果好坏还与营销时间有关，因此，企业应该对营销时间进行合理研究，选择能实现营销效果最大化的时间段发布营销视频，这能保证更多的用户可以刷到这一视频。

另外，企业要格外重视与用户加强互动。首先，企业必须对不同客户的需求予以分析，并根据他们的需求制定短视频营销方案，方案应该重视品牌理念的传递，同时也应该注重对潜在客户的吸引，促使他们不断实施购买行为。其次，企业还可以结合自身产品的特点制造热点话题，用户点击并参与热点话题的过程就是对产品予以认识与了解的

① 高燕．新媒体时代短视频营销模式的反思与重构——以抖音短视频平台为例［J］．出版广角，2019（8）：62-64.

② 张静，王敬丹．新媒体时代下的短视频营销传播——以抖音为例［J］．杭州师范大学学报（社会科学版），2020，42（4）：113-120.

③ 国凤祥．短视频营销价值特征及发展趋势思考［J］．西部广播电视，2019（14）：1-2.

过程。不过，笔者需要指出的是，企业在设置特点话题时应该注意以下几点。

（1）要使话题能为一般人所了解，能与普通人的生活相贴近，能使用户在看到话题时可以轻松地发表自己的看法。

（2）重视品牌元素与生活要素的结合，从而使用户可以近距离接触与了解品牌。

（3）要重视与社会热点相结合，例如，在过年期间企业可以制作一些与拜年有关的视频。

（4）合理制定激励策略，以让所有的用户可以更加积极地参与话题。

（四）打造专业化团队

短视频制作流程复杂，涉及创意、内容、表演、拍摄以及剪辑等多个环节。[①] 不过，笔者也承认，短视频营销兴起的时间并不长，因此，许多企业还没有好好适应，没有形成人才培养意识，没能有意识地建立起专业的短视频制作团队。当然，打造专业的短视频制作团队并不容易，这样的团队应该具有以下四种优势。

（1）团队成员应该有着极强的观察力，能把生活中的小事与企业产品联系起来，同时还要具有文案创作能力以及较强的创新能力。

（2）团队成员应该有着极好的拍摄能力，要将视频质量作为拍摄的唯一标准。

（3）对平台运行特点有清楚的了解，能结合平台特点完成高效的短视频营销。

（4）能对市场进行分析，并能根据分析结果制定合理的营销策略。

（五）提高短视频平台准入门槛，动员用户监督

短视频行业准入门槛极低，且短视频传播速度极快，这就导致一味加强监管依旧无法及时有效地将不良信息“拒之门外”。因此，有必要提高短视频平台准入门槛，实施“零时差”管理。[②] 为了促使平台能健康运转，其还应该建立更加合理的奖惩机制，也就是要让用户参与到奖惩体系中。当用户在观看视频发现违规内容时可以进行举报，平台就举报内容查实之后就可以对相关人员进行处理，同时还要将处理结果反馈给举报人。

（六）健全政策法规，平台监管应到位

短视频内容的质量不一，有些内容甚至可以用低俗来形容，面对这一情况，平台不能坐以待毙，而是应该积极行动起来，加强管理，最大限度上营造和谐的环境。首先，国家要行动起来，结合平台运行特点以及公众需求制定政策与法规，从而给平台运营者提供一定的运营标准，给用户提供合理的行为规范。其次，平台不能置身事外，其对于用户上传的视频也应该进行合理的监管，尤其是对那些上传违反道德与法律的内容的用户，必须严惩，还要积极配合公安部门惩处违法人员。

---

① 单文盛，黎蕾．移动互联网时代短视频营销策略和价值研究［J］．长沙大学学报，2015，29（4）：35-37.

② 段峰峰，孟飞．移动互联网时代短视频场景营销研究——以抖音短视频为例［J］．视听，2020（8）：173-174.

三、短视频营销的未来发展

（一）确立内容营销的核心，增强优质短视频产能

最近，短视频行业的竞争愈演愈烈，用户的复杂性、平台的多元化等都让短视频营销的发展受到了一定的阻碍。为此，快手平台上线快手课堂项目，积极创作优质的乡村内容，大力推广非遗文化；腾讯称将投入50多亿元为内容创作和发展提供基金；抖音、快手等短视频平台推出青少年模式，约束青少年使用行为，抵制劣质视频产出；抖音头号英雄答题呈现出内容的多元化特征，包含知识技能、科学辟谣、常识学习、诗词音乐等。2020年1月8日，火山小视频和抖音宣布品牌整合升级，火山小视频转为抖音火山版，通过抖音头号英雄平台合作营销，进一步实现用户互通，提供更加丰富的优质内容，优化用户体验。同时，抖音火山版保持独立运营并加大投入，向创作者推出“云梯计划”，提供100亿流量扶持创作者，在抖音端和抖音火山版端共同提供流量加持，实现视频内容共生。新型主流媒体也持续进入短视频行业，提高优质短视频产能，联合不同梯次的内容产出，丰富短视频内部生态，引发内容革命，推进营销升级。

（二）强调短视频场景营销，挖掘用户体验价值

移动互联时代最需注重的是用户思维，以用户需求为导向，基于短视频载体的场景为用户提供精准的服务，便能在品牌方建立场景的同时巧妙融入产品信息，使营销趋于无形。[①]

目前短视频场景营销的一些有益尝试对未来颇有启发价值。“记录美好生活”是抖音发展的核心理念，抖音积极构建线上线下场景，全方位地为用户营造持久的感官体验，例如，创办“美好映像志”，与品牌商合作，第一季发布12支香奈儿腕表短视频，第二季联合万宝龙发布广告，将多个城市的热门地标作为视频拍摄地，以短视频的形式体现人们的日常活动，快节奏地呈现多视角的生活场景，充满时尚感和艺术感；线下与高德地图合作发起“不可思议发现官”，邀请明星出席，与用户一起打卡大街小巷的美好地标，在提升用户体验感、增强用户参与感的同时，提高了抖音与高德地图的知名度，宣传了城市旅游文化。场景融入使短视频营销不再是简单的娱乐消遣，更是能够融合现代技术，与用户产生共鸣的生活方式。今后一个时期，短视频营销需积极探索如何为用户创造更加“有用”和“有趣”的场景，进行更加深度地挖掘和发挥用户体验价值，才能创造美好明天。

（三）有针对性的“短视频+”新生态方式形成，短视频营销向跨平台发展

在当前短视频竞争进入白热化阶段以及用户红利已经逐渐退去的情况下，一些新的企业如果再想进入短视频平台，其将会遇到更高的门槛，发展之路将会更加困难。基于此，在已有平台中探索新的短视频功能，并与其他平台进行合作，探索新的营销模式，

---

① 景义新，韩庆鑫．我国短视频营销现状及未来趋势［J］．电视研究，2020（7）：26.

是短视频营销发展的一个必然方向。

“短视频+”近年来不断得到尝试和热捧，淘宝推出“短视频+电商”模式，以短视频形式为消费者提供更好的商品挑选体验；知乎推出“短视频+知识问答”，增加视频专区，使用户更直观地分享和交流意见；大众点评推出“短视频+美食推荐”，增设“+号”功能和视频专区，方便用户美食出行的需求；途家推出“短视频+在线租赁”，用户通过短视频在线看房租房，更加直观便捷；唱吧上线“短视频+音乐”，增设录制功能，添加内容板块；陌陌在苹果应用商店推出“短视频+社交”软件，上线短视频交友产品“对眼”。5G、人工智能、物联网、虚拟现实等技术相互渗透，将带来更多的“短视频+”新生态，跨平台联动发展成为未来短视频营销的必然趋势。

第三节　短视频账号注册、运营与短视频制作

一、短视频账号注册、运营

（一）短视频账号注册

万事开头难，开启短视频运营的第一步，自然是注册一个属于自己的短视频账号。众多短视频平台注册账号的流程大同小异，具体操作流程如图 8-1 所示。

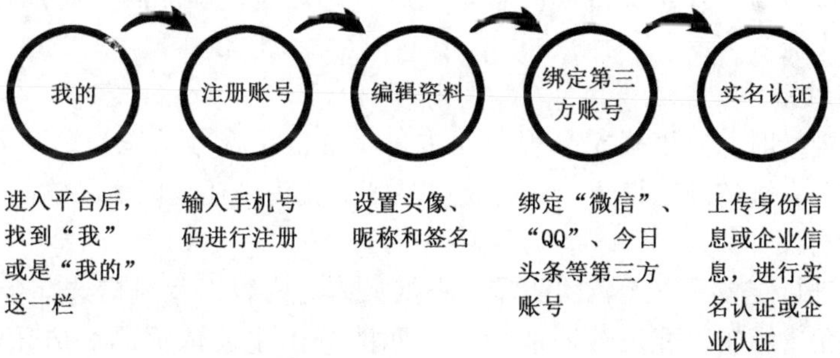

图 8-1　短视频账号注册流程①

注册账号的过程很简单，顺着系统提示逐步操作即可，但在注册账号的过程中，一定要注意以下事项。

（1）一机一卡一号

一部手机、一张手机卡只能注册一个短视频账号。如果一个手机注册多个账号是会被平台识别出来的，这样会影响账号的权重。同时，千万不要在一个手机来回地切换多个短视频账号，这样平台会将此账号识别为营销号。所以“一机一卡一号”是最安全的

① 李非黛．短视频这么玩更赚钱［M］．北京：中国经济出版社，2020：41.

方式，而且刚注册的账号不会被平台降权。

（2）对账号进行人性化操作

养号，就是对账号进行人性化的操作，每天都需要观看视频和直播，让系统认为我们的短视频账号是真实的用户，不是营销账号。

此外，在这个过程中，还要保证自己观看作品的完播率，尽量将作品看完，再看下一个作品。

当刷到喜欢的作品时，可以进行点赞、评论、关注，但是切忌在短时间内频繁地点赞或关注，这会被平台认为账号在进行恶意操作。

（3）注意养号的周期

养号是有周期的，前期通常是7天左右。在这段时间里，我们不要发布任何作品，只观看其他用户的作品。在这个阶段，我们每天的在线时长不能低于3小时，并且需要划分时间段。上午刷一会儿，下午刷一会儿，晚上再刷一会儿，形成一种活跃且有规律的状态。

值得一提的是，在众多短视频平台上，都有企业号和个人号的区别。相比个人号，企业号的注册流程更为复杂一些。

总体来说，短视频账号的注册比较简单，但需要注意的问题也不少，要想在后期运营中获取高权重，前期的养号过程务必重视。

（二）短视频账号运营

1. 短视频账号运营的思路

（1）账号定位

在建立品牌号后，首要要考虑的就是品牌号的定位，即品牌号将以怎样的身份与粉丝进行沟通、交流。

（2）内容风格

在运营品牌号时，应该确定品牌号的主角是谁，品牌号是作为第一人称的角色代入还是仅作为第三人称的发布渠道，内容是以品牌文化为主还是以产品输出为主。

（3）职能分工

在对内容进行定位后，运营团队需要根据具体的内容以及风格选择合适的制作队伍，包括摄影、主角、剪辑、配乐等职能角色。职能分工主要依据品牌方团队的编制而定，既可以一人身兼多职，也可以一人负责多个专业工种，这取决于品牌号短视频的内容量和发布频率。目前，很多品牌商处于短视频营销的尝试阶段，投入不宜过大，当然也不排除有些实力强的品牌商想抢得短视频营销的先机，重兵布局也不为过。

（4）运营维护

内容发布后，需要积极地与用户互动，对评论进行维护，还需根据平台的发展，动态地调整自己的内容风格，让自己的内容跟得上平台的发展，更符合用户的品位。

2. 短视频账号运营的策略

（1）矩阵化运营

视频创作者注册并运营多个短视频账号，且每个账号的内容、风格都具有明显的差异，这样的一种运营策略就是矩阵化运营。这样的一种运营策略出现并被使用的原因主要有以下三个：第一，不同的账号所吸引的用户是不同的，矩阵化运营能让企业在平台上获得更多的曝光度，同时也能最大限度上提升其短视频的质量；第二，用户基本上很难保持对某一类风格的视频感兴趣，多个账号能帮助企业维护用户；第三，短视频平台现阶段已经建立了十分严格的视频审查机制，一旦运营账号在营销时犯一点小错误就可能会面临被封的情况，而运用矩阵化运用策略则能比较好地将此类风险化解。

（2）系列化运营

系列化运营不仅要求短视频的内容选题系列化，还要求封面图片、人物造型等按系列化呈现。用户在平台上发现自己喜欢的短视频时，就可以滑动屏幕进入视频创作者的主页观看更多的视频。倘若账号中发布的视频是有规律可循的，那么，用户将极有可能会关注，但是如果账号中的视频杂乱无章，不成系列，对于已经看过了更多舒适度较高的视频的用户来说，其可能并不会关注账号。

二、短视频制作

若要进行短视频营销，学会制作短视频是很重要的一环。视频制作的一般步骤为视频构思、编写剧本、前期准备、创作视频、剪辑视频、其他后期处理。

（一）视频构思

在制作视频之前，需要对视频内容进行整体的构思，视频构思要注意视频的故事性和趣味性。

1. 故事性

在构思视频时，一定要将品牌的理念和功用等内容植入一个完整的故事当中，不能只是一味地喊口号或是说教。

2. 趣味性

有故事很重要，但并不是每一个故事都能够吸引用户。只有有趣的故事才能引起大众的注意。

（二）编写剧本

编写剧本是拍摄视频的前提。就像拍电影一样，倘若剧本差劲，导演、演员再怎么努力，也无法提升电影的水准。所以说，在创作视频之前要对剧本严格把关。一个好的剧本应当包括以下几点。

1. 独特性

别具一格的内容是剧本的重要因素。越独特，个性越鲜明，越引人注目，越能使用户对视频产生，浓厚的兴趣。为了突出剧本的与众不同，应该对相同的事物从不同角度进行创意挖掘，从而打造出独树一帜的剧本风格和内容。

2. 原创性

原创性十分重要，短视频的剧本一定要有足够的创意，不能和他人重合，更不能抄袭。同样的情节重复的次数多了，也就没人会继续捧场了。作为创作者，应该学会使用创作思维激发创意，写出富有个性的剧本，做到推陈出新。

3. 少写多发挥

剧本并非越详细越好，剧本是文字场景，在拍摄时要进行场景还原，但是在拍摄时可能会有各种突发情况，有的突发情况能进一步触发更新的灵感和创意，使短视频拍摄更具亮点。因此，剧本可以简略描述，留出更多发挥的空间。

4. 一个亮点

剧本至少要有一个亮点，可以是某个角色、某个地点，甚至是某种方言，总之，要带给观众一个关于短视频的记忆点，让他们看过这个短视频之后能念念不忘，记忆犹新。

（三）前期准备

在制作短视频之前，一定要做好相关的准备。只有准备充分了，才能更加流畅地完成视频的制作。前期准备工作首先是硬件和软件设备的准备，主要包括拍摄硬件设备，如摄像机、手机、拍摄辅助设备等；剧情需要的场景和道具；后期剪辑的硬件和软件设备，如计算机、视频剪辑软件等。

其次，制作视频的前期工作还有对剧本进行最终的定稿、完善拍摄计划以及做好拍摄的资金预算。这些工作在视频制作过程中有着举足轻重的地位，只有把这些准备工作都做到位了，才可以开始视频的拍摄工作。

（四）创作视频

制作短视频时可以选择在网络上或其他地方下载素材，整合成完整的、无版权纠纷的视频，或者直接进行一手短视频内容的拍摄制作。

1. 网络素材的整合

首先搜集网络素材，然后用视频剪辑软件对其重新整合，创造出想要的视频效果。在制作视频的过程中一定要注意避免侵犯他人的版权。

2. 短视频拍摄。

（1）使用手机、数码摄像机等操作简单的工具进行视频拍摄

这种操作方式简单易行，但手机等工具的像素达不到专业要求，视频在后期进行剪辑、压缩等处理后可能会出现清晰度受损的情况。

（2）租借设备拍摄

如果企业精益求精，想要拍摄出更高质量、更专业的视频，那么企业可以租借专业的摄像机、摇臂等设备进行拍摄。

（五）剪辑视频

由于短视频有一定的时间限制，因此在后期制作中必须学会视频的剪辑。常用的视频剪辑软件有很多，在电脑端可用爱剪辑、会声会影、Adobe Premiere Pro 等，手机端可用稿定设计、InShot 及一闪 Onetake 等。

（六）其他后期处理

1. 色彩处理

在拍摄视频的过程中，光线等因素都会影响画面色彩。用户可使用视频剪辑软件对

视频进行色彩处理以还原视频原本的色彩。

2. 添加滤镜

当所拍摄的短视频商用时，对视频“唯美性”的要求比较高，可以适当地给视频添加滤镜来增加美感。

3. 转场合成

在短视频的制作过程中，不仅要对视频的时间、色彩等方面进行处理，还要“玩”出一些新花样，如制作精彩的转场和画中画特效等。

4. 字幕和声音

字幕和声音也是短视频十分重要的组成部分。视频中可能会混入一些背景杂音。因此，为了增加视频效果，在视频中加入音乐是较好的选择，可以消除视频中原本的噪声，渲染气氛。使用手机端和电脑端的视频剪辑软件都可以完成给视频添加背景音乐的操作。

第四节　挖掘短视频营销模式

一、短视频营销模式的种类

（一）基于传播角度的营销模式

第一种，短视频平台推荐企业找知名网红进行合作，所传播的内容在其粉丝中扩散，这是较简单原始的营销模式。某个团队创造的内容十分优秀，企业因此愿意跟进多个微博、微信账号的资源去扩散他们的内容。这种模式称为 1×N，即一个自媒体帮助 N 个原创。2018 年 4 月，西安市旅发委与抖音短视频达成合作。双方计划将基于抖音的全系产品，用短视频向全球传播优秀传统文化和美好城市文化。例如，位于西安城墙脚下的永兴坊“摔碗酒”是被抖音捧红的众多“网红”景点之一。“摔碗酒”配上一曲欢快又洗脑的《西安人的歌》，在网上迅速蹿红，吸引八方“抖友”纷纷前来“打卡”，饮一碗古城老米酒，做一回西安“社会人”。其他抖音“网红”景点还有重庆的“轻轨穿楼”、厦门鼓浪屿的“土耳其冰淇淋”等。这些地方都借助抖音平台形成了滚雪球式的疯狂传播。旅游地成为“网红”以后，游客量和旅游收入显著增加，平台运营方也将获得不菲的投资和广告收入。

第二种，品牌不满足于一个短视频自媒体帮自己原创，会邀请十几个甚至几十个平台同步创造。举个例子，曾经有一家企业请到一个韩国明星跳了一段非常棒的舞蹈，为了进一步宣传，通过微播易找到国内十多个美拍的头部网红进行重新演绎，连续一个月在美拍热门榜上徘徊。这是 N×1 模式，即 N 个自媒体帮助原创。“这两种模式的结合，称为 N×N，即多个自媒体原创后，再调动更多自媒体去扩散这些优质内容。这种做法参与人数更多，扩散量更大，毕竟优秀的内容值得投入更多的资源。”①

（二）基于视频内容的营销模式

其一，短视频平台上的很多短视频营销都是围绕视频内容进行的，比如会仔细介绍产品的优势与性能等，并不会刻意地去宣传。这样的一种方式就像是在传播一些资讯，更加容易为潜在客户所接受。

其二，短视频平台一直以来也试图做出改变，比如，其正在致力于制作并宣传一些原生广告，在恰当的场景中设置一些生动优质的故事，并将产品信息置于故事中，这样，视频内容将会更加丰富，用户也能直观感知产品。

其三，短视频平台也开始尝试在短视频中做一秒、两秒的贴片方式去做短视频营销，比如，“巧妇 9 妹”的头条号发布了一条微头条，告诉大家近期摘果和即将停售的情况，配上了几张摘果、称重的照片。这条微头条发出去后，“巧妇 9 妹”头条小店里的沃柑，一天直接卖出去 7000 多斤。凭借日更两条的短视频，自己和村民们自产自销水果特产。

（三）基于视频内容呈现方式

其一，场景式营销，这个较适合垂直类的短视频内容。例如，某平台请美食主播录制制作慕斯的视频，水果切好后用搅拌机做切碎处理。最终的视频播放量达 500 多万元，下面的评论有近 1/3 都在问搅拌机的品牌。这种看似不明显的营销，就是建立一个场景，这种代入感更便于产品的销售。总结来说有三种场景，包括需求场景、使用场景和购买场景。

其二，传播模式，泛娱乐的产品可以用来做各种的改编。比如，短视频平台曾经结合热点，做过人民的名义版的王者荣耀，最终效果非常棒，形成了病毒式传播。

其三，广告模式。短视频平台旗下也有一些 PGC 的节目形式很固定，做品牌的信息传播有一定的难度，所以我们就会转变成冠名、代言、贴片式的广告。作为时尚、美妆、生活方式的垂直购物社区平台，小红书拥有大批在该领域内的垂直用户、KOL 和明星资源，此外小红书也早已开通短视频功能。已有不少品牌入驻小红书，并通过和 KOL、明星合作，来触达相关消费者。

二、短视频营销模式之创新

（一）创新的必要性分析

在新媒体背景下，创新短视频营销模式，有利于丰富短视频营销的手段、内容和途径，不断吸引用户的关注、转发和评论，提升营销效果。新媒体传播具有信息量大、交互性强的特点，可以结合不同用户的实际需求来制作相应短视频，通过微博、微信、抖音等各类网络平台实现对短视频的营销，在营销期间也可以通过为用户提供多种多样视觉效果和美颜滤镜的方式，提升短视频营销工作的有效性，不断拓展短视频营销的空间

① 王竹君．短视频时代的营销红利［J］．国际公关，2017（4）：60-67.

和内容形式，推动短视频营销工作的顺利进行与发展[①]。短视频营销模式的创新手段之一就是可以与新媒体广告结合，新媒体广告有其自身优势，将其与短视频营销结合起来可以最大限度上增加短视频营销的收益。例如，笔者以抖音 App 为例，不少商家在进行广告投放的同时也会与视频创作者展开合作，进行品牌推广与产品销售。结合了新媒体广告的短视频营销，其营销手段更加灵活多样，营销效率显著提高，对于企业及其产品良好口碑的建立也至关重要。

（二）创新的路径总结

1. 加强制作内容的创新与改良

首先，短视频制作要加强对相关内容的有效设计与策划，在有限的时间内以优质的内容更好地吸引消费者眼球。要积极利用新媒体时代的大数据分析技术，加强对用户需求的合理定位，瞄准用户兴趣点，有效地进行短视频制作和营销，充分发挥出大数据分析技术对于短视频营销工作的作用和价值[②]。其次，可以从自身品牌特点出发，合理地与热点话题相契合，甚至可以将线上话题与线下话题结合起来，再加上合理的文案、音乐等，这样的视频非常专业又生动，因而能吸引用户的注意力，使其不自觉停下观看。

2. 构建合理的短视频营销矩阵

要对短视频营销矩阵进行合理的构建，同时还应该充分发挥其他新媒体平台的作用，与其他新媒体平台加强合作，促进更多的用户可以使用短视频平台，这在增加短视频平台流量的同时也能在无形中提升营销的质量。首先，可以将微信、微博等新媒体平台与短视频平台结合起来，有效拓展短视频营销的渠道，注意引流，重视对潜在用户的挖掘。其次，营销主体还可以建立多个短视频营销账号，甚至可以确定一个大号，几个小号，用小号来吸收流量，滋养大号，这样，就能整体上提升短视频营销的效果。短视频用户有着极强的可视化需求，那些能给予他们视觉冲击的视频往往会得到他们的喜欢。因此，在进行具体的短视频营销的过程中，短视频创作者们应该积极地与用户加强互动，同时有意识地制造热点话题，借助微信、微博等平台吸引用户，不断提高自己的曝光度。另外，基于短视频营销形势的不断变化，还应该培养大量的短视频营销人才，人才是决定短视频营销的重要因素。

3. 提升短视频营销的互动黏性

在新媒体背景下，粉丝及相关用户与短视频之间的互动需求增多。要提升短视频营销质量，还需要全面提高短视频营销的互动黏性，加强与用户、粉丝之间的积极互动与交流，形成短视频品牌效应，增强与粉丝互动的影响力[③]。首先，当营销视频发布之后，营销工作人员可以专门开设一个账号与粉丝、用户进行互动，最好能在评论区积极引导粉丝，对粉丝的各种问题进行合理解答。当然，对于粉丝提的建议，营销工作人员也应该虚心接受，这对其提升营销视频质量来说是非常重要的。其次，充分运用微博、微信等社交平台与用户进行良

---

① 冯蕾．基于 UGC 短视频模式下的企业网络市场营销探析［J］．商场现代化，2016（7）：53-54.

② 李艳苹．基于 4C 理论的电子书的营销策略分析——以短视频平台为例［J］．戏剧之家，2019（35）：229-230.

③ 谢晗．自媒体视频广告营销的成功模式探讨——以“一条”视频为例［J］．现代营销（下旬刊），2018（6）：59.

好的沟通，使用户可以最大限度上参与短视频营销的各种活动，在参与活动的过程中他们就能不断形成对产品的信赖感，进而可能购买产品，甚至是积极传播产品。受众对短视频的黏性容易消失，因此，营销工作人员还可以充分发挥线下营销的作用，将线上营销与线下营销结合起来，从而实现短视频的有效传播，实现产品的高效曝光。

第五节　挖掘抖音短视频营销技巧

一、抖音短视频营销的主体现状及特征

（一）抖音短视频营销的主体现状

1. “关键意见领袖”营销

“关键意见领袖”，比如说明星、网红等，在自己所处的行业中有起到一定的引领作用。这些人受到各大品牌商的青睐，品牌商结合他们的群众基础和影响力，通过平台整合营销，打造网红品牌。在抖音上，有很多类似这样的“关键意见领袖”。这些人因为活跃在抖音平台上，一般都拥有一大波的粉丝，不断更新具有吸引力的视频内容。企业看到他们身后的商机，与其洽谈商业合作，让他们更新视频内容时衔接上企业产品，把广告植入无形中，粉丝在跟风刷抖音的同时，对企业某品牌就有了更深入的了解。

2. 个人账号营销

抖音平台的短视频因视频的公开性、制作的简易性、传播的广泛性，在前期就吸引了大批的原生内容创作者，这促使平台短视频发展空前繁荣。在“互联网+”背景下，越来越多的用户关注、应用新生事物，短视频也在不断发展中衍生了内容创业，此时个人用户开始注册营销账号，通过短视频内容制作、商品展示等形式来吸粉，促成消费行为。当前短视频营销个人账号主要是创造者源于个人爱好发布内容，吸引广大用户；或者是企业员工参与到企业短视频推广的创作中，利用自身优势对企业产品进行推广或营销。

3. 企业账号营销

企业用类似于企业官网的形式在抖音上注册账号，结合自身品牌或产品在抖音上发布短视频，当下的年轻人敢于尝试新鲜事物，也愿意相信具有官方认证的产品，企业利用消费者这种心理，频繁更新自己账号上的短视频内容。比如说华为在抖音平台上以华为终端命名视频号，以此作为官方账号来发布品牌事件或产品活动。此外，还有以企业品牌打造的 IP 形象为主的视频号，这类企业账号是通过人员设定来吸粉，以达到产品宣传与营销。

（二）抖音短视频的营销特征

1. 门槛低，制作简单

以前，视频剪辑和制作对普通用户来说专业性很强、难度极大，而抖音是在短视频

得以发展的情景下而产生、发展的平台，将这项工作简易化了，不再有专业性、学识度等的限制，任何感兴趣的用户都可以设计自己喜欢的内容。同时，模板的多样化、贴心滤镜和各式风格，满足了用户的差异化需求。

2. 迎合用户对内容碎片化的需求

在瞬息万变的移动社交时代，人们日常工作和生活的时间被打乱，时间碎片化是必然的发展趋势。短暂的时间使得人们无法对同一内容保持较长的注意力，而抖音短视频迎合了用户需求，它将视频的时间压缩到了几十秒，甚至十几秒。移动互联时代，用户的流量也并非永无止境，在没有无线流量支持的情况下，用户更倾向于观看短小的视频内容。

3. 内容紧跟潮流

在注意力经济时代，个人或者企业都希望得到更多的关注度、点击率，抖音短视频内容在选择时就贴合时下热门话题，具有很强的时效性。比如，明星的八卦新闻、要上映的影视作品、在某综艺节目中的表现等，在一定时间内会得到较高的关注度或点击率。

此外，抖音短视频还有传播面积大、扩散速度快、互动性良好的特征，抖音短视频具备的基础特征都为其营销模式奠定了基础。

二、抖音短视频营销内容

抖音平台的迅速崛起让企业看到了各大平台背后的商业价值，越来越多的品牌商与各大平台开展合作。

在这样的形势下，平台必然也会最大地发挥自身优势。抖音营销的内容也愈发多样性，不仅有类似音乐、舞蹈等纯娱乐性的内容，而且扩至生活、工作的各个方面，更有利用短视频传播融入对情感和主流价值观的看法。根植于抖音的运营法则，其营销内容分主要分为以下几点。

（一）热点内容

该类内容主要紧贴平台热门话题或网络流行热点，强调内容的及时性、新颖度，没有十分明确的营销目的，主要是以内容吸引用户的注意力，提高用户的关注度和点击量。在抖音的搜索界面中可以查询到“热搜内容”，并有专门的标识，出现“热”“新”“荐”等字样。

（二）统一品牌进行标签

企业利用抖音平台设置品牌挑战赛，将企业自身品牌的核心价值与抖音的流行玩法利用活动内容贴合在一起，让品牌知名度进一步得到提升，扩大该企业名下品牌、产品等内容的点击量、点评量等。通过了解受众的关注点与用户进行良好的互动，进而扩大品牌的宣传力度。

（三）广告型内容

当抖音短视频用户积累了一定粉丝之后，品牌商会考虑与其合作推出营销内容，配合品牌营销节点需求集中投放广告，在短时间内帮助品牌提升知名度。例如，某个吃播账号的粉丝量达到一定量度之后，利用其知名度来制作产品的相关短视频扩大宣传，宣传效果基本都可以达到事半功倍的效果。以“记录美好生活”为切入口，使平台的内容更加丰富多元化。

此外，抖音平台最大的特点即倡导竖屏。以往接触的视频端口，多是横屏，也给一部分用户带来困扰，抖音结合用户需求，走上竖屏观看时代。经实际检验，发现用户对于广告内容的接受力度要比横屏大。5G 时代下，抖音在短视频营销中加入竖屏广告能更好地帮助企业提升宣传力度。

三、抖音短视频营销模式

互联网融合发展是大势，在这种发展背景之下，抖音短视频营利模式也发生了明显的变化，广告营销已经不再是唯一的营利手段。

（一）短视频+电商平台

抖音短视频现在已经推出了“短视频+电商平台”的营销模式，用户在刷抖音的过程中会看到许多带货主播在推销产品，如果用户点进直播间并且购买了产品，那么，短视频的营销策略就算是成功的。

（二）短视频+品牌营销

随着社会经济发展及人民生活水平提升，大众消费更趋向于优质内容，正所谓“无内容，不营销”，内容营销时代的来临使得抖音短视频的营销模式正在发生变化，如信息流广告更趋向于内容原生广告。① 用户在抖音刷视频时，平台一般都会给用户推送一些广告，这些广告就是让用户提前适应营销，使其心理上可以比较容易接受视频营销。一些比较大的品牌也看到了短视频营销的优势，纷纷在抖音平台上进行营销，以扩大自己的影响力。不过，笔者需要指出的是，抖音平台植入的各种信息流广告并不都会符合用户的需求，因此，从这个方面上来说，大量的广告可能会影响用户的观看体验。

四、挖掘抖音短视频营销技巧与策略

（一）提升性能，优化用户体验

现如今，网络与信息技术飞速发展，软件可利用技术范围不断扩大，为了不断提升产品性能，为用户带来良好的使用体验，必须及时更新升级软件以实现功能升级。面向社会大众，其软件使用门槛应当降低，设计开发者应充分考虑零基础的拍摄者，尽量使软件操作具有易上手、简洁明了的特点。进一步来说，软件内包含的滤镜、分辨率等参数都应面向用户设置为可自由调节，以此，用户将获得较大的软件使用自由空间。增强主题拍摄的引导性和趣味性，为广大用户提供拍摄灵感，吸引其沉浸在变化多端的光影

---

① 许馨文．抖音短视频的营销模式及商业价值探究［J］．现代营销（学苑版），2021（12）：102.

世界中。除此之外，软件方还可采取激励手段，如竞赛奖金等，鼓励用户积极创新、突破自我，促使平台视频质量不断提升。

（二）加强审核，优化平台内容

为了增强软件的规范性、促进软件良性发展，平台应加大审核力度，禁止一切违反国家标准的视频流入平台。另外，为了优化视频内容，平台应坚决抵制抄袭视频，为用户输送优质的视频。一部分视频虽然未违反相关规定，但很明显是无意义的价值观点输出，或者视频充满消极情绪而又未向大众传递有益信息，这样的视频也应被平台淘汰。平台采用了大数据技术，一旦观看这类视频，用户在接下来的一段时间内很有可能会再次刷到同类型视频，这样的视频内容不能够为用户带来积极的情感体验，时间一长，用户可能会对软件平台产生抵触情绪进而卸载软件。基于此，平台应提倡正能量，将正确价值观念融入平台运营理念。

（三）创新思路，延长产业链条

从目前来看，短视频软件的经济效益较好；但从整体来看，要想实现短视频软件的持续发展，必须创新思路，延长当前产业链，形成各要素融合发展的生态系统。

首先，视频软件的立足之本还是视频，要以不断输出优质视频为目标，不断提升视频产量和质量。其次，不断增强平台用户的版权意识，增强用户观看视频的付费意愿，应用付费订阅模式不仅能够有效强化平台用户的版权意识，促使用户珍惜优质视频主与视频质量，还能够有效激励视频主的创作欲望，促使其创造质量更高的视频投放到平台。再次，顺应融合发展趋势，实现视频平台与其他领域的合作，通过跨界的形式丰富平台视频内容。最后，建立电商板块，聘请具有一定知名度的网络人士，有利于充分利用视频软件的优势实现流量变现。此外，还可以通过广告精准投放的方式与广告主建立合作关系，既能够通过大数据向用户提供消费建议，又能帮助广告主宣传产品，还能增加平台收益，一举三得。

（四）加强监督，实施全面审查

净化网络环境是社会大众的共同期盼，有利于维护上网秩序，进而保护未成年人身心健康、形成积极的共同价值观念。为此，软件平台应加强对视频内容的审查，也要向用户提供监督与反馈渠道，并对其反馈信息及时处理，为用户带来良好的使用体验。具体来说，实施全面审查应从以下几个方面入手。

第一，提高审查人员的素质，使其具有较强的使命感与责任感，建设一支专门的审查团队，不断增强审查工作的专业性与科学性；第二，平台自觉遵守法律法规，根据相关政策与规定确定平台运行秩序，保证大方向不动摇；第三，积极利用现代信息技术，通过职能手段简化审查流程，不断提高审查效率，比如利用禁止词语数据库就可以审查出一部分不良视频，这大大提高了审查队伍的工作效率；第四，完善用户监督举报机制，优化视频页面设计，使用户能够轻易找到举报位置。

第九章　探讨直播营销理论与技巧

网络直播是科技发达的象征，是一种先进的媒介技术，能够在网络中实现主播与观众的互动，从而将一个空间的人与另一个空间的人紧密联系起来。如今，越来越多的人开始关注直播，使得许多商家发现商机，开始直播卖货，变现平台流量，于是直播营销兴起，越来越多的企业开始针对直播营销制定了营销计划。近年来网络直播形式越来越丰富，观看人数也越来越多，进入了全民直播的时期，各个企业都很重视直播营销对自身的影响，试图将企业营销策略与直播营销策略相结合。现在的企业营销已经将直播与产品宣传联系在一起，产生了直播电商，这为人们提供了新的就业机会，也为消费者提供了更便利的消费方式。本章对直播营销理论与技巧问题进行了分析与探讨。

第一节　直播营销概述

一、界定直播营销

直播营销是指在现场随着事件的发生、发展进程同时制作和播出节目的播出方式，该营销活动以直播平台为载体，达到企业获得品牌的提升或增长销量的目的。①

二、直播营销发展的原因分析

直播营销是在传统营销模式上进化而来的直播语境中的营销方式，属于新型的网络营销模式。网络营销发展过程中诞生了许多营销模式，从一开始的单一的网络广告投放、搜索引擎营销和新媒体语境下的营销再到如今的直播营销，从传统电商、微商、短视频电商再到直播电商，网络影响已经得到了极大的发展。分析直播营销的诞生和发展过程，再与其他网络营销模式比较可知，技术和现代市场能够直接影响直播营销的发展，技术的进步和市场中的机遇可以推动直播营销迅速发展。

---

① 曲文涛，陈熹．乡村移动营销［M］．北京：北京邮电大学出版社，2018：16.

（一）信息技术发展迅速

移动互联网、流媒体、智能硬件、大数据等信息技术的发展，不仅为直播平台和系统安全提供了技术支撑，也保障了录制效果以及存储、编码、传输、解码的质量和速度。而移动通信技术的发展，特别是高速率、低延迟、低成本的4G、5G的应用，不仅让视频直播的录制→编码→网络传输→解码→播放的全流程实现低延迟，呈现出同步实时互动流畅的高清画面效果，也让移动端流量迅速聚集，产生庞大的直播用户群体，让人人处处时时可播成为现实，从而推动了营销“人货场”要素的重构和直播营销的迅速崛起。此外，近年来商务互联网化、数字化、智能化的发展基础为直播营销快速发展和融合迭代提供了丰沃土壤，“直播+”“+直播”不仅深度融入了原有的网络营销体系，现有的数字商务生态也为直播营销提供了内容供给渠道、传播渠道、变现渠道和商业模式参照。

（二）直播有其自身存在的优势

在信息时代，消费者每天都会接触各种各样的海量的信息，因此，企业的广告宣传需要具有创意性，才可以使消费者发现该广告，从而注意到广告内容，产生购买产品的欲望。直播能够传播的信息比图文传播的信息内容更多更丰富，并且直播可以向消费者全面地讲述产品的外观、功能、用途和更多细节。视频传播方式只能使消费者被动接收产品信息，而直播能够使主播与消费者进行直接交流，不仅能够吸引更多潜在消费者，还能够使主播了解消费者对产品的期望，从而更详细地解说产品的优势。企业使用直播营销模式可以突破时间和空间的阻碍，吸引更广泛的受众，利用有趣的直播场景和活泼的主播来拉近与消费者之间的距离，使消费者成为品牌的粉丝。直播营销模式还可以用现代技术为消费者呈现立体的消费情境，使消费者可以获得体验式服务，从而拉动消费，提高产品销量。直播营销具备的优势能够推动直播营销快速发展，为企业和消费者带来好处。

（三）消费者的需求出现了显著的变化

流量是互联网营销的基础。① 互联网在人类生活中逐渐占据重要位置，越来越多的人选择在网络中进行消费，人类的消费行为产生了变化。同时，人们忙于学习和工作，不想付出巨大的时间成本来获取信息，相比于线下活动，人们更喜欢在网络中获取信息，这促进了抖音等短视频平台的发展。年轻人是网络消费的主体，更喜欢在网络中进行消费。直播营销的用户具有社群化特点，并且内容有趣，吸引了年轻网民的注意，他们可以在网络中交流、互动、消费，不仅能够生产网络内容，还能够消费网络内容。直播营销能够充分满足消费者的需求，推动企业营销的发展。

（四）直播营销平台生态良好

一方面，直播平台的崛起为直播营销提供了平台载体和生态基础。2014年4G开始商用，成为移动互联网发展史上具有里程碑意义的一年，迎来了全民移动直播时代。正是

---

① 刘东风．直播营销发展的动因、模式及趋势［J］．新媒体研究，2022，8（12）：26.

在 2014 年前后，虎牙、斗鱼 TV、映客、花椒等头部专业直播平台纷纷成立。除广告、付费观看、VIP 会员等变现方式之外，打赏、直播广告、企业活动直播等营销场景应用逐步丰富。随后，资本和互联网巨头开始加入，直播平台在竞争中开始兼并重组和优胜劣汰，流量逐步向头部平台积聚，原有的“头部”社交平台、电商平台、内容平台等也纷纷向直播转型，如抖音、快手、淘宝等在 2016 年后纷纷加入，形成了“百家争鸣”的格局，带来了直播营销业态的“百花齐放”。另一方面，专业化的直播营销服务机构的出现，成为推动直播营销发展的重要力量。经过行业崛起初期的爆发式增长，行业监管开始逐步趋严，2016 年 9 月国家广播电视总局下发《关于加强网络视听节目直播服务管理有关问题的通知》，同年 11 月国家网信办发布了《互联网直播服务管理规定》，随后政府的监管规定和行业自律文件不断下发，为规范行业健康发展发挥了积极作用。在此趋势下，平台开始重视主播培育和专业化内容生产，于是围绕直播服务的各种专业化机构开始出现。这些专业化机构不仅为直播平台提供了大量专业化主播，也成为平台内容的专业化生产和企业直播营销专业化运营的重要服务商，推动了直播营销行业的高质量发展。

（五）直播电商快速崛起

相比其他的直播营销模式，直播电商的变现逻辑更加简单，转化能力更强。因而直播与电商结合不仅为直播找到了新的变现通路，也深刻地改变了原有直播营销业态和格局。从发展历程看，最早在 2016 年，淘宝、京东、蘑菇街、唯品会等传统电商平台就纷纷推出了直播功能，开启直播导购模式；快手、斗鱼等直播平台则开始与电商平台或品牌商合作，成为直播电商早期的“试水者”。之后，随着快手、抖音为代表的“顶流”短视频社交平台开始布局自己的直播电商，打破了以传统电商平台为主的直播电商格局，让无直播不电商成为一种趋势。从移动互联网技术发展看，2019 年是一个特殊的年份。这一年 5G 开始商用，让直播用户迅速暴增，也带来了直播电商规模化爆发。同年，京东开始启动红人孵化计划；拼多多进行了直播首秀；小红书内测电商直播；快手与拼多多、京东、苏宁相继合作，推出“快手购物助手”小程序；抖音则与唯品会合作，并开通了精选好购。2019 年巨头们在直播电商方面“攻城略地”式的“角逐”，对当时和未来直播营销发展都产生了深刻影响，开启了“直播电商元年”。受疫情的影响，在 5G 技术的加持下，2020 年我国直播电商市场规模突破了万亿大关，直播销售员成为 2020 年国家确定的新职业之一。无论从行业发展业态看，还是从直播电商规模看，直播电商重构了直播营销业态和发展格局，成为直播营销创新发展和自我变革的新动能，把直播营销推向了新的阶段，也为直播营销行业迎来了新的发展机遇。

三、与传统营销相比，直播营销具有的优势

传统营销在移动互联网时代背景下存在着许多缺陷，并且这些缺陷往往在发生的时候会造成不可逆转的后果。而直播营销模式能够弥补传统营销中的缺陷，并且使营销活动在开展的过程中实现利益的最大化。

（一）更能带动市场

由于互联网连接了全球各个角落，因此在“只要拥有一部智能手机，人人就可以成

为信息传播源”的自媒体时代，微博、推特等社交平台上一旦出现品牌的相关负面新闻，就能以非常快的速度传播到世界各个角落。

使用传统营销模式的企业因为缺少与用户的沟通，时常会在面对互联网中流传的负面消息时束手无策，最终放任消息的流传，无法针对互联网市场做出及时的应变，最终影响了品牌的整体形象。但是，品牌可以通过直播让营销活动变成信息的来源。也就是说，品牌也可以利用自媒体让直播成为宣传品牌优势的工具，抢先让品牌推广出去，并在直播的过程中与产品用户进行直接互动，了解产品缺陷。在这些缺陷还没有全网散布之前，对产品进行优化，提高用户的满意度，最终使品牌形象在用户群体中得到升华。

（二）更具有互动性

在一般情况下，传统营销就是利用销售员与顾客之间一对一的传播方式进行销售。如果以这种方式来与大量客户建立社交关系，往往需要巨大的成本，因此大多数企业在利用传统营销模式的时候会忽略与顾客的社交互动。但是在不建立社交关系的前提下，过分刻意地推销产品，很难将产品信息有效地推送到顾客的脑海中，甚至会激起顾客的厌烦心理。并且在营销的过程中，这种纯单向的信息传递方式完全不利于双向沟通，顾客无法把相应的产品信息反馈给企业，最终会导致顾客大量流失。一些品牌在进行传统营销的活动中，即使会建立相应的微博、微信公众号来与顾客建立关系，但是这种建立关系的方式也无法照顾到大部分人——毕竟一般的企业很难及时回复每个留言，有问题的顾客也很少去仔细查看前面留言中是否存在解决问题的办法。

直播营销自带社交性质，给观众带来强烈直观感受的同时，让观众尽可能参与到营销活动之中，及时向企业反馈产品的优点和缺点，进而达到了品牌与顾客沟通的目的，使顾客对品牌建立强烈的信任感与依赖感。

（三）变现率更高

与传统的营销模式相比，直播营销能以极低的成本取得极大的营销效果。[①] 有效的营销活动能够吸引大批注意力，并且将这些注意力转化成客户消费动力。但是现在传统营销活动在聚集注意力方面就已经落后，时常需要消耗大量成本去举办线下活动才能获得极少的客户注意力，那么想要进一步把客户的注意力转化成消费力则更加艰难。而直播营销让观众边看边买，不仅方便了观众，而且提高了直播营销的变现率，观众在享受直播带来的娱乐的同时，变成了产品的忠诚用户，并且愿意为购买产品支付相应的费用。

因此，传统营销模式存在的缺陷已经无法适应当下的市场。目前销售市场需要的是一种可以弥补传统营销缺陷的新营销模式，并且这种新营销模式可以通过社交手段聚拢大批注意力。根据现代社交和营销的发展趋势，这种新营销模式就是以直播平台为媒介开展的直播营销。直播营销能够利用自身在社交方面的优势，逐一弥补传统营销中的缺陷，实现传统营销活动中无法实现的目标。

---

① 燕鹏飞．全网营销——用户在哪里，营销就该出现在那里［M］．广州：广东人民出版社，2018：137.

四、直播营销注意事项[①]

（一）名人直播，群众参与

给民众一个实时观看活动的机会是邀请观众参与的很好途径。名人参与直播可以吸引观众。此时，名人的选择十分重要。他们往往有众多粉丝，会为品牌带来更多的曝光率和营销机会。

（二）直播令人兴奋，但是效果无法估计

尽管直播的即时体验很独特，带来的效益也很好，但直播一旦开始，就会有一定程度上的不可控因素，这是许多品牌担忧的一点。所以周全的准备和计划、合适的平台选择很重要。

（三）直播时间最少 30 分钟，内容要扎实

直播时长最好在 30 分钟以上。在直播前就吊足观众胃口，并且用扎实的内容让观众参与，在直播后为没有参与的观众提供视频。

（四）创意和创新

直播不仅仅是一个产品展示过程，“即看即买”是最基本的模式。创意和创新是最能够带动观众积极性的元素。

（五）直播软件和内容的选择

尽量选择正规直播软件，以体现简单为准。直播内容以聊天、唱歌、跳舞、吃饭居多。

五、直播营销展望

当今时代，直播已经成为一种重要的商业模式。随着用户需求的增加，多样的科学技术如 5G、人工智能、区块链等逐渐应用于当前领域，直播场景更加多元化，直播营销将会成为未来主流的企业营销方式。

（一）技术催生直播商业应用场景将更丰富

在当前的直播环境中，通过直播流量变现的商业模式已经开始出现新的变化，技术的叠加让直播场景更加丰富，用户也对直播模式提出更高要求。在后 5G 时代，利用当下的 AI 技术、虚拟主播、全息影像等开始打造全新的科技直播间，直播间可以随时切换场景，避免观众审美疲劳，主播也可以是虚拟偶像，带来更多新的直播间玩法。

---

① 曲文涛，陈熹．乡村移动营销［M］．北京：北京邮电大学出版社，2018：17-18.

（二）“直播+”行业跨界融合成新趋势

“直播+”商业模式的打造成为现代各行各业最重要的营销途径，电商直播的兴起改变了整个产业的营销模式。传统的电商营销开始走下坡路，越来越多的人被直播电商吸引，众多商家都开始向直播营销转型，直播用户的规模不断扩大。在这样的时代背景下，直播平台以及各个行业巨头纷纷开始打造“直播+”共同体，推动直播行业的大跨步发展。平台开始不断优化直播数据，为用户提供更多支撑；企业纷纷开启直播，为自家产品寻找新的营销出路；MCN 机构开始孵化一批又一批账号，为企业提供最精准的服务；直播从业者开始不断研究新的营销模式，争取直播流量最大化。

（三）泡沫褪去后的行业竞争再加码

直播行业是新生的行业，在短期内还处在流量的红利期，但从长久发展来看，市场回归理性后，泡沫褪去后的行业竞争将更加激烈。在经历新的一轮产业竞争后，直播行业必将会迎来更加残酷的现实。技术、资本、资源相对强大的大企业将会吞没小企业，一批企业会在无声中消失，流量、资源也必将会向头部平台倾斜，各大企业之间的头部竞争也将更加激烈。

（四）服务国家和区域战略作用更凸显

随着直播行业的进化，直播营销将成为线上交易的主要模式。国家和地方都已经对直播行业高度重视，开始出台多样的政策促进直播行业与国家经济的共同发展。直播行业开始与我国的助农政策联合，推动乡村振兴战略向前迈进，地方政府开始建立农业主播基地，打造新型农业主播，为不同地域实施直播带货。各个地域出身的主播更加了解当地的农业状况，建立在乡情之上的农产品直播营销将具有更多的场景和情感优势。在“直播+三农”模式的推动下，新型农业农村经济必将成为一道独特的风景线。

（五）政府监管和行业自律更严格

直播行业在兴起阶段会出现部分乱象，但在之后大环境中必将形成更加严格的政府监管机制和行业准则。近些年，直播行业出现了部分违法事件，“糖水燕窝”、产品造假、头部主播偷税漏税现象开始被爆出，直播行业出现转折。基于此类现象，政府和行业开始出台监管机制，对直播行业的各个违规行为做出了具体限制，对主播欺骗和误导消费者，售卖假冒伪劣产品，发布虚假广告、不良信息等问题，都提出具体的监管办法，整顿了行业中的不良风气。现在人们就已经觉察到政府进行严格管控的决心，未来监管政策只会越来越细化，也越来越严格，行业必将会在严格管控之下实现良性发展。

第二节　探讨直播营销的步骤与模式

一、直播营销的步骤

关于直播营销的步骤问题，在笔者看来，不管是大品牌还是小商家，做直播营销时都要经历以下几个步骤。

（一）准确定位用户

首先搞清楚直播的受众是谁，是向普罗大众宣传，还是针对特定群体推广，这一点必须明确。营销的前提是企业深刻理解客户需求和自身所能提供的产品，企业认清直播的受众，才能做到有的放矢。直播的受众是哪些人、他们对企业产品的接受度、他们需要哪方面的产品……凡是跟产品和用户有关的因素，企业都需要考虑并恰当地定位。

（二）选择合适的直播平台

不论何种营销载体，只有营销手段与企业自身的特质相符，才能达到宣传企业形象的目的。目前存在的直播平台纷繁复杂，知名的直播平台大多有自身独特的定位，企业可以根据这些直播平台的特质，寻找最适合自己的。

如果以经营键盘、鼠标等电脑周边产品为主，那么斗鱼可作为第一选择；如果需要推广衣服、化妆品等产品，那么淘宝直播、美拍直播再适合不过。

此外，直播平台自身在观众心目中的形象也必须纳入考虑范围。目前，知名的直播平台发展比较规范，负面新闻较少，相对而言更适合企业做品牌营销。一些新平台、小平台虽然报价较低，但是直播中少不了一些“打擦边球”的内容，而这正是对外在形象要求极高的企业最忌讳的。

（三）设计优秀的方案

完成上述步骤后，直播的关键就落在了最终执行的方案上，所以企业在方案设计方面要慎之又慎。在方案设计过程中不仅需要营销部门的参与，而且需要销售团队的加入，这样才会使最后的直播在营销效果和视觉呈现两方面都达到最优。

如果企业品牌自带强大的号召力，那么企业可以借鉴乔布斯、雷军等人的直播营销形式。如果企业品牌自身并无知名度，那么企业可以考虑请名人、美女助阵，这样就可以在吸引眼球的同时创出企业的名气。而一些较为“务虚”的服务业企业，在直播的选择上就自由得多，综艺节目、邀请知名主播助阵都值得一试。

（四）有效反馈

企业直播营销的成败最终还是要看实际转化率，变现赚钱始终是企业的宗旨，因此无论在直播中还是在直播后，及时的反馈非常必要。[①] 同时，实时分析研判反馈数据还能持续修正企业在直播中的行动，在不断加强直播效果的同时，为今后的直播营销积累宝贵的经验。

与广播电视等传统营销手段不同，企业直播营销具有的时效性和无时差的特点早已为人所熟知，营销效果有目共睹。未来将会有越来越多的企业触网直播，这是直播发展到一定阶段的必然结果。

上述几个步骤是企业进行直播营销的基本步骤，要获得理想的直播效果，还有赖于企业自身在实际操作中不断摸索和总结。

二、直播营销的模式

直播与市场营销已经实现了深度融合，导致许多种不同的营销应用场景诞生了，这些场景经过发展已经成为直播营销的模式，并在实践中实现了新的发展。

（一）直播+电商模式

运用直播手段进行产品销售的一种新的电商形态就是直播电商，它是直播与电商相互结合发展下的产物。不仅是传统的电商平台，内容与社交等平台也成了直播带货的天堂，“直播+电商”已然是大势所趋。

直播电商对产品的展示更加直接、实时，用户能在第一时间了解产品的优势，而且在主播构建的场景中，用户能获得线下不曾体验过的购物感觉，因此，这样的一种直播方式更能吸引用户，同时刺激他们的购买欲。

（二）直播+发布会模式

“直播+发布会”目前已经成为不少品牌抢夺流量的重要手段。这一模式最大的优势体现在它并不会为时空所限制，同时还能将品牌故事、产品信息等全面地展现出来，甚至还能实现生产者与消费者的直接互动，在配合电商平台的基础上，又能实现直播流量最大限度的变现。“直播+发布会”的模式比线下发布会更加省时省力，省成本，也能促进品牌与产品的快速与大范围传播。

（三）直播+企业日常模式

这是一个人们能随时随地进行社交的时代，在这样的一个时代中，营销比较重视两方面的内容，一个是互动，另一个则是情感认同。企业通过直播的形式分享自己的日常能促进其与公众建立合理的联系，更为重要的是，能让用户深度了解品牌与产品。尤其是几年的新冠肺炎疫情，直播更是在营销中发挥了重要作用，让企业可以更好地链接内外部资源，同时也能全方位了解市场。

（四）直播+广告植入模式

在直播中进行广告植入，可以最大限度淡化视频广告的生硬感，同时，企业还能利

① 徐鹏举．引爆流量——直播营销战略、打发与技巧［M］．北京：中国宇航出版社，2017：18.

用原创内容加强与用户的互动，吸引更多用户进入直播间。在直播场景之下，在主播的讲解、场景的营造中，企业的产品将能为用户所理解与熟知。比如，在娱乐主播的直播间里，其陈列的所有道具都可以植入广告，而根据植入的广告，主播可以设置购买链接，用户看到之后如果喜欢他们就可以购买。

（五）直播+访谈模式

访谈营销从第三方的角度来阐述观点和看法，如可采访行业意见领袖、特邀嘉宾、专家、路人等，利用第三方的观点来增加产品卖点的可信度，对于传递企业文化、提高品牌知名度、塑造企业良好形象都有着促进作用。例如 vivo X50 Pro+上市之际举办了一场线上品鉴会，邀请了多位名人和摄影爱好者分享产品使用感受，并对产品进行了全方位的功能和卖点展示。此外，通过平台、机构、人气主播的“直播+节目”“直播+活动”等传播模式也类似于“直播+访谈”营销，属于依靠第三方内容生产实现企业形象展示和客户价值传递的营销行为。

第三节　直播营销活动策划解析

一、直播组织筹备工作分析

（一）任务部署

1. 了解直播需求

首先通过直播协调会，了解直播的大致需求和相关情况。直播时间和地点应当基本确定，直播形式上还要初步明确如下内容：选择音频直播、视频直播还是图文直播，有无前后方连线；直播规模有多大，现场使用几种语言，后方直播间又使用几种语言；传播渠道是现有广播频率还是新增广播频率；覆盖地区是面向传统节目还是落地节目；网络播出是自有网站还是合作媒体网站；现场是否需要电视大屏展示等。

2. 确认直播需求

直播协调会的召开不止一次，诸多不定因素影响着直播需求的最终确定。主办方对直播内容日程流程的调整，技术协调上下游单位能给出的传输覆盖方案，还有至关重要的经过现场勘查才能确定的客观物理条件，都对直播形式需求有着反馈作用。这些不仅要涉及本单位多部门的协调合作，还涉及与上级主管单位、兄弟单位的沟通联络。直播策划都要通盘考虑，事无巨细，务求各业务衔接有序，步调一致。随着直播客观条件可行性的明确及直播筹备进度的推进，直播需求逐渐清晰，任务趋于明确①。

① 张铭．大型活动现场转播方案探讨［J］．科技传播，2016（1）：23-24.

（二）现场勘查

1. 准备直播方案

现场勘查是直播筹备事宜中相当重要的环节。只有亲赴现场才能了解相关具体情况。通过与主办方的沟通，确定 IBC（国际广播中心）机房空间场所或转播车及设备装机位置；通过环境勘查，知晓当地天气气候和交通运输情况，做好对设备防雨、防晒、防冻和物流搬运的预期准备；通过场地考察，了解周围声学条件，判断是否存在环境噪声干扰。此外，直播转场和撤场的时空需求，现场能提供什么样的信号传输条件，电话线路是否具备，电源动力系统是否符合技术要求等，所有这些都需要现场勘查才能得出结论，是制定直播方案的必要条件。依据现场勘查，才会对设备选型、传输方式、机位设计、综合布线等做出最终决策。

2. 调整直播需求

现场勘查结果还对直播需求做出响应和反馈，依据客观条件对直播内容展现提出调整建议。譬如歌舞表演类直播，现场声学条件或镜头展示条件不具备，则有必要对舞台节目编排做出取消或调整，保证现场直播的节目效果和质量。

（三）方案制订

在直播需求、现场勘查结果、主办方所能提供条件的综合考量下，直播形式和规模最终确认，直播方案可着手制订。

1. 协调人员与设备

首先要对直播部门和人员进行组织协调管理，综合部署音视频采集、制作、传输、网络、电力等方面资源和专业人员，统一规划、统一调度、明确分工，进行技术准备工作。根据各部门实际情况，对所属设备、器材、备件进行梳理①。为保障大型直播活动的顺利实施，必要时可申请专项资金支持，紧急采购相关物资进行更替，避免设备老化带来的不稳定性。

2. 细化技术方案

直播涉及多项专业化操作，需要对任务进行分解，细化操作方案，绘制相关技术系统图和节目运行表。音频系统图、视频系统图、现场布局点位图、信号回传系统图、整体节目运行表、直播内容触发技术事件流程表等不一而足。相关系统图及流程表的制定是将直播要求和实施统一结合的最简洁体现。熟悉图表是现场直播人员的基本要求和必备技能。

3. 统筹直播方案

直播技术细化方案出台后，则需要进行汇总、分析和整理。再次组织召开编播业务部门与技术保障部门工作协调会，梳理直播方案，衔接工作交接流程。通过对节目内容形态的展现，明确各岗位所属职责，业务操作触发响应节点。不仅要让每个人了解自己分内的工作，还要知晓相关业务的联络负责人，树立大局观念、团队意识。直播前后方人员需紧密联络，步调一致，以时间推进表方式来协调各项工作进度。

---

① 李彦华．从六场直播带来的思考［J］．西部广播电视，2015（17）：84.

4. 其他

随着细节的逐步厘清，直播统筹则面临更多不可预期的任务。安保工作严之又严，戒严、封路、封馆皆有可能。人员出入证件、特种车辆交通出行许可、物资设备进场时间、工作人员住宿餐饮等情况通通都要考虑，甚至要量化出随行人员单程设备搬运重量时间比。避免任何一个环节疏漏可能带来的直播安全隐患。

（四）设备的安装与调试

1. 设备的搭建安装

设备进场后，要在规定时间内搭建完毕。在此期间，必须保障与现场方电力和信号接入的同步工作。根据前期现场勘查结果和技术系统图，按操作规范进行设备安装、布线。系统图设计是理论示意，具体进行施工还要依据现场位置、坡度、距离等因素对设备安装、布线做出调整。

在安装过程中，数据线和信号传导线要予以严密保护，采用不同的变压器供电，割断变压器内阻耦合，分别加装保护外壳，屏蔽相关供电线路，避免出现空中电磁干扰，影响采集设备的正常工作。同时也要注意在布线过程中，不要让电线负力，不要让线缆过于冗余或抻拽过紧等。

2. 设备的检查调试

设备安装完成后，要对线路进行检查，确保连接紧密，没有虚接，各路引线都要粘贴牢固，人员走步密集处还要为线缆铺设防踩踏保护板，防止搬运过程中的磕碰事故。设备集成时，设备固定和连线要牢固可靠；设备箱体线路连接宜采用多芯电缆和插接件，做到一插即用，减少人为差错和系统搭建时间，更有充裕时间进行调试和准备。

设备连接成功后，可以开机进行调试，现场直播的异地开放环境会给音视频信号采集、传输等环节带来影响，要做好各项安全隐患排查工作。调试过程中，要对直播设备应用功能进行全面测试，确认链路导通状态，主备切换正常；优化调整机位架设、话筒布局、灯光的位置角度，杜绝回授、噪音、非线性失真。

二、直播营销活动的具体执行

直播营销活动的执行是顺利完成直播营销活动的重要环节。

（一）直播开场

直播开场可以用以下几种方式[①]：

①直白形式开场，开场时直接告知观众具体的直播信息，包括直播活动主题介绍、公司介绍、抽奖等内容；

②提问题形式开场。通过提问引导观众思考，从而逐渐进入直播主题；

③揭示数据形式，通过抛出与直播主题相关的数据进行开场；

④故事形式开场，通过讲述相关故事，引起观众兴趣进行开场；

---

① 孙天慧．新媒体营销实务［M］．武汉：武汉大学出版社，2022：169.

⑤道具形式开场，借助相关的道具进行开场，例如企业产品、吉祥物等；

⑥提出热点开场，借助相关的热点事件，拉近与观众的距离进行开场。

（二）直播过程互动

1. 产品推广话术

直播主播可以通过出示产品的可信证明材料、网友好评截图、网红推荐、官方资质等产品信息以及亲身体验等进行产品推广。

2. 互动的形式

①发红包或奖品互动，主播可以利用网站发放红包或奖品等与观众互动。

②发起任务。主播可以借助平台发起秒杀、抢优惠券、抽奖等活动来吸引观众，以增进与观众的互动。

③才艺表演，通过安排相关的才艺表演活动来吸引用户参与和讨论，提高与观众的互动频率。

（三）直播收尾

首先，需要对观看直播的用户表示感谢；其次，坚持留到直播结束的用户应该对该企业的产品或品牌较为感兴趣，在结尾时可以引导这些用户关注品牌官媒或者购买该企业的产品。

第四节　探讨直播营销的技巧与策略

一、直播营销的技巧

（一）围绕营销的基础技巧

1. 直播营销的传播技巧

众所周知，目前的直播门槛非常低，只要有一部联网的智能手机，就可以随时随地开展直播活动。但是“直播+营销”并没有那么简单，因为直播营销是一种全新的营销方式，它结合了现代各种营销模式的特点，让企业、品牌、产品、消费者通过互联网进行直接对话。一场销售转化率高的直播营销，除了要投入极高的成本打造创意内容之外，还要具备有效的传播技巧。

（1）决定直播营销传播效果的因素

在挖掘直播营销的传播技巧之前，应该优先了解决定直播营销传播效果的因素。然后，从这些影响传播效果的因素开始下手，对直播营销进行传播优化。

①流量来源

有效的流量来源，可以支撑起直播营销的半边天。目前，大多数直播营销的流量来源都是直播平台、微博等相关社交平台。主要通过这些社交平台的 banner（首页横幅广告）、专题、超链接、友情链接等，为直播营销建立引流通道。因此，本身具备庞大流量基础的流量来源——社交平台，具有能够为直播营销提供引流的基础优势。

然而，拥有庞大流量基础的流量来源，并不是直播营销选择平台的唯一标准。平台流量的转化率、流量来源平台与直播企业的关联性、平台的合法性等，都决定了直播营销对流量来源的选择。这些额外的条件不一定要全部符合，但是拥有庞大流量基础的来源，必定是直播营销为传播考虑的基础，而且其他所有的条件都建立在这个基础之上。

②直播内容

优质内容是直播未来的核心发展方向。由于直播领域正在逐步垂直细分，直播营销的内容也会越来越专业且富有内涵。因此，专业且内涵深刻的直播内容将成为未来直播内容的主流，而直播的娱乐因素也会集中在直播内容的内涵中。当直播内容与观众需求高度符合的时候，直播间才会涌入流量。

③观看时长

直播营销传播的目的之一，就是尽可能地引流。但是，单纯地引入大批流量并不能让直播营销产生效益。新引入的流量，必须在直播平台上停留足够长的时间，才能让直播有机会将内容有效地传达给观众。

由此可见，直播营销所有新引入的流量中，真正有效的流量还不足总量的一半。因此，直播营销必须要通过提高观众观看的时长，进而达到带动传播的最终效果。而决定观众观看时长的因素，除了直播内容的优劣之外，还有主播和直播间其他管理者的配合。优质内容是由直播企业根据自身因素打造的，观众点开直播之后，会在 10 秒的时间内判断内容是否符合自身的需求，进而选择是否继续观看下去。当直播间积累到一定数量的观众后，主播的互动往往不能顾及每一位观众，因此需要设定直播间管理员，让管理员以弹幕、留言的形式配合主播，共同与观众互动。

④直播时间点

由于观众工作、作息时间的原因，大部分直播都喜欢安排在晚上 8 点到 10 点之间。同时，这个时间段也是各大直播平台流量高峰期。因此，排除节假日等影响因素，直播营销开始的时间点也最好选在晚上 8 点之后，结束的时间点尽可能不要超过晚上 10 点。

（2）直播营销传播的主要技巧

实际上，直播营销的传播技巧非常多，但是根据企业性质、品牌性质、产品性质的差异，不同的技巧会带来不同的效果。因此，根据多数直播营销的通用度，总结了以下几个主要的传播技巧。

①明星传播

明星传播是最容易使用的传播技巧，也是最难用好的传播技巧。只要企业愿意花费成本邀请明星，就可以进行直播营销。但是，请什么样的明星、为明星设计怎样的传播语言、如何让明星获得观众的共鸣等问题，都是直播营销需要考虑的内容。因此明星传播是一种看上去简单，但是实际操作执行并不容易的直播营销传播技巧。

②情感传播

在发达的经济体系之下，人类的生理需求已经普遍得到满足，决定人类行动力的因素逐渐变成了心理需求，情感逐渐成为促使人类产生行为活动的主要原因。实际上，情感的传染力非常强，特别是在互联网促使全球一体化的当下，源自日常、人们难以发现的细微情感，被广告等方式进一步放大，就会成为撼动观众内心的有效手段。而直播营销，就可以作为放大感情的工具，让感情成为直播营销的有效传播技巧之一。

③话题传播

所谓话题传播，就是借助热门话题进行传播。话题传播的本质，就是借势话题抢占互联网用户的注意力，所以这是一种近乎“万能”的传播方式，不仅直播营销可以使用，其他的营销方式也可以使用。虽然这种传播极具普遍性，也能达到很好的传播效果，但是由于话题的限制，并不是企业的每一次直播营销都能够找到相关的热门话题，也不是每个热门话题都可以与直播营销的内容相对应。因此，企业在选择话题传播的时候要谨慎小心，不能让话题成为直播营销的“累赘”。

2. 直播节目的统筹技巧

由于“百播大战”的竞争日益激烈，直播的内容将越来越正规，而正规的直播内容必定少不了规范的直播节目。因此，企业必须做好直播节目的统筹计划。统筹是直播营销能够顺利开始、顺利结束的支撑。所以，即使直播是一种大众化的社交方式，企业的直播节目也应该向传统的电视节目学习，在合理的直播时间段内安排好直播节目方方面面的细节。但是直播节目由于媒介的不同，与电视节目的统筹存在着细微的差别。因此，企业在策划直播内容的时候，就应该注意直播节目的统筹技巧。

（1）从节目开始积累人气

由于直播媒介的特殊性，刚开始的节目都处在流量积累的阶段。对于企业来说，能否在这个阶段让观众产生期待感，往往决定了此次直播营销最终的成败。因此，企业安排的主播在直播的流量积累阶段就应该开始积极与观众互动、报上相应的节目名称、为观众展示直播活动的亮点等，如果有游戏互动环节还可以为观众展示一下丰厚的奖品。以这种简单展示的方式，大致告诉观众接下来的节目内容，进而吊足观众的“胃口”，让观众有继续看下去的动力。

（2）制造高潮

直播节目的高潮与电视节目不同。电视节目的高潮源自内容，而直播节目的高潮则源自互动。只有观众互动性达到高峰的时候，直播节目才算是迎来了一次高潮。高强度的互动能够调动观众的积极性，甚至激发观众对企业产品的购买欲。因此，企业必须在直播的过程中制造高潮，把握直播节目的每一次高潮点，借力互动性的高峰点来达到想要的营销效果。

（3）渲染气氛

渲染气氛就是为企业直播制造一个合适的大环境，通过舞台装饰、灯光效果、音响效果等，为观众带来绝佳的氛围体验。合适的气氛有助于节目的开始、节目的高潮以及节目的收尾，是辅助直播节目进行的最佳道具，并且能够在一定程度上调动观众的感情。观众在感情的促使下，会更加积极地参与到直播节目的互动环节之中。

（4）引导关注

引导观众对企业直播的关注，就是通过各种渠道让观众进入企业的直播间，同时又能够在第一时间留住这些观众。企业的直播节目在带给观众精彩内容的同时，还要将营销的元素传播出去，让观众看到企业的产品，或者让观众体验到企业的品牌文化。由此可见，引导关注是一个非常复杂的过程，需要寻找多种外部引流的渠道，让每一个直播节目的内容都足够精彩，让产品植入广告能够与节目完美融合，在这些过程中还要保证企业的产品或者品牌文化都能融入其中，让观众不会因为精彩的节目忘记企业营销的核心对象。

正确引导观众的关注必须要通过企业直播营销整体的策划方案，在方案中寻找相应的引导点。然后以这些引导点为初步对象，设定一系列引导的细节。比如在引导渠道上可以选择各大网站的广告位、百度推广等；在传播营销元素上，可以通过主持人的台词、主持人的动作、灯光聚焦的方位等，引起观众的注意。因此，直播引导关注的方方面面都分散在节目的细节中，引导关注的重点就是抓住直播的细节，让企业的直播营销做到最完美。

企业对直播节目的统筹，能够让企业在同行的直播营销中占据制高点。统筹直播节目在企业的传播营销上发挥着积极作用，不仅进一步提高了直播的质量，而且能够让企业的直播在互联网流量市场中获得良好的口碑。

（二）围绕企业的延伸性技巧

1. 企业家高管直播技巧

在直播营销中，直播实际上就是双向传达信息的载体。通过直播，企业可以将产品信息传播给消费者，消费者也可以将对产品的想法、体验反馈给企业。所以，直播营销实际上就是拉近企业和消费者的距离，让企业更加“平民化”。而企业“平民化”的重点之一，在于企业家高管的“平民化”。

在大多数消费者的观念里，企业家高管是深藏于企业背后，只会在零星的新闻报道中才会出现几次的“神秘人”。然而，网民对互联网中大量碎片化、私人化、娱乐化信息的消费，导致现在的互联网消费者对于个人的接受度，往往超过了对企业和品牌的接受度。如果在此时，深藏于企业背后的企业家高管能够将自己作为“网红”展现出来，与消费者通过直播平台进行“亲密接触”，把个人的魅力与企业产品进行整合，将会带来绝佳的营销效果。

（1）“网红”企业家高管的时代已经来临

站在企业营销的角度，“网红”并不是赚钱的工具，而是将“营销”变为“社交”的引导者。幕后的企业家能够作为“网红”主动站到“台前”，将自己的个人生活、想法、品位等展示在观众的眼前，就等于以个人的形象为企业代言。

（2）企业家高管如何直播

在这个企业家高管进军“网红”的时代，直播营销同样需要这类“网红”的支持。但是企业家高管“网红”的直播，与一般的网红直播有着本质的区别。一般的网红主播直播的目的，主要是建立一个互联网粉丝圈来维护自身的收益。但是，出身企业家高管的主播并不是只有“自身盈利”那么简单，甚至还会决定企业未来的营销市场和销售命运。因此，当企业家高管想利用自带的“红人”光环，通过直播来营销的时候，必须充分掌握一定的技巧，才能让直播达到理想的营销效果。

①分享互动

互联网为消费者打开了世界的通信大门，所有人都能够以网络为媒介进行双向交流，所以通过分享信息来建立社交关系，已经成为网络中最为流行的一种社交方式。因此，企业家高管的直播也可以通过“分享”相关的内容方式，与直播观众进行互动。但是，由于互联网信息混杂，企业家高管要与直播观众分享的内容，一定要注意以下两点。

第一，分享的内容要绝对真实。网民喜欢直播的重要原因之一，就是直播能够带来绝对的真实感。同样地，消费者对产品的信任度，也建立在企业营销传达真实信息的基础之上。而消费者对直播的真实感，可以通过企业的直播营销转移到产品之上。真实是建立信任关系的基础，为了维护消费者对企业、对产品的信任，企业家高管要与消费者分享的直播内容也必须真实。真实的内容是企业家高管树立自身形象以及品牌形象的侧重点。因此哪怕观众在直播中犀利地提出产品存在的问题，企业家高管也要利用自身的语言技巧，对问题给出绝对真实的回答。

第二，企业家高管分享的内容要尽可能涉及多方面。也就是说，分享的内容并不局限于产品的相关技术、应用技巧等，还可以分享自己生活中的逸闻趣事。分享产品高端的技术内容，确实能够在一定程度上提高产品的形象，让消费者了解产品采用的核心技术。但是，技术内容往往会涉及许多专业词汇，不具备专业知识的观众可能并不能很好地理解。所以，企业家高管的直播应当尽量简单易懂，技术方面的内容必须要有，但是点到即可。企业家主管可以通过直播，分享一些生活中琐碎的小事，为自己塑造一个更加亲民的形象，通过分享自己的故事，优先提高自身的人气，然后以自己在“粉丝圈”中的个人魅力带动企业和品牌的人气。

②专业化

企业家高管的直播风格必定与一般的直播有所不同。一般的主播，会利用才艺展示自身的魅力，进而“征服”观众。而企业家高管通过直播“征服”观众的技巧，就在于“专业”。

企业家高管专业化的直播技巧主要体现在两个方面。

一方面是专业化的口语。专业化的口语并不是指企业家高管在直播的过程中，大量使用与产品相关的专业词汇，而是指企业家高管在直播的时候要注意自己的语言措辞，能够与互联网直播的整个大环境贴合，同时一定要避免说出让观众感到“不舒服”的话。企业家高管一定要随时记住自己所处的位置是企业的高层，在直播营销的过程中尽量避免主动“吆喝”让观众购买产品。所以，企业家高管的直播要凭借自身的智慧，以产品优势为核心进行阐述，将营销和娱乐有机结合起来，引导观众“主动”发现产品的宝贵之处。

另一方面就是专业化的平台。专业化的平台是支撑企业家高管直播营销的背景，当企业直播已经具备了专业的“主播”、专业的内容、专业的口语，那么就一定要有专业的背景与这些相匹配。企业家高管就是专业的“主播”，因此在选择直播平台的时候一定要精心、慎重。

2. 企业直播号营销技巧

直播给企业带来了崭新的营销时代，为了抢占直播营销的先机，就必须建立适合的“企业直播号”。提到“企业直播号”，就不得不提微信、微博营销盛行时，陆续诞生的各种企业微信公众号和企业官方微博账号。企业直播号虽然在形式上与公众号和微博账号完全不同，但是从本质上来说，它们都是企业营销的“工具”。而每个营销“工具”都有特定的使用技巧。因此，企业直播号只要能够抓住这些技巧，并将这些技巧充分运用到直播号维护以及企业营销之中，就能够在直播营销的革命浪潮中抢占一定的先机。

（1）优秀的标题

企业直播号中的直播标题与普通的文章标题不同，它必须包含企业的名字、企业的产品、直播的核心内容以及与企业相关的 LOGO。

企业的名字就是企业的 ID，也是大多数消费者了解企业的第一条信息，因此企业直播号为观众展示的直播标题一定要有企业的名字。企业的产品就是企业直播的特色，在直播号的标题中，不一定要让观众看到产品具体型号、应用方法等信息，但是一定要让观众知道是什么类型的产品。直播的核心内容，则是企业通过直播想要带给观众的重点内容，当然在重点内容之外也可以添加其他的内容，但是其他内容一定不能掩盖核心内容的“光芒”。LOGO 就是企业直播号的头像，一般情况下最好使用企业自身的 LOGO 作为头像，让观众在其他地方看到这个 LOGO 就可以自然而然地想到企业的名字、企业的品牌和企业的产品。

比如，2016 年雷军在小米直播、小米商城、QQ 空间、一直播以及 bilibili 这五大直播平台上，针对小米 5 手机的直播标题都为“小米 5 黑科技实验室”。“小米”是企业的名称，“小米 5”是产品，核心内容是“黑科技”。

由此可见，一个优秀的标题可以在短短的几个字中，体现出企业直播的精华。并且，观众能够从标题中感受到企业直播的亮点，进而被亮点“引诱”进直播空间中。

（2）软件功能强大

在“全民直播”时代，各大直播平台为了方便用户进行直播活动，都推出了相应的直播软件。因此，在众多直播软件中挑选功能强大的直播软件也是企业直播营销的重点技巧之一。

所谓的“功能强大”并不是指直播软件具备最多的功能，而是软件的设计要符合企业直播的要求。所以功能强大的直播软件，首先一定有设计合理的界面，方便直播观众的群体交流；其次一定要支持多种视频源，无论是 YY、斗鱼等大型直播平台，还是一些名不见经传的初创直播平台，都能提供支持；最后一定要有可以对用户发言的内容进行审核、屏蔽的功能，在大流量的前提下，人工审核肯定跟不上观众的发言速度，因此需要软件自带一定的审核功能。

（3）硬件设备先进

从直播发展以来，画质、音质一直是直播用户争议的话题。企业直播营销能够为观众带来的所有用户体验，都建立在良好的画质、音质的基础之上。企业直播号必须在每一次的直播中尽可能选用先进的设备，以此奠定用户良好体验的硬件基础。所谓硬件设备指的就是直播中需要的电脑、摄像机、麦克风等设备。选用最先进的硬件设备，是企业直播保证直播画质、直播音质的最佳方法。

（4）维持优质直播内容的产出

优质的直播内容，是企业直播营销获得成功的关键。因此，企业直播号必须要保证，每一次的直播内容在观众的眼里都是优质的。

只要直播号能够保证每一期的直播都能带给观众足够的新鲜感，经过长时间的积累，观众就会自然而然地对企业的直播号产生期待的心理。期待是观众关注直播号和企业直播内容的动力，只有观众对直播号产生期待，企业直播才会在每一次全新揪出的第一时间吸引大批流量。

(5) 搭建粉丝社群

圈住粉丝的最佳方式就是建立社群，即使是社交性质浓厚的直播也不例外。很多大型企业在长久的发展过程中，已经形成了一定的粉丝社群。但是对于中小型企业和初创企业来说，需要企业自己从外部推动搭建粉丝社群。

目前搭建粉丝社群的方式有很多种，比如建立QQ群、微信群等。将尽可能多的粉丝拉入群内，在不进行直播的时候，企业可以通过此类社交群与粉丝进行交流。或者，在贴吧、微博等社交平台上，搭建相应的企业官方话题平台，以话题的方式带动这些社交平台上的粉丝进行互动，进而圈住平台中的粉丝。

二、直播营销的策略

直播能够有效帮助商品或者品牌信息广泛传播。相对于传统的营销方式，直播是一个成本低廉的营销渠道，它把生产、传播、销售、反馈这几大流程汇于一体。目前，企业看到了直播平台的优势，纷纷加入直播营销的队伍。但是，直播营销需要创意、方向，盲目跟风难以有好的营销效果。只有个备优质的内容并且与其他渠道配合联动才能达到良好营销效果。

(一) 重视内容为王

直播平台的竞争取决于内容的竞争。直播的发展并不一定依靠网红，“内容为王”方为上策，特别是电商直播，需要商品的质量和款式符合大众的期望。因此，“内容为王”成为直播发展的前行方向及行业遵循的准则，这是直播发展所需，也是公众审美所需。由于优质内容资源不足导致互相抄袭、恶性竞争等直播乱象，直播仍需要逐步发展完善。另外，直播平台应该更加积极一些，主动与那些潜在的合作方合作，这样，就能为企业的视频内容制作提供更多可能性，同时，主播与用户之间产生的黏性也会提高。

直播平台在今天之所以能发展得如火如荼，一个比较重要的原因就是它实现了内容接受者与内容制造者之间的等同。同时，视频的制作更加立足用户的实际需求，这样，一种和谐的内容生态就建立起来了。

讲故事是品牌直播中非常重要的基础。真实的故事、真实的场景能引起受众的共识，能让受众感受到故事传达的真切情感，感受到对未来需求承诺的真实。因而，在直播中，内容不仅仅是“秀”，更重要的是“讲”，如何在直播中以故事的形式讲述品牌、凝结品牌与观众之间的关系，变得很重要。

(二) 选择合适的直播平台和主播

主播能帮助用户更好地理解商品或者品牌。不同类型商品，如化妆品、服饰等都需要用户凭借直观感受而做出选择，因此确定目标群体、明确品牌定位是进行品牌传播的首要任务。只有明确定位后才能结合品牌调性选择合适的直播平台和主播。

在选择主播时需要考虑明星和草根直播的优缺点。明星具有强大的粉丝效应，市场效应非常明显，在明星直播间，用户拉升作用非常强。但明星难以长期担任主播，其直播属于市场行为而不是内容行为。因此不能仅通过明星来进行直播营销，需要考虑能够长期进行持续营销活动的草根主播。对于直播来说，草根和明星是两种不同的资源。最终真正能撑起直播营销的，是可以每天数小时进行直播的草根素人，而不是偶尔一次的明星。

任何一个直播平台与网络主播都有自己的特性，这就使他们针对的目标群体其实是不同的，因而也形成了与之对应的粉丝群。因此，品牌所有者在直播平台进行营销时应该考虑两方面的内容，一个是自身产品的定位，另一个则是主播的粉丝受众。另外，主播是一种个性化的外现，在直播过程中经常看到观众表示：喜欢主播的饰品风格、喜欢主播的衣服等。可见，主播在粉丝中充当了潮流导引和模仿对象的角色。因此需要根据商品或品牌的定位选择合适的主播进行营销活动，以达到营销效果最大化。

（三）组建传播品牌社群

主播利用自己独特的内容和魅力吸引粉丝，粉丝组成兴趣群体，主播制定规则形成社群，通过线上直播和线下活动经营社群，培养社群自组织能力。以内容精良的节目吸引观众，构建社群，维护好主播与观众的关系，培养稳定的粉丝群体，充分利用粉丝群体的自组织力量来管理直播信息的传播，对于品牌构建与品牌传播有积极影响。同时还可以收集粉丝社群的反馈信息，利用大数据技术进行分析，根据分析结果对品牌进行个性化设计、改进。

在短视频平台上，用户对个性化产品的需求越来越大，同时，也要求企业可以为其提供优质的、多样的服务，他们不愿意再为企业所束缚，更愿意参与产品的设计，甚至是制造。在传播品牌社群中，用户可以发表自己的看法，企业也能及时把握市场变化。

（四）重视整合营销

品牌传播活动并非一种单一的、孤立的活动形式，需要将各种营销活动整合起来。品牌传播是整体的系列活动，需要一定的连续性和持续性。① 商品或品牌营销活动需要将多种传播手段和传播形式加以整合利用，为商品或品牌传达出共同的产品和服务的信息以及品牌形象和企业文化。这是增强与用户的良性互动、提升用户品牌认知的有效手段，同时也是建立和维护用户与品牌之间密切关系、增强用户黏性的秘密武器，有助于品牌营销目标的实现。

随着网络传播技术手段的发展和网络媒体的普及，整合营销理论在新媒体环境中表现出新的发展状态。直播打破了时空界限，使其传播的内容能迅速扩散，使与用户互动的方式有了新的进展，加深了品牌与用户的互动。因此网络整合营销理论需要通过线上多种形式的整合和线上线下的整合。

---

① 李桂鑫，张秋潮．电子商务实战基础：新媒体营销实战［M］．北京：北京理工大学出版社，2019：102.

第五节　淘宝直播营销分析

一、淘宝直播营销概述

（一）对淘宝直播营销的基本认知

淘宝直播营销模式能够在最短的时间内将电商与淘宝直播内容进行有效的衔接，增加与买家的交流和互动，在一定程度上还能够有效降低卖家的成本进而提升经济效益，同时还能够积极推展销售渠道。再者，该营销方式还能够使淘宝上大大小小的店铺拥有属于自己的粉丝，能够吸引更多的粉丝用户，进一步提升淘宝店铺成交转换率。

“边看边买”是淘宝直播定位的关键点，它能够有效解决传统网购的痛点。例如，买家只能通过主页详情观看产品，导致最终买家收到的产品与卖家主页上售卖的产品有所不同，存在一定的色差、大小不一致等问题。而淘宝直播刚好能够有效解决该问题，它不仅能够使买家更加直观地观看商品，还能够使买家看到商品的细节，能够使其通过主播的介绍或试用更加地直观感受到产品，从而使买家产生购买的欲望，能够有效提升商品转换率。

（二）淘宝直播营销的特征分析

淘宝直播和秀场、电商直播有所不同，它是建立在秀场直播的打赏模式的基础之上，将商品的销售、店铺品牌的推广加上内容运营有机地结合在一起，形成了一种新的商业模式。① 这种全新的商业模式能够将电商和直播内容有效地衔接，使得与客户互动的成本降低，推广渠道变得越来越广，不论大小型店铺都能够拥有属于自己的一套淘宝直播方式，同时吸引更多的粉丝和顾客，提升店铺的成交转化率。

淘宝直播定位于“消费类直播”，让用户“边看边买”，有效解决了网购一直以来的痛点：顾客掌握的产品信息匮乏。用户缺少选购时实际体验，比如买来的商品与卖家秀之间货不对版、存在色差、大小不一致等，而淘宝直播不仅让用户能直观地看到产品的各种细节，还能了解到主播的试用感受，比只看几张过度修饰的图片更加直观，使用户容易产生购买欲望。通过直播向粉丝推荐好物、帮助他们解决生活中各个场景的问题，从而提升用户黏性与商品转化率。所以拥抱淘宝直播，是淘宝商家抓住红利的好机会。

（三）淘宝直播的 4C 营销模式优势分析

纵观淘宝直播现状，目前的直播形式和销售的产品五花八门。随着淘宝直播的日益发展，其自带流量推动了多种营销模式的建立。总的来说，淘宝直播的 4C 营销模式优势

---

① 但鸣啸，巫卓雯．淘宝直播营销应用与策略研究［J］．中国市场，2018（29）：144-145.

如下。

1. 快速定位目标受众

面对消费者商品需求的日益多元化，在市场主体竞争下，谁能快速准确定位目标受众，就能更好地满足受众个性化需求，赢得受众的喜爱。淘宝直播平台具有一定的数据优势，能有效吸引受众的注意力，及时跟踪受众身份等信息，通过受众浏览的相关产品和产品收藏获得相应数据，从而有效判断用户的个性和消费需求。

2. 提升顾客的让渡价值

传统的线下营销模式下，商家往往通过开展活动吸引受众的注意力，活动的前期策划、现场布置等会耗费一定的资金，且营销活动的策划往往是一次性的，易造成营销资源浪费。在线上直播过程中，商家只需借助淘宝直播平台策划营销活动就可以直接接触全球用户，受众更广泛，具有传播效率高、地域广和成本低的优势。此外，还可以根据用户需求设计直播用户界面，展示产品的性能，节约成本，并将该成本让渡给顾客，使之在购买产品时获得最大化的让渡价值。

3. 优化消费信息环境

当今互联网信息技术拓宽了信息获取渠道，也使良莠不齐的信息爆炸式涌入，人们每天甄别有效信息就花费了大量精力。在商品的选择上，人们同样也面临着筛选困境。而网络直播则可以在全面介绍商品信息的同时，有针对性地提供答疑服务，删繁就简，使消费者直观地掌握所需商品的信息、优点等。购买链接也通常被商家设置在商品介绍界面的右下方，便于消费者迅速进入商品销售页面购买，降低了时间成本。商家也能够通过直播定位消费者的消费倾向，对标受众群体，更为精准地向消费者推送不同商品。

二、淘宝直播存在的问题分析

（一）内容出现同质化情况

淘宝直播跟风现象严重，内容传播大同小异，趋于同质化。主播之间相互借鉴，内容传播已不再是主动生产，而成了普遍复刻。具体以韩国彩妆产品 dpc 豹纹气垫 BB 霜为例：众所周知，这款产品是由“口红一哥”李佳琦推火的。于是，很多主播便开始跟风推荐，试图抢占利润市场。

（二）商家出现唯利益倾向

淘宝直播对比线下实体店的经营，减少了租金或摊位等花费，因而有余地给商品较低的定价，凭借价格扩大消费市场，带来较高的收益。有部分商家和主播就迷失在了这低投入、高回报的利益追逐中，漠视消费者的诉求，甚至侵犯其合法权利。以次充好、以假充真，售后服务敷衍甚至推诿，不执行“三包”政策，凡此种种时有发生。

（三）规范出现破碎化情形

首先，直播用语不文明。一些直播间的主播出于“耍酷”“拉近距离”“立真性情人设”等目的，故意夹带脏话、粗话，严重破坏社会主义文明社会的价值观念。

其次，直播内容庸俗化。有的主播故意讲淫秽笑话、血腥暴力故事博眼球；有的主播为了吸引流量，在镜头内穿脱衣物或直接身着不得体的暴露服饰入镜；还有的主播在直播间有抽烟酗酒等不良行为。

最后，不正当竞争加剧。网络的隐蔽性为部分商家和主播采取不正当竞争手段提供了“便利”。雇佣“水军”去竞争对手的直播间干扰销售、公开辱骂、恶意评价、诋毁诽谤，对自己的商品和店铺进行刷单、发布不实的夸赞等行为，严重破坏了淘宝直播市场的秩序。

三、淘宝直播营销应对策略

为了促进淘宝行业取得更好的发展，不断解放思想，与时俱进，充分运用互联网信息技术，全面结合广大消费者的喜好程度来创新淘宝直播营销的策略，不断扩大淘宝直播销量，促进淘宝行业更加健康发展。下面对淘宝直播营销的策略进行总结。[①]

（一）做好市场定位，结合适用人群来进行产品直播

淘宝商家在进行直播营销之前，应当做好市场调查，充分了解消费需求，对商品进行准确定位。市场调查应尽可能多角度、立体化设置调查问题并全面地覆盖消费群体，充分收集、整合与分析消费数据，以便深入了解各类消费群体，有针对性地制定直播营销策略。此外，淘宝和天猫商城的各店铺本身就有其特定的受众群体。如侧重商品性价比的群体，强调质量与性能的群体，喜好奢侈品和知名品牌的群体，以及对各商品分类（如时装、箱包、食品，或儿童、学生、青年、老年等）的具有不同消费倾向的群体，淘宝商家应根据自身定位确定目标消费者，根据目标消费者的消费倾向制作并推送相应的商品，提高消费者做出消费决定的概率，最终促使商品销售。

（二）扩大直播参与群体

淘宝直播具有较大的灵活性，为商家尝试多种形式的直播营销提供了有利条件。在直播群体方面，商家可以不局限于“名人”或网红，邀请普通百姓参与其中；同样，无论是店主、明星还是“外行”的普通人，只要有销售需求，都可以利用淘宝直播推销商品，获得相应的收益。此外，除了商家等销售方，消费者也可以参与直播进行交流，以便更加全面和清晰地了解商品信息，保护自己的合法权益。直播参与群体的扩大，能够塑造具有安全感的消费氛围，从而促进消费者做出消费决定。

（三）创新淘宝直播形式，丰富淘宝直播内容

过去，淘宝直播形式相对来说比较单一，无法很好地激发起消费者的消费欲望。基于此，淘宝店家不应该固守传统的直播形式，而是应该根据消费者的实际需求，根据直播的发展趋势，创新直播形式，从而更大程度上吸引消费者的注意力，促进产品的大量销售。当然，淘宝直播形式的创新不能过于随意，而是应该基于一定的标准，遵守道德

---

① 李晓楠，李英吉．淘宝直播营销策略探究［J］．现代营销（经营版），2019（6）：112.

规范与法律制度。另外，商家也需要注意淘宝直播营销商品的选择，不能仅仅因为产品便宜就选择该产品，而是应该以产品的质量为重要的选品标准，消费只有者认可产品的质量，才会持续性地购买该产品，为淘宝商家带来利润。

（四）全面提升淘宝直播人员的能力和素养

对淘宝直播的质量产生影响的因素有很多，主要的一个因素就是淘宝直播营销主播的质量。现在，许多人开始尝试做淘宝直播主播，但应该清楚的是，这份工作其实并不容易，需要他们有较强的语言组织能力，而且还要有丰富的面部表情。这样，才能吸引更多的人来看直播、来消费。因此，淘宝官方应该定期组织一些淘宝直播人员培训活动，以使其可以掌握更加全面的淘宝直播知识，同时也使其变得更加专业。如果做到这样的话，淘宝直播将会给商家带来很大的经济效益，促进产品的销售。

（五）给出诱人的价格

当前，许多淘宝商家会利用直播吸引消费者，将直播展示的商品的价格设置成最低价，这样就可以利用低廉的商品价格来吸引消费者对商品进行消费，还有可能会吸引到更多人成为直播间粉丝，增加直播间商品销售量。直播营销的方式有很多，例如，在淘宝平台直播的主播可以利用淘宝专场秒杀这一活动，将直播中的商品价格降至非常低的价格，这样的秒杀活动可以短时间内吸引大量消费者，不仅为商家吸纳了新的消费者，还为消费者节省了购物资金，因此秒杀活动广受欢迎。淘宝直播需要注重的一点就是商品价格，只有低廉的价格才能有效吸引消费者前来观看直播并购买商品，增加淘宝直播的销量和商家的收益。

第十章　新媒体整合营销研究

社会已经开始进入到知识经济的时代，全球经济一体化进程的加快使现代企业面临着空前的市场竞争压力，市场营销正经历着深刻的变革。整合营销作为21世纪的一种新兴的营销方法正深刻地影响着现代营销的各个过程。

第一节　整合营销理论体系构建

一、4C 理论核心

在传统营销理论中，居中心地位的是4P理论，即通过产品、价格、渠道和促销四个因素的组合来达到最佳营销效果。而整合营销考虑的因素是顾客的需求与欲望、顾客的成本、便利性和营销沟通四个方面的内容，也即4C理论①。

（一）顾客的需求与欲望

整合营销是综合各方面因素的营销方法，最重要的因素是顾客的购买需求和欲望。企业应当持续研究消费者不断变化的购买需求，才可以掌握有效信息，成功向消费者推销产品。消费者对产品的质量要求和功能要求会在很大程度上影响产品的品质和功能。可以说，营销的关键在于顾客的需求。企业要想设计出适销对路的产品就要先对消费者的心理进行广泛调查，再分析调查结果，得到充足的数据。企业实验部门主要负责设计方面，而企业的营销部门主要推销产出产品。因此，营销部门需要积极做消费者需求调查，多多了解消费者对产品的期望，根据充足的信息掌握消费者对产品及其品牌的需求，充分了解消费者的文化水平、消费能力和喜好等，向消费者推销合适的产品。企业应当制定合适的产品营销策略，向消费者传递企业的一些产品理念，迎合消费者的购买需求和心理需求，提高消费者对企业的信任度。企业要想获得长久的发展，就必须关注消费者的实际需求和购买欲望，根据这些信息制定产品营销策略，而不能一心扑在产品研发上，不理会消费者的需求。在市场中，卖得最快的产品有时并不是质量最好、功能最全

---

① 唐海洲．卓越企业　核心竞争力与市场营销力　5［M］．呼和浩特：远方出版社，2005：2473.

的产品，而是消费者最想要的产品，所以企业要想获得巨大收益，就要产出符合消费者需求的产品。

（二）顾客的成本

整合营销不仅要考虑顾客的实际需求，还要考虑顾客的成本。从消费者的角度来看，顾客成本不仅包括产品的价格，产品价格只是消费者花费的金钱，占顾客成本的一部分。例如，消费者在购买面包时，不仅要考虑支付购买面包的金钱成本，还需要考虑去购买面包的路费和时间成本，以及因为买面包而无法买其他产品导致的损失，这些都是顾客成本，甚至消费者在购买过程中遇到的影响心情的事也是顾客成本。

企业在制定营销策略时必须考虑顾客成本，要调查消费者的认知水平，了解消费者对购买产品的成本预期，根据这些信息设置产品价格。企业不能只考虑产品的制作成本，还要考虑顾客成本，明确消费者对于产品价值的看法，努力提升产品在消费者心中的价值，使消费者认为产品具有极高的价值。

（三）便利性

企业在使用整合营销方法时还要考虑顾客的便利。企业需要有服务精神，不能只想着盈利，而是要从消费者角度思考问题，考虑为消费者谋求更多的便利。企业应当调查不同消费者群体偏好的消费方式。以往的营销策略是：企业从自身角度考虑问题，将企业生产出的产品通过有计划的营销策略，利用便捷的物流将产品投入各个地区的市场中，使消费者可以及时看到企业生产出的最新产品，从而进行消费。这时，企业在意的是怎样减少生产、运输成本，怎样提高销量。但是，市场环境是不断变化的，企业与企业之间也存在竞争关系，因此企业要寻求更有效的营销方法。企业要想提高市场竞争力，就要持续分析市场形势，调查消费者的消费习惯，总结消费者心理，根据充足的调查信息为消费者提供贴心服务，使消费者感到消费的便利性。例如，淘宝网店就为人们的消费活动提供了许多便利。现在，许多人利用自己的空闲时间做起了淘宝网店，不需要租房开实体店。这样可以大大降低开店成本，从而为人们提供了增加收入的机会。网购不仅可以提高人们的收入，还可以为消费者提供便利，使消费者可以随心所欲地浏览店铺中的商品，通过比对获得更合适的商品。

以往企业从自身的角度考虑营销策略，这样不能激发消费者购买产品的欲望，而现在，企业学会了站在消费者的角度设计营销策略，这样就能够真正为消费者提供消费便利，增加消费者的消费欲望。由此可见，产品的营销策略其实不是企业所抉择的，而是根据消费者自己的需求决定的。

（四）营销沟通

整合营销方法很看重营销沟通这一因素。如今，企业在市场中的竞争越来越多，各个媒体向外传播内容的方式和人们接收信息内容的方式已经变了。现在的媒体数量多、不集中，因此每个媒体的受众都变少了，并且每个媒体都很难向所有人传播信息。这样的媒体状况使得大众营销无法为企业谋取更大的利润。如今的消费者处于信息时代，每个消费者的移动设备每时每刻都能接收多条信息，而消费者每天都会看到上千条广告，这使得消费者无法仔细地阅读每一条广告信息，从而遗漏很多广告信息。如果企业仍旧坚持用传统的促销方式，那么就无法再影响消费者的消费行为和心理。企业从消费者的行为来分析消费者的购买习惯是一种传统的促销方法，无法再获得巨大利润，于是，一种新的营销方式产生了，那就是企业与消费者进行“对话”的方式。企业与消费者的交流必须是双向的，否则交流无效。企业应当拿自己的信息与消费者的信息交换，从而探索出精准推销的办法。为了提高营销推动的精准度，企业首先需要调查消费者喜欢接收哪个媒体的信息；其次要明确消费者真正需要的是哪种信息；最后将消费者需要的信息推送给消费者，满足消费者的需求。不仅媒体传播方式的改变促使营销发生变化，市场中同质化产品过多，这也促使企业使用新的营销策略。消费者在信息时代会接收大量的同质化产品的信息，导致消费者不知道该如何选择自己想要的产品。消费者并不了解所有品牌的产品，因此需要与企业进行营销沟通，加深对产品的了解，从而明确自己的选择。此外，市场中的产品越来越个性化，这要求企业必须学会与消费者进行沟通，了解消费者的喜好，根据消费者的建议改进产品，提高市场竞争力。

媒体越来越分散，数量越来越多；产品同质化严重；消费者需求越来越个性化、差异化。这些因素都促使企业要积极应对现在的情势，适应如今的市场，充分了解消费者的媒体习惯，与媒体合作推送合适的信息；突出产品的特点，消除产品同质化问题；积极根据消费者的喜好改进产品，提高消费者对产品的喜爱度。企业与消费者进行沟通后，能够有效掌握消费者信息，使消费者更加了解企业和产品，也使企业更加了解消费者的需求。

二、接触管理

我们思考问题的起点和中心点都是消费者。在开发产品时，要从消费者的需求和欲望出发；定价时要以消费者愿意付出的成本为基础；企业在分销产品时要考虑消费者如何以最便利的方式获得商品；营销传播活动必须倾听消费者声音，“注意消费者”不是“消费者请注意”的单向沟通。即企业的传播活动（广告、直复营销、事件营销、人员推销、公共关系等）和价值供应活动（产品开发、服务、定价、产品制造和分销）均必须以 4C 为基础。然而，买卖之间存在界限，必须由信息共享达到价值共享。买卖之间是通过接触通道联结起来的。因此，必须对接触通道进行管理。

消费者和企业通过接触通道发生联系，接触通道成百上千。例如，亲朋邻里交换意见，产品包装，产品陈列，购物得到推荐，媒体广告信息，消费者在零售店里得到的服务；企业员工的传播，店内推广，企业处理客户申诉方式、解决顾客问题、寄出的信函等等。消费者和潜在顾客接触品牌、产品类别等与企业产品或服务相关其在市场活动中能获得信息的所有方式、渠道、行为都是接触通道。

接触管理要解决的问题是选择某一时间、地点或某种状况，使企业可以与消费者进行沟通。在过去，消费者与企业可以充分沟通。并且消费者可能主动找上门询问产品的信息，这时决定说什么要比决定什么时候与消费者接触更重要。现在，信息爆炸，媒体繁多，干扰严重。因此，决定如何及何时与消费者接触，以及接触方式和接触时间对诉求主题即说什么有重要影响。即信息传达的方式和时机与传达内容密切相关。

要进行接触管理，首先要弄清目标消费群的所有接触通道。所有的消费者都有接触产品的通道。购买股票的人，也许是通过电视看股评推荐，或是看到报纸的股市专栏，或是亲朋推荐，或是经纪人介绍。购买汽车的人，也许是看了商业性广告，或是经车行老板介绍，或是听汽车行修理行口碑。可以肯定大部分的人都是通过一定的接触通道，促成购买和消费产品行为的。对企业来说，第一步就要列出影响消费者购买产品或使用产品的接触通道清单。

通过对清单进行分析，下一步就要找出能够诱发消费者联想到品牌和产品的重要接触点，一般方式是通过深度洽谈，找出大部分目标消费者所记得的接触点，或不同消费群所确认的重要接触点。在接触管理中，企业必须解决两个最重要的问题：

（1）在接触通道上，最能影响“消费者”购买决策的关键通道；

（2）在接触通道上，最能影响“潜在消费者”的信息传递的关键通道。

三、建立数据库

4C 理论的出发点和中心点是消费者，没有对消费者深入了解，就不可能付诸实施4C。建立双向沟通系统的最佳方法是建立消费者数据库。

数据库的内容必须包括三方面的：人口统计资料——消费者的姓名、性别、家庭结构和组成、教育程度、职业、收入、住址、联系方式等；心理统计资料——消费者期望价值、购买行为、购买态度、购买要求、性格特征、心理特征等；消费者购买经历——购买历史、经验等。

数据库资料的获取可通过各种渠道把信息传达给消费者，并借助各种渠道，积极寻求消费者的回应。通过寄发直接信函即直邮、电话、购买保证卡以及其他让消费者回应、回复的方式建立数据库。

对于新的顾客，可以通过市场调查公司间接获取有关消费者的购买习惯、产品使用状况、媒体使用习惯等，也可通过超级市场、便利商店、量贩店的收银机的扫描器收集而来等。数据库中有关消费者的行为和态度信息非常重要，它是进行针对性传播的依据。

企业建立数据库能够助力企业产品的营销。庞大数据库的信息可以为企业提供市场细分的依据。数据库中的信息能够帮助企业划分不同的消费者市场，以供企业根据自身的产品特点选择畅销的市场，并找准企业的市场定位。企业找准自己的市场定位是很重要的营销环节，会直接影响企业针对的目标群体的选择，也会直接影响营销的效果。企业的数据库要包含企业针对的目标消费者的信息，比如，文创企业应当掌握目标消费者的学历水平、认知水平、收入、生活习惯等信息，以便企业根据消费者的具体信息进行具体的营销策划。

数据库还可以帮助企业更好地与消费者进行沟通。营销活动要能够有效推送到消费者面前，并能够使消费者愿意购买产品，这样的营销活动才是有效果的。企业应当尽可能多地收集目标消费者的信息，了解目标消费者的消费习惯和喜好以及对产品的看法和建议。因此可以说数据库是企业明确营销对象的依据。例如，我们可以将顾客分成几类，第一类是本品牌的忠诚消费群，第二类是他牌的忠诚消费群，第三类是游移不定群。这三类也许都是企业目标消费者，但他们对品牌的认知以及所处的购买行为阶段也许不同，这时针对这三种类型的顾客应采取不同的对话方式，确定不同的营销传播目标。

细分市场，例如按收入把市场分为高、中、低档市场，按地理把市场细分为城市和农村市场，然后通过不同品牌和产品项目来满足不同细分市场的需求。但是，对所选目标市场中的消费者必须有更深入的了解，了解他们的行为和态度，了解他们对品牌和产品的认知网络。顾客心智是真正的营销传播依据。顾客资料是企业最重要市场资产，它为企业经营产品向企业经营顾客的转化提供了条件。

四、营销沟通整合

根据建立的数据库和接触通道的分析，确定适当的受众，并采取适当的方式和选择最佳时间与目标受众进行沟通。而且，要不断地（连续地）与目标受众进行双向沟通，更重要的是利用多种沟通工具，在不同媒体上传播相互关联的信息，以实现对目标受众产生最大影响。

企业的营销沟通系统非常复杂：企业必须与其中间商、最终消费者、内部员工、股东、企业外部公众进行沟通，中间商与他们的消费者、消费者彼此之间、消费者与公众之间等等都存在各种各样的沟通。

目前企业掌控的几种主要工具是广告、销售促进、公共关系、人员推销、直复营销。每种工具又有多种组合。不仅如此，产品的式样、价格、包装，销售人员的风格也成为营销传播信息的一个组成部分。

营销沟通的前提是要明确目标视听众。营销沟通的目标视听众不一定就是目标消费者，营销沟通的目标视听众一般会比目标消费者的范围更广。例如，护手霜的目标消费者是懂得保养的中青年，但是护手霜的目标视听众包含产品生产商、销售商、美容师、健身人群、老人、孩子等。这些目标视听众会影响产品的销售。

确定了目标视听众后，营销沟通下一步就要确定寻求什么样的反应，即确定沟通目标——使沟通与潜在消费者反应发生联系。比如，营销沟通要寻求视听众的认知、情感和行为的反应，即通过传播来改变消费者态度和行为。为了取得沟通效果，营销沟通必须连续双向地沟通，即循环沟通。在营销沟通过程中，我们必须对沟通效果——受众的反应进行记录、统计和测量，输入数据库；再根据受众的反应，计划和调整下一次的沟通、循环、往复，以求得最大沟通效果。其过程如下：数据库——沟通计划——执行——消费者回应——数据库——调整沟通计划——执行[①]。由于传播技术和媒体细分化，营销沟通不得不采用多种营销沟通工具与目标视听众发生联系。这使得制定一个统一的沟通活动计划变得复杂起来。要实现把不同的营销沟通结合起来，对受众产生最大效果，同时又降低成本，就必须对营销沟通手段和工具进行整合，以创造协力。

营销沟通整合，是一种营销沟通计划，通过挖掘营销沟通工具之间的相互作用，把它们有效地结合起来，以提供明确的、连续一致的最大沟通效果。营销沟通整合必须做到：

---

① 宁昌会．整合营销［M］．武汉：湖北人民出版社，2000：57.

（1）沟通活动的持续性、一致性。

（2）战略的协调性：沟通战略、营销战略必须与企业战略协调一致。

营销沟通具有一定的持续性和一致性，这使得营销沟通会受到媒体类型和传播内容的影响。媒体传播内容与营销沟通工具息息相关。营销沟通的信息包括心理要素以及实体要素。营销沟通需要保持心理要素的连续性和一致性，利用与消费者的沟通来使消费者对企业品牌形成一致的看法，可以在营销工具中使用一致的标语。营销沟通需要保持实体要素的连续性和一致性，使广告宣传一致的标语。总而言之，营销沟通的持续性和一致性要求企业在与消费者进行沟通时，持一致的专业态度讲述一致的品牌文化，彰显品牌的专业性；重点介绍产品对消费者的好处，使消费者能够增加购买产品的意愿，从而提高产品的销量，增加企业收益。但是目前还有许多企业没有做到营销沟通的一致性，设计的广告向消费者传达一个思想理念，在促销时传达其他的内容，在产品说明上写的又是另一种信息，并且销售人员的说辞也不一致，这些信息的不一致就导致营销沟通没有发挥作用，无法使企业得到消费者的反馈，也无法满足消费者的需求，从而降低了产品的竞争力。

企业的总体营销战略要具有协调性，要设计出与总体战略相协调的营销沟通策略，使营销沟通策略为完成总的销售目标而服务，因此，企业设计的广告信息要一致，企业合作的媒体也要有效传播这一信息，帮助企业实现营销目标，获取发展资金。

五、营销职能整合

企业利用数据库的数据来划分市场，根据产品特点选择目标市场，明确自身的市场定位。在这一过程中，企业明确了目标消费者群体，也明确了需要向消费者提供怎样的服务，因此，这也体现了企业的价值选择，即企业能够为消费者提供怎样的服务。例如，生产高端护肤品的企业为注重保养的高消费群体提供好用的护肤品，就属于一种价值选择。

企业在选择了自己的市场定位后，就会利用价值供应链来提供给消费者相应的价值，与消费者交流沟通，给予消费者沟通价值。现代企业的营销环节包括建立自己的数据库、研发产品、生产产品、包装产品、设定产品价格、分销和营销沟通等。而传统营销流程是将营销业务划分成一个个独立的职能，导致各个职能不是完全为业务服务的，这样做不仅浪费了许多资金，还降低了营销的效率，从而导致企业市场竞争力的降低。

企业在进行整合营销之前需要各个部门的工作者一起协商营销策略，明确消费者的消费需求以及对产品质量和功能的建议，在每个企业成员都认同的情况下制定营销目标和战略。其次，整合营销的每一个环节都要为实现营销目标而服务，使消费者对消费服务感到满意，促进销售。整合营销就是要整合所有的营销资源，重点设计合理的业务流程，尽量满足消费者的各项需求，要使营销中的各个要素协调起来。最后，企业总的发展目标要考虑营销目标。

第二节 整合营销方法体系构建

现代企业在进行整合营销时，首先要做好一定的基础工作，对一些基本要素进行有机整合。整合营销是以“消费者为导向”的营销，整合营销成功的基础是企业内部和外部各种管理要素的有机整合。当然，这种整合绝不是简单地归并或简单的相加或相减，这种整合必须是整体效益“1+1 大于 2”的整合。为了达到这种整合营销的效益，必须掌握以下方法并加以灵活应用：

一、建立程序化和标准化

在整合营销中，必然会涉及企业各方面资源整合，要使整合的资源有序、有效，必须建立程序和标准，没有程序和标准的资源整合，往往会使企业的整合营销陷入一片混乱。建立程序和标准，对于大型企业、跨国企业尤其重要，因为大型企业，跨国企业开展的是跨地区、跨国界和跨业务的经营活动，要使这些经营活动有条不紊，达到预期的目标，必须要有统一的工作程序和标准。如果这些企业在生产、物流、营销、传播等方面没有程序化和标准化，就很难取得整合营销的成功。现代企业在整合营销传播中最有效的方法就是拥有上下左右、四面八方的程序化和标准化沟通渠道。传播的程序化和标准化必须以传播的目标为指向，以传播的效益为核心，以企业人员与企业目标消费公众信息互动为平台。程序化和标准化的较好方法是制作一个整合营销的工作流程图，规范好整合营销的每一步，做什么、怎么做、什么时间做、达到什么要求、如何检查和评估等，在这个流程图中一目了然。

为了建立一个比较完善的整合营销传播标准化和程序化的平台，企业有必要对现有的传播程序和标准进行调查分析和评估。在继承、发扬、创新的思想指导下，更新原来的传播程序和标准，必须搞清楚：

（1）什么是传播的最大障碍。

（2）本企业的整合营销需要的是什么样的传播创新。

以上第一点是发现过去传播模式中的问题，并加以改进和完善；以上第二点是对新的传播模式的要求。发现问题，解决问题，明确新的要求、新的任务，这些都为整合营销的成功奠定了基础。

二、一切以消费者的需求为导向

整合营销始于消费者，终于消费者，一切以消费者的需求为导向。现代企业必须清楚消费者想说什么、想要什么、要做什么，他们的兴趣何在，这些信息对于企业来说是最最重要的，因为，企业只能根据消费者的需求去设计产品、生产产品、传播产品信息和销售产品。整合营销要求现代企业将消费者的需求放在企业经营的中心位置上。这种方法一反传统的营销，传统的营销是企业有什么产品、产品销售给谁、信息应以何种形式到达什么地方等，这种传统的营销传播模式实际上就是由内向外的传播模式，它是以企业为中心的传播。而始于消费者、终于消费者需求的整合营销是一种由外向内、再由内向外的传播，是一种以消费者为中心的营销。

三、全面认识消费者和潜在消费者的价值

消费者和潜在消费者是创造现代企业价值的基础，也是现代企业取得营销成功的基础，所以，客观地认识消费者和潜在消费者的想法，探索寻找他们的途径，以及对他们进行价值的评估，这些在整合营销中都是必需的。通常，企业对消费者的评估是基于他们过去给企业带来的实际收益，以及他们未来的消费潜力。企业评估潜在消费者的依据是：他们在未来的一定时间内能给企业带来多少收益。就此而言，消费者和潜在消费者是企业的一笔巨大的无形资产。在整合营销中，企业的任务是要经营好、统筹协调好这些资产，通过各种传播和沟通的途径，使这些消费群体能够给企业带来最大化的社会效益和经济效益。毫无疑问，现代企业在进行整合营销时，要将企业的资源适当地向这部分市场目标群体集中，达到资源最优化的配置，目的是在维持现有的收入流的基础上，再增加新的收入流。简而言之，企业在整合营销时，必须将传播资源投放于那些最有可能做出最大支付的消费者和潜在消费者的身上。为了达到投资的最小化和收益的最大化的结果，现代企业必须对消费者和潜在消费者进行客观、全面的评估，企业如果不能对他们客观、全面地评估，就无法预期传播投入可能会带来的回报，显而易见，对消费者和潜在消费者价值的评估越仔细、越精确，传播投资的风险就会越小，对消费者和潜在消费者分析评估的精确程度取决于现代企业运用信息技术的能力。

四、寻找整合传播的切入口

寻找整合营销传播的切入点对整合营销的成功十分重要。在市场竞争十分激烈、市场空间十分有限的情况下，探究以何种方式、何种途径去接触消费者和潜在消费者具有一定的现实意义。

事实告诉企业，企业想怎么去接触消费者和潜在消费者不是最重要的，最重要的是消费者喜欢企业用什么样的方法和途径去接触他们、联系他们。整合营销传播的切入点应该放在企业目标消费群体所喜、所欲、所为的方法和途径上。当今市场，消费者与产品和服务会相互影响，消费者与有关企业也会相互影响。这种相互影响的渠道和方法是各式各样的，但在某一点上有可能成为传播的切入口。如有些消费者喜欢倾听企业客户的介绍，那么企业就应以忠诚客户的介绍作为传播的切入点，然后再进行全方位的整合传播；再如有些消费者是品牌的崇尚者，那么企业就要以品牌宣传作为传播的切入点，以此展开整合营销传播。

五、建立交互的信息反馈系统

传统营销一般由企业或传播机构拟定宣传主题，根据宣传主题制作宣传材料，然后制定传播方案和实施传播方案。这种传统的营销传播模式也会注意消费者和潜在消费者的信息需求。但在大多数情况下，传统营销传播模式的消费者只是被动地接收信息，很

少有主动反馈，而企业的营销人员在听取消费者反馈意见方面也是非常有限的，换句话说，反馈的渠道不是十分畅通的。显然，这种单向的传播模式很难适应整合营销的需求。21 世纪，随着市场的拓展，现代企业必须建立双向交互式的营销传播模式，能随时随地与企业的主要消费群体进行实时、实地的交流沟通。这种交互式的传播不是一个方面的，而是一整个传播系统。

六、重视投入与产出的关系

整合营销要求企业要将传播投入作为一种实实在在的投资行为，要将传播投入与营销业绩结合起来，将营销的业绩作为财务支出的回报。在整合营销中，要把花在消费者身上的传播投资与营销收益作为评估的基础。尽管衡量营销传播投资收益很难，主要难点集中在营销目标设定的精确性上，目标精确性越高，评估的精确性也就越高，反之亦然，但即使困难再大，传播的投入与产出的研究和评估也必须进行，而且必须竭尽全力进行。

七、进行差异化的传播

传统的市场营销以 4P（或有些专家称为 6P 的）市场组合去应付市场的变化。在传统的营销模式中，企业的主要任务是控制 4P 中的各个要素，以形成最佳的市场组合。这是一种以企业为中心的营销理念，它应对的是相对稳定、相对统一的市场。然而，在 21 世纪，市场的发展日新月异，社会需求的变化层出不穷。面对多变的市场、多变的消费需求、复合的渠道、复合的媒介，现代企业必须针对不同的消费群体采取差异化的传播。因此，企业在进行整合营销时，首先要认清企业所处的市场环境，要根据市场的实际情况制定有针对性的传播方案；其次要认清特定市场、特定消费者的各方面情况，要根据这些情况制定传播目标，实施传播方案；再次要认清特定市场有关媒介的情况，以及这些媒介对目标消费群体的影响力，要根据这些媒介实际情况，选择恰当的传播渠道；最后要认清特定市场的主流意识，以及企业目标消费群体的文化价值认同，要根据这些情况选择赞助项目和开展公共关系活动，在重视体育的市场中可以开展体育营销，在重视教育的市场中可以实施教育培训项目等。

差异化传播的差异点的确定来源于市场，它包括复合市场、复合客户、复合渠道、复合媒介等差异①。具体地说它包括：语言、文化、习俗、目标消费群体的购买行为、教育程度、媒体性质等。在今天的社会里，将消费者看成是同质的、以相同的兴趣购买相同的产品、适合相同的文化的思维方法，对企业的整合营销是绝对有害的。只有差异化的思维才能使现代企业在进行整合营销传播时更能适应市场，适应消费者。

八、建立矩形结构的企业领导体制

矩形是数学上的概念，即长方形，用于管理结构又称之为横向领导结构。矩形的领导结构打破了传统的纵向的组织结构，将权力的使用“由垂直变成水平”。这种矩形的领

---

① 曲亚琳，娄本宁．新媒体营销策略与实战［M］．长春：吉林科学技术出版社有限责任公司，2022：182.

导结构能够适应企业的整合营销，一是因为它冲破了传统的领导模式，即一个员工只有一个部门领导，一个部门只有一个领导实施指挥。

矩形领导结构是将纵向和横向结合起来的营销体制。它的特点是在不打破现有的管理秩序情况下，实施横向领导，这样就提高了管理的效益。这种组织结构适应跨部门、跨业务、跨市场、跨文化的营销传播，而建立在纵向基础上的科室、部门、单位很难做到真正意义上的结合。同时这种组织结构可以充分调动各个部门、各个市场、各级人员的积极性，可以将一个企业的人、财、物有效地聚结起来，为实施以消费者为导向整合营销共同努力。

整合营销在信息传播上必须“洒脱自如，毫不费力”，营销的信息能迅速跨越世界、跨越区域、跨越市场、跨越文化，这就意味着必须穿越、围绕企业的目标消费群体进行传播。只有矩形的营销管理模式能适应这种传播，也只有这种营销管理模式才能将企业的一切营销活动、营销要素的目标指向企业的目标消费群体。

第三节　整合营销传播存在的问题解析

整合营销传播理论在中国内地的引入可以追溯到 1996 年中山大学教授卢泰宏和李世丁在国际广告上发表的系列介绍整合营销传播的文章，而国内家电行业巨头科龙则首次在企业实践中对整合营销传播理论进行了大规模应用。2003 年舒尔茨（D. Schultz）教授访华，亲自传经布道将整合营销在中国推至顶峰。纵观整合营销传播在我国的发展，尽管有越来越多的企业开始采用整合营销传播策略，但现实中，人们却常常会发现精心策划的整合营销传播计划，在密集的广告轰炸和不断重复的说教中失去了作用。企业并没有从对整合营销传播的投资中得到良好的收益回报。真正做好整合营销传播，是一项非常复杂的系统工程，而整合营销传播在中国的应用也面临着许多困难和障碍，大致可以分为如下几个方面：

一、理论缺陷

整合营销是合理的营销理论，但不是完美的营销理论，它存在一些问题。尤其是当中国的企业真正在实践中使用了整合营销理论后，整合营销理论的问题就充分暴露了。

（一）理论与实践脱节

整合营销的理论最早是西方国家总结出的，能够帮助西方国家的企业解决一些营销问题。但大部分中国企业并没有实际应用过整合营销理论，并且我国的市场与西方市场有较大不同，所以整合营销理论对于我国现阶段的企业比较不实用。我国引进整合营销理论后，是学者在持续研究该理论，而不是企业在应用该理论。整合营销理论没有被应用于实践中，就会导致理论与实践脱节，导致整合营销在我国不具备实践性。如果要使整合营销具备实践性，就要经过企业的实践、改造和再实践过程，需要企业付出金钱和时间成本。

（二）难以满足消费者心理需求

整合营销传播能够向消费者传递统一的声音，使消费者对企业形成统一的印象，加深对企业形象的理解。企业使用整合营销方法在消费者心中塑造一个统一的形象，不仅能够广泛传播企业形象，扩大企业品牌影响范围，还能够塑造企业总体形象。但是如今市场因素出现了许多变动，不仅企业竞争现象越来越多，消费者也受到海量信息的影响，只能看到别具一格的广告信息，而且消费者的消费选择逐渐个性化，会根据自己的文化水平、职业需求、爱好等个人因素购买产品。消费者的文化水平逐渐提高，于是他们更加在意产品的质量和个性化。整合营销传播的总体思路是向消费者传播企业的统一形象，这样不利于塑造多样化的企业形象，无法吸引消费者注意。这也是整合营销的弊端之一。

二、市场障碍

我国的消费市场明显缺少理智的消费者。市场中的产品往往是供给远大于需求，于是各个企业会利用广告和打折活动来吸引消费者，其中，打折活动吸引的受众范围广、数量大，能够为商家吸引来很多消费者，因此许多商家都喜欢打价格战，导致建设品牌形象的进度缓慢。我国市场现状很难实行整合营销传播策略，媒体市场主要被主流媒体占据，其他媒体无法与主流媒体抗衡。如果有一个企业与主流媒体合作，就会使消费者只能看到该企业的营销信息，这种情况下，其他企业的整合营销就没有太大效果。因为，消费者在主流媒体的影响下很难看到其他品牌的信息。许多企业并没有树立长久的品牌战略意识，对消费者进行大量的广告推销，造成媒体垄断品牌信息。但用广告轰炸的方式没有产生很好的效果，由此可见这种营销方式不会提高企业的竞争力，只能在短时间内使消费者看到该企业品牌，但不会增强消费者与品牌的黏合度。

三、认识偏差

整合营销传播实施的关键点之一是人们的认识问题。认识对于整合营销具有很大的作用，企业应当掌握认识的内涵，使其助力整合营销的实现。

（一）企业营销观念没有转变

传统营销理论已经过时，但我国许多企业仍旧使用旧的理论。大多数企业都会根据产品的功能进行定价，没有考虑消费者的利益。企业没有发展营销观念，就会导致企业无法吸引消费者，从而降低产品销量。

（二）误解整合营销传播理论

我国许多企业只是没有形成对整合营销传播的正确理解，认为只要运用了多种传播手段进行营销传播就是整合营销传播，但是整合营销传播不只是这样。下图清晰地展现了真正的整合营销传播与被误解的整合营销传播的区别。

表 10.1 整合营销传播误解点

被误解的整合营销传播	真正的整合营销传播
以交易为先	以关系为先
唯顾客论	兼顾所有关系利益人
传统传播工具的组合	品牌信息策略一致性
单向传播	互动
解决问题	实现承诺
市场营销部门的事	多部门跨职能组织
单项、单功能专业能力	强调核心能力
经验营销	数据库资料驱动

四、运作困难

（一）企业决策者缺乏科学化、系统化的思维方式

许多企业没有科学地、系统地进行决策，而是仅仅依靠企业领导者的想法直接决定信息传播方式，这显然是不利于企业营销的。另外，企业过于依赖传播，没有重视产品的质量、类型、功能和售后服务等要素，导致整合营销传播缺乏基本组成要素。一个典型的例子就是许多企业盲目导入企业形象识别系统，只注意外在形式，达到了视觉识别的统一，却忽视了行为方式统一、精神理念统一这些最本质的内容①。

（二）企业的基础管理水平不足

企业需要具有以下条件才能实施整合营销传播方式。

（1）企业管理者要有创新精神，要不断学习先进营销模式。

（2）企业要具备学习能力强的员工队伍，使各级员工都能够理解整合营销传播模式。

（3）企业要成立专门的整合营销技术小组负责整合各类资源。

（4）企业员工要具备良好的抗压能力和执行力，能够根据指示开展工作。

我国大部分企业挣扎在生存线上，不具备专业的管理部门，也没有长远的发展战略。他们只学到了整合营销传播的皮毛，将各类营销模式综合起来实施。在营销过程中，这种不成熟的整合营销方案不能适应市场，于是营销人员就只能随机应变，尽量提高产品销量。另外，这些企业也不具备整合资源的能力，缺乏具有经验的管理者。由此可见，整合营销传播在我国的问题之一就是企业管理水平不高。

（三）缺乏一个完整的资料库

整合营销传播是建立在企业具有完善的资料库的条件上的。企业必须具备自己的资料库，并要不断与消费者进行交流互动，对资料进行补充和更新，从而帮助企业制定长久的营销战略。但是我国大部分企业刚开始建立资料库，没有足够多的资料。企业没有

---

① 田阳，魏佳．论整合营销传播在中国实践中的问题与对策［J］．市场论坛，2005（6）：55.

丰富的渠道获得资料，这也使得企业难以使用整合营销传播模式。

第四节　新媒体时代的整合营销传播价值、模式与策略

一、新媒体时代的整合营销传播特点

（一）和受众直接对接

传统营销模式无法直接接触受众，而新媒体时代的整合营销传播能够直接对接受众，可以更全面地获取受众的信息，了解受众的想法。新媒体时代的整合营销传播能够帮助企业有效得到受众对产品的建议。因此，越来越多的企业开始使用整合营销模式，获得受众的反馈意见，帮助研发部门改造产品，提高产品销量。

（二）营销传播方式更加丰富

企业受到新媒体的影响，从而逐渐重用整合营销模式，丰富了企业营销传播的方式，扩大了企业营销的范围，改善了企业使用整合营销的效果，使企业获得了新的发展，也树立了企业的良好形象。在新媒体时代，受众会被一些口碑好、广告质量好的品牌所吸引。企业使用新媒体技术能够广泛收集受众的消费信息，帮助企业调整营销传播信息，提高营销的总体效果。

二、新媒体对整合营销传播产生的影响

（一）新媒体对整合营销传播产生的积极影响

新媒体的一大特点就是具有较强的活动性，能够使企业与受众互相沟通。受众在沟通时能够短时间内得到企业信息，还可以快速传播信息，帮助企业扩大营销范围。另外，受众注重消费服务，而现代营销理念正好契合消费者的心理，于是整合营销传播就具有一个比较完善的环境。分众性也是新媒体的一个重要特点，因此可以详细划分好受众，同时根据受众的特点合理对其进行区分，将受众群组构建起来，并以此为基础按照组群性质，传递给其具有针对性的信息，整合营销传播的效果才能保证最佳[①]。新媒体时代整合营销的特点之一就是精准，因此整合营销能够帮助企业传播品牌形象。传统媒体营销的广告成本很高，而新媒体时代的营销可以根据营销效果计算广告成本。另外，新媒体整合营销模式传播品牌形象的效果更好，既可以塑造良好的品牌形象，又可以影响企业的经营活动，使得企业越来越重视这一营销策略。

---

① 余芷潇．新媒体的整合营销传播价值探析［J］．新闻文化建设，2021（18）：159.

（二）新媒体对整合营销传播产生的消极影响

新媒体时代的消费者具有多样化的需求，他们需要更加明确的产品信息。如今的消费者不断变换消费理念，推动了体验式经济的诞生，深受消费者喜爱。现在，消费者不会单一地考虑产品的性能和用途，而是更加注重产品提供的服务。企业在使用整合营销传播策略时，会遇到许多不可控因素，导致产品服务不能满足消费者需求。新媒体时代下，各种类型和质量的信息都可以得到传播，因此涌现了大量传播信息的主体，而出现了海量的信息，消费者在这时会接收大量信息，容易漏掉某企业的营销信息。

三、新媒体时代的整合营销传播价值探析

新媒体时代中的信息传播活动是双向的，支持双方互动，因此自媒体得到了良好的发展机遇，产生了传媒整合营销形式，这种形式能够帮助传媒发展。

（一）产生双向互动效果

新媒体的出现克服了传统媒体的传播途径是基于一点到多客户的传播，通过信息传播手段将信息传递到客户手中，在这种模式下，客户是在被动地接受的问题，通过在各种传播渠道下，客户自主选择。

（二）群体分类效果

新媒体能够通过对受众群体的切分，有目的开展信息传播，传统媒体的弊端没有办法将合适的广告内容传递到真正需求信息的客户。一般新媒体如网络社区、订阅号等，都有针对性客户群体，因此可以进行群体分类，所以更能有针对性。实现有针对性的定点投放，可以减少困扰，不能实效保质传播。

（三）可准确评价效果

精准的信息在传播过程中，可以实现对传播效果有效性评价，新媒体因为具有区域性，如网站点击率、购买率等购买行为数据①，进行客户行为分析，有针对性地开展精准营销和客户的精准服务，可以很有效地衡量客户对现有品牌的营销，进而有针对性制定营销策略。

（四）多媒体多渠道传播效果

新媒体可以利用多媒体来丰富信息的呈现方式，增强感染力，用音频和视频形式展示企业的经营理念和品牌形象，展示产品的功能和质量。新媒体展示方式是有效的展示方式，能够扩大信息传播的范围，加深信息对受众的影响，使受众可以全面地感受信息的感染力，从而吸引受众成为消费者，选择购买品牌旗下的产品。

---

① 陈小中．新媒体的整合营销传播价值探析［J］．现代营销（下），2017（6）：92.

(五) 客户体验效果强

客户在与新媒体互动的过程中，自身是在参与这个过程，这个是新媒体最有优势的特性，这个也是未来互联网媒体发展的趋势。新环境下，仅仅通过花哨的表现内容已经不足以引起客户的注意，这样必须通过其他的方式，如建立小游戏、社交聊天等方式让客户参与进来，让其在体验中了解企业信息，在这个过程中，亲身的经历让新媒体传播效果更佳，网络营销的效果更好。

(六) 不受空间限制

新媒体传播的过程不受时间、空间的限制，所有的信息传播都可以通过固化平台获取，这些信息不会因为发送者与接受者的距离，影响传递效果，反而客户可以无障碍地接收到自己想要的信息，实现实时交流、传递、沟通信息。

通过以上对新媒体价值体现的描述，很容易得出结论，即新媒体可以很好地整合营销传播媒体，可以很好地契合新媒体的特征，实现特征与价值的完美结合。

四、新媒体时代的整合营销模式

新媒体时代的消费群体的行为发生了变化，这使得企业需要根据消费者的行为模式变化来调整营销模式，使用整合营销来进行营销传播。

(一) 整合营销模式多样化

新媒体时代，企业需要整合数据库营销、病毒营销、精准营销和口碑营销资源，将这些要素相互融合，提高营销效率，改善营销效果。例如，企业可以找品牌代言人来代言品牌，使代言人的粉丝注意到该品牌，从而对品牌产品进行消费。同时，企业还要注重产品质量，在市场中营造好口碑，增加受众对品牌的信任度，吸引更多消费者，逐渐将口碑营销模式转变为病毒营销模式，扩大信息传播范围。企业还要利用数据技术收集消费者信息，完善数据库。

(二) 整合营销模式增强了互动性

传统媒体传播环境下，受众与媒体之间的互动是单向的，受众只能被动地接收媒体传递的各种信息。新媒体的出现拉近了受众与媒体之间的距离，两者的单向互动转变为双向互动，其互动频率有所上升、互动领域更加宽泛。基于新媒体环境，企业开展营销活动，有利于整合各方资源，树立良好的品牌形象，将企业文化与产品理念传达给社会大众。

(三) 整合营销模式给予受众参与权

相较于传统媒体环境而言，新媒体整合营销的双向互动性极强，受众的自主选择权也因此增加，基于此前提，受众接受企业营销活动的主动性有所增强。企业在进行整合营销时应充分利用这一特征，增强营销活动中各个环节的针对性，促使企业实现良好的营销效果。

（四）整合营销模式提高了灵活度

企业营销思维随着技术手段的发展而进步，新媒体技术的创新拓展了营销者的思维，不仅提高了营销活动的实际工作效率，而且有利于加强对营销人员的科学管理、对营销活动的全面把控。整合营销模式不同于传统媒体营销活动，其营销传播渠道牢牢掌握在广告代理商手中，营销决策者在整个营销传播过程中的参与度相对不高。新媒体营销环境下，整合营销模式集结了诸多类型营销工具的功能，比如数字新媒体、网络新媒体等，这些工具都是整合营销系统中的组成部分，促使受众对营销活动产生统一认知，促使营销活动的灵活度更高。

五、新媒体时代的整合营销策略

虽然以目前的情况来看，新媒体获得了很大的发展，但应明确，新媒体的发展环境并不完善，这就促使其背景之下的营销活动还存在一定的不足之处。新媒体技术与思维对传统媒体的发展产生了较大的冲击，这在一定程度上加快了传统媒体的转型进程。新媒体功能并不是传统媒体的延伸，因此，企业不仅要充分利用新媒体技术实现全方位营销，还要研究传统媒体转型环境下营销活动的调整方法。

（一）掌握新媒体营销传播的基本知识

新媒体的发展与优势促使其受到越来越广泛的关注，受众群体越来越多样化，这对于营销界来说是一个巨大机遇，在新媒体环境下改进营销活动是企业的必然选择，是顺应时代发展潮流的结果。应用新媒体技术、培养新媒体思维的基本前提是全面掌握关于新媒体的基本知识，包括新媒体的特征、发展规律等。从根本上来说，新媒体其实就是一个平台，能够容纳以各种主体为中心的传播形式，具有极强的复杂性，这就要求各个主体在参与新媒体营销传播过程中必须谨慎行事，增强活动的规范性与科学性

目前来看，创意经济、体验式经济的发展势头正盛，企业在营销过程中应充分利用各种经济元素不断扩大品牌影响力，创建全面立体的新媒体营销传播体系。新媒体具有创新、高效、直观、应用广泛以及较强交互性等特征，企业营销应充分把握新媒体发展规律，不断丰富营销形式与广告内容，比如焦点渗透、反向营销、病毒式营销等；同时为了加强管理实现不断进步，营销企业应基于事实与技术手段，建立专门的营销信息数据库。企业在利用新媒体传播营销信息的过程中，要把握营销关键，即以消费者需求为先建立与消费者之间的紧密联系。在消费者的诸多需求中，特殊体验是其追求的核心部分，这种需求更多地反映出消费者想要实现自我提升的愿望，能够满足消费者的这一需求才是“梦想营销”。所谓“梦想营销”，是由汤姆·皮特斯（T. Peters）提出的，强调消费者梦想的实现才是消费中最为完美的体验。新媒体环境下，各种技术手段为消费者梦想的实现提供了极大的可能，企业应充分利用这一点，在了解客户需求的基础上充分利用新媒体技术与思维。

（二）实现新媒体与传统媒体营销的融合发展

要想发挥新媒体营销传播的最大价值，仅依靠新媒体是不能完美实现的，要将传统

媒体与新媒体结合，不断拓宽整合营销路径，共同推进整合营销进程。在新媒体环境下，对传统媒体进行再次开发有利于实现两大类型媒体之间的优势互补，其融合发展有利于充分挖掘社会传播资源，进一步提升营销传播的效率与便捷性。另外，实现新媒体与传统媒体营销的融合发展其实是一种良好的媒介组合策略，在此过程中，人们对两大媒体的认识会不断加深，整合营销也会走上长远稳定的发展道路。

（三）增加整合营销中创意元素的应用

利用新媒体将创意元素融入整合营销传播之中，丰富其内涵，提升其价值。在市场竞争异常激烈的情况下，摆脱“红海”中的血腥厮杀而畅游“蓝海”是大多数企业的期望①，但这也正是企业战略转型面临的困惑之处。根据以往经验与发展实际，在营销活动中以较低成本实现差异化发展基本是难以实现的，创意经济的发展为此提供了重要的实践方向。创意元素是一个企业创新力的重要表现，创意元素的应用有利于增强市场竞争优势，不断提高市场占有率。新媒体为连接创意经济、完善整合营销发挥了巨大的作用，有利于企业捕捉更多创新元素吸引大众目光、推进自身转型升级。

（四）完善整合营销中的危机公关管理

公关，即公共关系，是一组织基于一定目的与组织周边主体建立良好关系的科学。危机则是企业在发展过程中的突发性难题，纵使企业的预防措施如何优秀，危机仍然会有发生的可能性。而且，危机一旦发生就会对企业产生不可磨灭的影响，甚至能够在短时间内摧毁一个企业。因此，在整合营销中，企业要重视危机公关管理，这是企业实现转危为安、健康发展的重要保障。企业应积极应用新媒体技术，充分尊重公众在网络环境中的平等话语权，充分利用媒介的发布功能向大众传达信息，本着以社会效益为先的公关原则不断发展完善整合营销中的危机公关管理。

《孙子兵法·势篇》曾言：“凡战者，以正合，以奇胜，善出奇者，无穷如天地，不绝如江河。”发展整合营销也要善于出奇制胜，企业要增强应用新媒体的创造性、创新性，顺应经济发展趋势，不断扩大营销影响力的深度与广度。

第五节　新媒体整合营销应用分析

一、新媒体整合营销在旅游业的应用研究

（一）打造定制旅游产品

现如今，新媒体技术的应用加强了受众与信息之间的双向互动，这就使得旅游产品

① 张力文．新媒体整合营销传播策略［J］．传媒，2010（8）：53.

与服务的相关信息越来越透明化，旅游目的地能够通过新媒体平台获得更为全面的消费反馈与需求信息，有效引导了旅游市场产品与服务质量的提升，这在一定程度上推进了旅游市场的规范发展进程。旅游产品与服务的种类多样，要想在旅游市场中脱颖而出，就必须利用新媒体技术向游客提供具有极强个性化特征的定制化服务，这样才能不断满足消费者对于旅游消费的多元需求。在策划与设计阶段，旅游市场中的开发主体可以从以下两个方面入手：

第一，从宏观设计来看，相关管理部门要完善旅游开发流程，提高对策划和营销的重视程度，在营销设计中坚持整体思想，把握全局，从区域整体实际出发确定具有地方特色的合理发展策略。在策划与营销过程中，应始终尊重消费者的需求，将其纳入区域旅游发展总体规划，以增强本地旅游项目竞争力、吸引游客注意力、发展本地特色旅游模式为重要目标，积极推进旅游产业的持续健康发展。

随着经济的发展、思想的进步，人们在消费中的个性化需求日益凸显，为了满足游客的消费与精神需求，当地旅游开发组应在具体开发过程中深入挖掘旅游资源，发展精准化服务与定制产品生产。在具体营销阶段，营销人员应将其作为旅游目的地的亮点进行重点宣传，通过新媒体平台设计有意义的旅游活动，逐渐实现地点向产品的转化，完善旅游项目的设计，运用新媒体思维与信息传播视角，不断拓展营销与宣传视野。基于全局视角包装旅游地点，充分利用短视频等新媒体宣传渠道，打造全面立体的旅游品牌形象，采取分类营销，积极开发不同类型的旅游产品。

第二，从微观层面来看，企业要想实现长远稳定发展就必须重视创新与创意，旅游行业领域也不例外。传统旅游产业存在产品同质化现象，诸多旅游地的发展模式、营销方式等具有极高的相似度，各地在开发旅游资源过程中过于重视经验借鉴，相对忽视发展实际，这就导致旅游地富有个性的旅游资源不能被充分开发与利用。现如今，游客借助新媒体工具能够进行项目与产品比价，千篇一律的旅游项目不利于激发游客的消费欲望，也不利于保持长久吸引力。为此，旅游企业要充分利用新媒体的双向互动特性开展营销活动。

从整体来看，旅游地应当充分重视并满足消费者的多样化消费需求，深入调研并根据调研结果开发具有地方特色的个性化旅游产品，参与新媒体营销加强与消费者之间的紧密联系，以向消费者提供个性化的定制产品与服务为开展工作的重要目标重点推进，以各地特色发展促使整个旅游行业实现繁荣发展。

（二）提供优质旅游服务

人们的生活因新媒体的出现与发展变得更为便捷，许多线上服务相应产生，使消费者足不出户就能选购、消费。得益于此，人们的旅游准备工作能够获得极大简化，消费者也更习惯在网上选购旅游产品与服务。为了消费者能够获得良好的旅游体验，也为了拓宽旅游产品的销售渠道，旅游当地应当与相关新媒体平台建立合作关系，不断提高线上线下产品销售服务质量。线上服务项目的设置应以消费者获得线下良好体验为目的，这是由旅游的基本性质决定的。优化线上线下服务有利于扩大旅游地产业发展规模，提高旅游地的专业水平。

利用新媒体技术与平台，旅游地可以从线上线下两个层面优化服务。

从线上来看，旅游地应利用新媒体平台实现与消费者的良好沟通，使消费者明确旅游地的各项信息，既有利于消费者明确旅游产品与服务，又有利于加强对当地旅游产品的宣传与营销。除此之外，旅游地应完善线上问题咨询与解决机制，旅游地的各企业可以通过微信、微博等新媒体社交平台拉近与消费者的距离，加强交流和沟通，及时为消费者解答疑惑。也应看到，随着现实实际的发展，各大网站、平台的旅游信息也要随之变化，在线上将信息传达到位也是为顾客提供优质服务的一种表现。

从线下来看，旅游地应当根据现实情况挖掘并合理利用旅游资源，旅游地应借助新媒体技术完善集散中心、咨询中心、公共设施的建设，基于消费者需求彰显其服务的综合性，为消费者带来全面优化的产品与服务，促使游客在旅游全程都能获得良好的旅游体验。

（三）创新项目促销策略

旅游地企业的直接目的是盈利，利润是企业实现良好发展的重要来源和直接动力。新媒体时代，要想实现良好的经济效益，企业必须创新营销策略。

首先，灵活营销。受各种因素影响，不同旅游项目是有淡旺季的。举例来说，受气候因素影响，冬季的冰雪旅游项目比较受欢迎，夏季的滨海旅游项目比较受欢迎。为此，企业在新媒体平台开展营销活动时应当针对不同时期适时调整宣传内容，实现差异性营销，促使其获得消费者的持续关注。更何况，有一部分游客出于逃避旅游旺季心理还会主动选择旅游地的淡季项目，灵活营销能够吸引这种游客的注意力促使其前来消费。

其次，实施口碑营销。从旅游业的发展现状分析，口碑营销逐渐成为各大旅游目的地的重要营销手段。一般而言，为了吸引广大游客的注意力，旅游企业在营销过程中会选取比较具有关注度的话题开展宣传工作，这就是口碑营销。简单来说，口碑营销的关键在于成功引流，旅游企业应当关注那些知名度较高的网红、名人等，与其建立合作关系，引导他们的关注者关注旅游地产品与服务。基于此，旅游企业应当利用新媒体实施口碑营销，不断扩大营销与宣传的力度和影响力。

最后，实施事件营销。随着经济生活的富足，人们对各种文化娱乐活动的需求变得多样化，简单的传统旅游娱乐项目已经不能充分满足消费者的精神与娱乐需求，为此，旅游企业应实施事件营销，利用新媒体技术与平台丰富旅游活动设计，不断开发多样化旅游形式，保证其旅游活动具有极强的创新性、吸引力。基于上述分析，旅游地应设置营销热点，不断提高旅游地项目的受欢迎程度，设计产品促销机制，吸引更多游客前来消费。

（四）建立客户关系网络

新媒体环境下，各种网络平台层出不穷并获得极大发展，其中社交媒体平台以其交流便捷性、功能齐全性获得广泛关注与应用。旅游企业在线上开展营销活动要保证其稳定性与科学性，基于此，旅游企业应建立线上客户关系网，利用各种优惠手段吸引游客的注意，通过大型社交媒体平台培育、挖掘潜在客户。此关系网的建立不仅有利于消费者及时了解旅游行业动态，有效增强其购买旅游产品的主动性，还有利于企业加深对消费者的了解，以便适时调整旅游地营销策略。

二、新媒体整合营销在珠宝业的应用研究

（一）吸引消费者目光

营销传播是一个比较新颖的概念，但其发展势头不容小觑，是时代发展潮流的产物，所以企业要深入了解营销传播过程，吸引消费者目光。公关事件的利用就是一个重要途径。要想获得良好的宣传效果、不断增强珠宝品牌影响力，企业必须合理利用公共事件，巧妙运用营销手段，结合普通宣传广告构建信息完整的信息链条，最终获得持续关注。举例来说，为建立在世人心中的良好形象，企业可以利用新媒体社交平台，就最近的社会热点事件发表观点，行文中应当透露本企业的价值观念与行为守则，坚决痛斥那些违反道德底线、法律准则的行为。这种做法的前提是企业坚持正确立场，否则就会适得其反。通过此种营销方式，人们会不自觉地将本公司珠宝与一定的价值观念相连接，由对产品的关注转移到对品牌的关注，能够提高客户黏性。

（二）改进电视植入方式

在新媒体蓬勃发展的今天，传统媒体虽然发展势头稍弱但并未消失，要想实现较为全面立体的营销效果，就要兼顾两大媒体平台的营销活动。电视是重要的传统媒体平台，其对应的受众群体主要是中老年人，改进珠宝在电视上的广告植入方式有利于挖掘潜在消费群体。首先，企业可以在电视剧中植入珠宝广告，根据产品理念与电视剧角色分析进行合理安排，必要时还可以使其成为剧中的关键线索。其次，企业应接受电视媒体采访，以华丽的外观吸引注意，以动人的故事打动观众，促使观众对品牌的理解更为深入。最后，延长珠宝生产的产业链：根据企业在剧集以及访谈中宣传的企业文化生产与之相关的珠宝产品，比如挂件等；合理应用新媒体平台，寻找较为知名的影评人等，引导大众在关注剧情的发展的同时也更加明确珠宝产品应用的内在涵义。

（三）建立与自媒体平台的合作关系

随着互联网技术的发展，大众成为网络环境中的重要发言者，自媒体工作者就是其突出代表，他们在网络环境中分享关于自身的事实。自媒体的出现在一定程度上彰显了社会个体在网络环境中拥有较强话语权的现状。可以看出，新媒体环境下，自媒体工作者是比较重要的角色群体，要想不断扩大珠宝品牌的影响力就要与自媒体平台建立良好的合作关系。企业本身就可以作为一个社会个体而存在，因此，企业本身就可以创立自媒体账号开展营销活动，通过拍摄短视频等方式向消费者传达产品设计理念、企业文化等，树立良好的企业形象。在特别的节日里，珠宝公司还可以联合知名度较高的自媒体账号发起别具一格的节日活动，比如七夕节、母亲节等，创建讨论话题，通过激励手段吸引受众参与话题讨论。另外，企业还可以搭建自媒体平台展示产品的具体细节，秉持真实诚信理念，凭借高质量产品吸引特定消费群体。

三、新媒体整合营销在女性杂志的应用研究

随着互联网与信息技术的发展，新媒体应运而生并逐渐发展壮大，这在一定程度上

压缩了传统媒体的发展空间，这就使得传统媒体必须进行转型升级。女性杂志是传统媒体的组成部分，在新媒体发展环境下，不仅要积极应对各种挑战，不断增强该行业的发展活力与生命力，还要抓住新媒体带来的各种机遇，促使其拓展自身发展空间。

（一）实现资源共享

随着信息技术的发展，世界各个国家、各行各业之间都呈现出一种融合发展趋势，从根本上体现的就是一种信息的融合进程。传统媒体与新媒体的发展进程也要顺应时代发展趋势，不断推进信息的融合，这就要求传统媒体与新媒体共享资源。在转型升级过程中，女性杂志应集众媒介之长，不断吸取其他媒介的有益发展经验，不断创新，积极推进女性杂志的立体发展进程。下面将以《VOGUE》为例展开简要分析。该杂志创刊于19 世纪 90 年代，目前为世界女性杂志之首，其发展历程彰显其敢于融合、善于融合的杂志精神。

（二）转变媒体角色

网络环境下，社会大众的话语权不断增强，要想使女性杂志在新媒体领域获得瞩目成就，就必须重视社会大众的营销传播，为此应及时转变传统媒体语境中的信息传播主体，促使其大众化，这也是其他传统媒体必然要经历的过程。女性杂志的主要受众群体为女性，因此应充分尊重女性阅读与消费需求，使杂志内容迎合当下女性关注的热点话题，不但为女性带来娱乐功能，还要为女性提供具有一定实用性的知识信息。同时，增进杂志与女性群体之间的交流和互动，帮助女性群体解决实际问题。

（三）采用灵活形式

女性群体是多样化的，其个性丰富多样，所以女性杂志也应采用灵活的营销形式展现杂志的不同理念、丰富杂志精神的内涵，这有利于激发女性对杂志的认同，促使女性增强购买意愿。在新媒体环境下，要实现女性杂志售卖与新媒体平台相结合，深刻掌握女性心理与消费习惯，关注女性市场动向。

参考文献

[1]［英］丹尼斯·麦奎尔. 受众分析［M］. 刘燕南，等，译. 北京：中国人民大学出版社，2009.

[2] 白姗姗. 新媒体广告的传播方式与营销策略研究［J］. 传媒论坛，2021，4（9）.

[3] 毕伟. 互联网时代的新媒体［M］. 兰州：甘肃科学技术出版社，2017.

[4] 曹祎遐，莫冬羽. 新媒体助力营销方式“更新换代”［J］. 上海信息化，2018（3）.

[5] 陈磊，刘奕群，茹立云. 基于用户日志挖掘的搜索引擎广告效果分析［J］. 中文信息学报，2008（11）.

[6] 陈娜那. 新媒体时代网店运营营销推广方式变革的研究［J］. 营销界，2021（33）.

[7] 陈启强. 微博营销的形式与内容思考［J］. 西部皮革，2017（10）.

[8] 陈小中. 新媒体的整合营销传播价值探析［J］. 现代营销（下），2017（6）.

[9] 崔学良，高阔世. 无微不至　5 分钟玩转微信营销［M］. 上海：立信会计出版社，2015.

[10] 戴昕哲. 浅析企业微信营销的模式与发展前景［J］. 中国商论，2017（3）.

[11] 单文盛，黎蕾. 移动互联网时代短视频营销策略和价值研究［J］. 长沙大学学报，2015，29（4）.

[12] 但鸣啸，巫卓雯. 淘宝直播营销应用与策略研究［J］. 中国市场，2018（29）.

[13] 董常亮. 社群经济背景下社会学习对消费者购买行为的影响及对策研究［J］. 沿海企业与科技，2022（1）.

[14] 董小白. 流量营销［M］. 苏州：古吴轩出版社，2021.

[15] 杜琳琳. 新媒体时代大学生德育教育研究［M］. 成都：电子科技大学出版社，2017.

[16] 杜鹏，樊帅. 人人学点营销学［M］. 北京：机械工业出版社，2020.

[17] 段峰峰，孟飞. 移动互联网时代短视频场景营销研究——以抖音短视频为例［J］. 视听，2020（8）.

[18] 范娜娜. 会展营销实务［M］. 广州：广东高等教育出版社，2015.

[19] 方英. 搜索引擎营销模式及其商业价值分析［J］. 商业时代，2009（3）.

[20] 冯蕾. 基于 UGC 短视频模式下的企业网络市场营销探析［J］. 商场现代化，2016（7）.

[21] 符国群. 消费者行为学［M］. 北京：高等教育出版社，2001.

[22] 高燕. 新媒体时代短视频营销模式的反思与重构——以抖音短视频平台为例［J］.

出版广角，2019（8）.
[23] 高源，张桂刚. 基于大数据的网络营销对策研究［J］. 湖北经济学院学报，2014，11（2）.
[24] 宫承波. 新媒体概论 第8版［M］. 北京：中国广播电视出版社，2020.
[25] 郭庆光. 传播学教程［M］. 北京：中国人民大学出版社，2003.
[26] 郭秀峰. 旅游企业微信营销策略探讨［J］. 经贸实践，2015（10）.
[27] 郭衍超，涂进. 企业网络搜索引擎营销策略探讨［J］. 现代计算机，2010（2）.
[28] 国风祥. 短视频营销价值特征及发展趋势思考［J］. 西部广播电视，2019（14）.
[29] 胡国敏，王红梅. 跨境电商网络营销实务［M］. 北京：中国海关出版社，2018.
[30] 胡婧. 移动互联网时代新媒体营销的现状与前景展望［J］. 新媒体研究，2017，3（23）.
[31] 黄河. 互联网时代微信营销在汽车销售中的应用［J］. 经济师，2020（2）.
[32] 黄玲. 我国搜索引擎的营销模式分析［J］. 中外企业家，2016（1）.
[33] 霍慧智，韩波. 浅析微博营销模式及其价值［J］. 品牌研究，2014（23）.
[34] 姜彩芬，余家扬，符莎莉. 消费经济学［M］. 北京：中国经济出版社，2009.
[35] 蒋宏，徐剑. 新媒体导论［M］. 上海：上海交通大学出版社，2006.
[36] 景义新，韩庆鑫. 我国短视频营销现状及未来趋势［J］. 电视研究，2020（7）.
[37] 李非黛. 短视频这么玩更赚钱［M］. 北京：中国经济出版社，2020.
[38] 李广顺. 爆品思维［M］. 北京：华文出版社，2018.
[39] 李桂鑫，张秋潮，林颖. 电子商务实战基础：新媒体营销实战［M］. 北京：北京理工大学出版社，2019.
[40] 李继川. 新媒体时代广播电视技术的发展与应用［J］. 采写编，2022（3）.
[41] 李凯，邓智文，严建援. 搜索引擎营销研究综述及展望［J］. 外国经济与管理，2014，36（10）.
[42] 李涛，高军. 经济管理基础［M］. 北京：机械工业出版社，2020.
[43] 李晓楠，李英吉. 淘宝直播营销策略探究［J］. 现代营销（经营版），2019（6）.
[44] 李彦华. 从六场直播带来的思考［J］. 西部广播电视，2015（17）.
[45] 李艳苹. 基于4C理论的电子书的营销策略分析——以短视频平台为例［J］. 戏剧之家，2019（35）.
[46] 李燕. 户外新媒体的分众传播探析［D］. 武汉：武汉理工大学，2008.
[47] 梁珏菲. 试析新媒体背景下市场营销方式的转变［J］. 今传媒，2019，27（8）.
[48] 林亚红，王珏. 数字媒体创意应用［M］. 上海：东华大学出版社，2017.
[49] 林颖. 电子商务实战基础 新媒体营销实战［M］. 北京：北京理工大学出版社，2018.
[50] 刘东风. 直播营销发展的动因、模式及趋势［J］. 新媒体研究，2022，8（12）.
[51] 刘华金. 农产品销售中网络搜索引擎技术的研究与分析［J］. 农业考古，2011（3）.
[52] 刘瑞瑞. 新媒体营销对电商平台运营的影响研究［J］. 营销界，2021（18）.
[53] 刘婷. 提升汽车企业微信营销效果的策略探讨［J］. 全国流通经济，2017（23）.
[54] 刘婷. 新媒体时代新闻采编工作创新研究［J］. 文化产业，2022（8）.

［55］刘兴荣. 微信营销的技巧［J］. 宁波经济（财经视点），2014（8）.
［56］刘秀. 中国新媒体营销价值趋势分析［J］. 商业经济研究，2020（13）.
［57］马燕利. 农产品微信营销的途径［J］. 市场研究，2019（6）.
［58］毛利，唐淑芬，侯银莉. 新媒体营销［M］. 成都：电子科技大学出版社，2020.
［59］牟宇鹏，吉峰. 微商推送信息行为对消费者接受意愿的影响［J］. 经济与管理，2017，31（6）.
［60］宁昌会. 整合营销［M］. 武汉：湖北人民出版社，2000.
［61］牛梦笛. 后博客时代的媒介参与："微博"现象初探［J］. 新闻界，2010（3）.
［62］裴娅蕾. 新媒体时代消费者购买行为研究［J］. 经济论坛，2015（8）.
［63］彭斌启，芮茂萍，顾华康. 医院营销的新策略［J］. 中国卫生经济，2010（06）.
［64］平建恒，王惠琴. 消费者行为分析［M］. 北京：中国经济出版社，2008.
［65］戚萌. 微博营销的创新策略分析［J］. 现代营销（创富信息版），2020（12）.
［66］齐洁. 新媒体运营中内容运营的核心要素研究［J］. 品牌研究，2022（5）.
［67］乔玉芳. 旅游企业微信营销策略研究［J］. 内蒙古财经大学学报，2017（5）.
［68］秦丽丽. 新媒体时代茶文化的网络舆情传播融合策略［J］. 福建茶叶，2022（3）.
［69］秦泽宇. 微信营销模式的"多元化"时代［J］. 营销界，2021（22）.
［70］曲文涛，陈熹. 乡村移动营销［M］. 北京：北京邮电大学出版社，2018.
［71］曲亚琳，娄本宁. 新媒体营销策略与实战［M］. 长春：吉林科学技术出版社有限责任公司，2022.
［72］尚平泉，黄毅. 服装业微信营销策略［J］. 合作经济与科技，2017（13）.
［73］施学奎. 农产品微信营销分析［J］. 营销界（农资与市场）农药版，2019（25）.
［74］石本秀. 新媒体经营管理［M］. 北京：中国传媒大学出版社，2012.
［75］宋珺. 微博营销策略分析及研究［J］. 福建质量管理，2018（9）.
［76］宋沛军. 网络营销理论与实务［M］. 西安：西安电子科技大学出版社，2010.
［77］宋颖. 旅游景区微博营销策略研究［J］. 新闻研究导刊，2020（5）.
［78］孙天慧. 新媒体营销实务［M］. 武汉：武汉大学出版社，2022.
［79］唐海洲. 卓越企业核心竞争力与市场营销力 5［M］. 呼和浩特：远方出版社，2005.
［80］陶业奎. 跨界的洞见 引流全网营销实战一本通［M］. 北京：中国财富出版社，2017.
［81］田阳，魏佳. 论整合营销传播在中国实践中的问题与对策［J］. 市场论坛，2005（6）.
［82］王存. 企业微信营销现状及优化策略研究［J］. 农家参谋，2020（6）.
［83］王培培. 互联网背景下新媒体广告的传播方式及营销策略［J］. 现代营销（经营版），2019（5）.
［84］王千. 微信平台商业模式创新研究［J］. 郑州大学学报（哲学社会科学版），2014，47（6）.
［85］王廷伟. 营销原来这么简单 2 营销精英必知的全渠道营销策略［M］. 北京：中国经济出版社，2018.
［86］王彦青. 现代微博营销在旅游酒店中的应用策略［J］. 当代旅游，2021（2）.

[87] 王业祥. 旅游景区微博营销应用分析：以新浪微博为例 [J]. 湖南科技学院学报，2013 (2).
[88] 王召义. 网店推广 [M]. 合肥：中国科学技术大学出版社，2013.
[89] 王竹君. 短视频时代的营销红利 [J]. 国际公关，2017 (4).
[90] 王紫薇，宋晓晴，刘坤彪. 新媒体时代消费者购买行为的相关分析 [J]. 质量与市场，2020 (13).
[91] 翁东东，丘金寿. 品牌网站的搜索引擎营销 [J]. 电子世界，2012 (6).
[92] 翁怡诺. 新品牌的未来 [M]. 天津：天津科学技术出版社，2020.
[93] 吴丽娟. 新媒体时代短视频营销发展现状及应用探究 [J]. 现代营销 (下旬刊)，2020 (1).
[94] 向登付. 新媒体运营与营销实操手册 [M]. 北京：中国商业出版社，2019.
[95] 谢芳. 新媒体运营中内容运营的核心要素研究 [J]. 现代营销 (创富信息版)，2019 (8).
[96] 谢晗. 自媒体视频广告营销的成功模式探讨——以“一条”视频为例 [J]. 现代营销 (下旬刊)，2018 (6).
[97] 熊澄宇，廖毅文. 新媒体——伊拉克战争中的达摩克利斯之剑 [J]. 中国记者，2003 (5).
[98] 徐鹏举. 引爆流量——直播营销战略、打发与技巧 [M]. 北京：中国宇航出版社，2017.
[99] 许馨文. 抖音短视频的营销模式及商业价值探究 [J]. 现代营销 (学苑版)，2021 (12).
[100] 严翔. 消费者心理与行为变迁下的新媒体营销策略思考 [J]. 中国商贸，2012 (16).
[101] 燕鹏飞，黄周城. 一看就懂的自媒体营销 粉丝无限，平台够大，自媒体开启营销新格局 [M]. 北京：民主与建设出版社，2017.
[102] 燕鹏飞. 全网营销——用户在哪里，营销就该出现在那里 [M]. 广州：广东人民出版社，2018.
[103] 杨磊. 新媒体背景下视觉传达设计的创新研究 [J]. 包装工程，2022 (6).
[104] 姚伟. 新编消费心理学 [M]. 北京：中国商业出版社，1996.
[105] 叶小忠. 大数据环境下企业微博营销的优化之路 [J]. 中外企业家，2013 (21).
[106] 尹伟静. 基于用户行为的搜索引擎营销策略研究 [J]. 电子商务，2011 (1).
[107] 余芷潇. 新媒体的整合营销传播价值探析 [J]. 新闻文化建设，2021 (18).
[108] 苑春林. 网络营销 [M]. 北京：中国经济出版社，2018.
[109] 翟德宇. 新媒体营销的优势与方式探析 [J]. 现代营销 (经营版)，2019 (8).
[110] 詹巧珍. 移动电商背景下的微信营销现状及策略 [J]. 现代交际，2020 (14).
[111] 张波. 新媒体通论 [M]. 济南：山东人民出版社，2015.
[112] 张翠. 浅谈网络时代出版物的数字化营销 [J]. 编辑学刊，2015 (5).
[113] 张静，王敬丹. 新媒体时代下的短视频营销传播——以抖音为例 [J]. 杭州师范大学学报 (社会科学版)，2020，42 (4).

[114] 张力文. 新媒体整合营销传播策略 [J]. 传媒, 2010 (8).
[115] 张琳, 王子敏. 电影行业的微博营销策略 [J]. 电子商务, 2020 (2).
[116] 张铭. 大型活动现场转播方案探讨 [J]. 科技传播, 2016 (1).
[117] 张娜. 现代微博营销如何在旅游酒店中得以运用? [J]. 营销界, 2019 (22).
[118] 张少娜. 线上活动策划全攻略 [M]. 广州: 广东人民出版社, 2020.
[119] 张盈. 新媒体营销优势及方式的探究 [J]. 现代营销 (经营版), 2020 (2).
[120] 赵学华. 新媒体时代短视频营销特点及优化建议 [J]. 声屏世界, 2022 (3).
[121] 郑奕昀. 新媒体运营中内容运营的核心要素研究 [J]. 卷宗, 2021 (2).
[122] 钟娜娜. 关于新媒体营销的思考 [J]. 中国市场, 2022 (20).
[123] 周晓雪. 微时代的旅游市场微推广策略研究 [J]. 中国商论, 2019 (1).
[124] 周永庆, 吴礼勇. 新零售　打造商业新生态 [M]. 北京: 中国铁道出版社, 2018.
[125] 朱鹏. 新媒体时代传播新趋势探析 [J]. 记者摇篮, 2021 (6).
[126] 朱中平. 搜索引擎营销的原理与模式分析 [J]. 中国市场, 2009 (45).
[127] 邹剑峰, 曾莉莉. 基于消费者行为理论的商贸流通业发展分析 [J]. 商业经济研究, 2019 (6).